普通高等学校"十四五"规划旅游管理类精品教材

智慧旅游管理专业系列教材

总主编 ◎ 吴忠军

旅游电子商务：理论与实践（第二版）

Tourism E-commerce:Theory and Practice(Second Edition)

主　编 ◎ 张　睿
副主编 ◎ 蒋洁草　赵凌冰　蒙连超　赖　军

华中科技大学出版社
http://press.hust.edu.cn
中国·武汉

内 容 简 介

旅游电子商务实践形式多样且日新月异,本书注重理论联系实际,在教材中呈现了大量旅游企业最新、最佳实践案例和行业最新统计数据。本书根据旅游电子商务的特点,从旅游产业结构角度,介绍旅游电子商务理论体系与实验项目。本书的教材思政建设,注重引导学生扎根中国大地了解国情民情,坚定学生对中国特色社会主义的道路自信、理论自信、制度自信和文化自信。通过思政要义阐释,深化当代大学生的职业理想和职业道德教育,激发大学生的创新精神和创造意识,培养大学生的企业家精神和社会责任感。

图书在版编目(CIP)数据

旅游电子商务:理论与实践 / 张睿主编. -- 2 版. -- 武汉:华中科技大学出版社,2024.7
(2025.2重印). --(普通高等学校"十四五"规划旅游管理类精品教材). -- ISBN 978-7-5772-1079-7

Ⅰ. F590.6-39

中国国家版本馆 CIP 数据核字第 2024UZ4758 号

旅游电子商务:理论与实践(第二版) 张 睿 主编
Lüyou Dianzi Shangwu:Lilun yu Shijian(Di-er Ban)

策划编辑:王 乾
责任编辑:洪美员
封面设计:原色设计
责任校对:张会军
责任监印:周治超

出版发行:华中科技大学出版社(中国·武汉)　　电话:(027)81321913
　　　　　武汉市东湖新技术开发区华工科技园　　邮编:430223
录　　排:华中科技大学惠友文印中心
印　　刷:武汉科源印刷设计有限公司
开　　本:787mm×1092mm　1/16
印　　张:16.75
字　　数:391千字
版　　次:2025年2月第2版第2次印刷
定　　价:59.80元

本书若有印装质量问题,请向出版社营销中心调换
全国免费服务热线:400-6679-118　竭诚为您服务
版权所有　侵权必究

总序
Introduction

2015年7月,国务院印发了《关于积极推进"互联网+"行动的指导意见》,自此,"互联网+"战略正式成为我国国家发展战略。在国家"互联网+"战略指导下,新一代信息技术与传统旅游业的融合成为旅游产业发展新方向,旅游行业的升级转型迫在眉睫。2016年,国家旅游局(现文化和旅游部)制定实施了《"十三五"全国旅游信息化规划》,部署应用大数据、云计算、物联网、人工智能等新兴信息技术发展旅游产业,其中明确提出了发展智慧旅游教育,培养旅游信息化人才的举措。

智慧旅游管理应用新一代信息技术(5G、物联网、大数据、云计算、人工智能、区块链、北斗系统、虚拟现实、增强现实等),结合旅游行业实践,优化旅游行业生产要素,更新旅游业务体系,重构旅游管理的新模式。随着旅游产业的转型升级,旅游政府管理部门、景区、酒店、在线旅游服务商和智慧旅游服务企业都急需智慧旅游管理专业人才。人力资源是旅游产业创新发展的基石,新业态的产生对人才培养提出了新的要求,传统的旅游管理专业人才培养已经不再适应当前的旅游行业需求。鉴于此,桂林理工大学旅游与风景园林学院2015年率先开展新一代信息技术与旅游学科的融合创新发展的研究,建设智慧旅游管理专业,招收该专业方向的本科学生。智慧旅游管理专业致力于培养具有扎实的经济学、管理学基础知识,大数据、物联网、云计算、人工智能等新一代信息技术,以及系统的现代旅游管理专业等服务性行业的经营管理理论、实际操作技能和新一代信息技术在旅游行业应用的能力,具有国际视野和沟通技能的创新性、"旅游+信息科学"的复合型专业人才,使学生具备智慧旅游服务、智慧旅游管理、智慧旅游营销、智慧旅游运营和新技术场景应用的专业能力。经过六年的专业方向建设,学院在智慧旅游管理的课程建设、教学管理、科学研究等方面积累了诸多创新性成果。

为加快推进智慧旅游管理专业建设,打造一流精品课程,2019年12月27日,首届全国智慧旅游管理专业建设研讨会暨智慧旅游管理专业"十四五"规划教材组稿会在桂林理工大学召开,来自澳大利亚昆士兰大学、悉尼科技大学、成都信息工程大学、海南大学、吉首大学、华侨大学、上饶师范学院、南宁师范大学、桂林旅游学院等院校旅游管理专业的专家等共80余人参会。会上,桂林理工大学联合上述高校与华中科技大学出版社签订协议,共同策划出版智慧旅游管理专业系列教材。本系列教材由全国数十家高校旅游管理专业的专家参与编写，由吴忠军教授任智慧旅游管理专业系列教材总主编。

智慧旅游管理专业系列教材书目包括：《智慧旅游概论》《数据挖掘与旅游大数据分析》《旅游电子商务：理论与实践》《新一代网络技术与旅游应用》《智慧酒店管理》《智慧景区管理》《数据库技术与旅游应用》《高级语言编程技术与旅游应用》《智慧旅游与3S技术运用》《人工智能与旅游应用》《旅游互联网文案写作》《旅游网站设计》《旅游网络营销与策划》《互联网旅游企业商业模式》《计算机辅助旅游规划设计》等。其中，第一批出版的教材包括：《智慧旅游概论》《数据挖掘与旅游大数据分析》《旅游电子商务：理论与实践》《新一代网络技术与旅游应用》《智慧酒店管理》《智慧景区管理》等。

智慧旅游管理是旅游管理与新一代信息技术结合的产物，将数字化、网络化、智能化全面融入旅游管理本科专业课程教学中，希望该系列教材的出版有助于我国智慧旅游管理专业发展，为国家智慧旅游建设培养更多的专业型、复合型高级专门人才。

吴忠军

前言
Preface

党的二十大报告指出,新时代新征程中国共产党的中心任务是以中国式现代化全面推进中华民族伟大复兴。为完成这一伟大历史使命,需要在更高层次、更大范围发挥科技创新的引领作用,保持创新在我国现代化建设全局中的核心地位,把创新贯穿于现代化建设的各个方面。这一重要论述为我国旅游业实现现代化和高质量发展指明了方向。为贯彻落实党的二十大精神,国家《"十四五"旅游业发展规划》中明确提出,要充分运用数字化、网络化、智能化科技创新成果,升级传统旅游业态,创新产品和服务方式,推动旅游业从资源驱动向创新驱动转变。知识经济时代,数字技术对社会生活和经济生活的各个方面产生了不同程度的影响,数字技术在旅游业的应用加快了其信息化发展进程,表现为旅游企业的电子商务和业务流程再造、旅游电子商务持续改变着旅游消费者行为以及旅游企业的经营管理和服务模式。

为落实立德树人的根本任务,本书将价值塑造、知识传授和能力培养三者融为一体,全面推进教材思政建设。本书的"素养目标"主要是引导学生扎根中国大地了解国情民情,坚定学生对中国特色社会主义的道路自信、理论自信、制度自信和文化自信。为寓价值观引导于知识传授和能力培养之中,本书在每章设置"慎思笃行"板块,呈现与理论知识点紧密结合的旅游电子商务思政案例;在"知行合一"环节,启发学生结合国家创新驱动发展战略、乡村振兴战略、绿色发展理念、创新精神和创造意识、中华文脉传承、企业家社会责任感等内容,对旅游电子商务的理论与实践展开思考。为了便于教师和学生学习掌握案例的思政内涵与分析方法,本书还配套了相关思政手册,对案例"思政目标""思政元素""分析过程"进行全面解析。扫码本书相应页码处的二维码可获取思政手册。

在内容安排上,本书根据旅游电子商务的特点,结合最新产业发展实践,从旅游产业结构视角,介绍旅游电子商务理论体系与实验项目。本书分为六章,第一章介绍电子商务的概念、特点、发展趋势和应用领域等,重点介绍了旅游电子商务的商业模式,实验项目为电子商务网站的网络空间与域名申请;第二章介绍在线旅游服务商OTA的含义、发展方向和经营模式,重点介绍了OTA的商业模式及典型案例,实验项目为典型电子商务网站的操作流程;第三章介绍旅行社电子商务的概念、特征与内涵、主要业务流程和信息化业务流程的效用,重点介绍了旅行社电子商务的体系框架与实践操作和旅行社网络营销策略的实践应用,实验项目为旅游产品宣传图片制作;第四章介绍旅游景区电子商务的概念、国内外旅游景区电子商务发展概况以及旅游景区电子商务三种模式的适用范围和优劣势,重点介绍了智慧景区服务系统的层次、功能和旅游景区网络营销方法,实验项目为短视频营销与视频制作;第五章介绍酒店电子商务的概念、特点和智慧化应用领域,阐述了酒店分销渠道、酒店分销策略制定原则以及酒店分销策略制定技巧,重点指出了酒店电子商务网络营销主营业务模式和推广策略,实验项目为电商直播流程和操作训练;第六章介绍旅游商品的概念、分类和旅游商品电子商务的新技术使用,重点介绍了旅游商品网络营销方法,实验项目为旅游产品线上营销策划。

  本书既可作为应用型高校旅游管理类(含旅游管理、酒店管理、会展经济与管理专业)、工商管理类相关专业的本科生课程思政教材,也可供旅游企业管理人员、旅游行政管理人员培训使用。

  本书由桂林理工大学旅游与风景园林学院张睿教授、桂林理工大学旅游与风景园林学院蒋洁草实验师、吉林工商学院旅游烹饪学院院长赵凌冰教授、长春大学旅游学院旅游文化学院副院长蒙连超副教授和广州翼然科技股份有限公司赖军董事长共同编写。本书由张睿担任主编,由蒋洁草、赵凌冰、蒙连超和赖军担任副主编,具体分工如下:张睿编写第一章、第三章、第四章、第五章;赵凌冰编写第二章、第六章;张睿和蒋洁草编写全书的教材思政内容;蒋洁草和蒙连超编写全部实验内容;赖军提供行业教学案例支持与帮助。张睿负责全书的统筹、修改、统稿和校对。

  本书是旅游电子商务教育、实践工作者多年的工作积累,尤其感谢桂林理工大学旅游与风景园林学院领导的支持和同事的帮助,感谢广州翼然科技股份有限公司、桂林香格里拉酒店和桂林唐朝国际旅行社有限责任公司在旅游产业需求分析、教材体系设置和企业最佳实践上给予的宝贵建议与大力支持。本书还获得了广西旅游产业研究院和桂林理工大学教材建设基金的出版资助。教材编写过程中参考了大量国内外学者的著作、论文、观点和成果(详见"参考文献"),借鉴了最新行业案例和网站资料,在此,谨向所有相关作者表示诚挚的谢意!华中科技大学出版社王乾编辑在此次再版的教材思政建设、课程定位和案例选择等方面给出了诸多宝贵建议,为教材的顺利出版做了大量建设性工作。正是有了王编辑的大力支持,本书的第二版才得以顺利完成。在此,我们对他表示衷心的感谢!

  由于编者水平有限,书中难免有疏漏和不当之处,敬请广大读者不吝赐教。

编者

2024 年 4 月

目录 Contents

第一章　总论　/001

第一节　电子商务概述　/003
　一、电子商务的概念　/003
　二、电子商务的应用领域　/003
　三、电子商务的发展趋势　/006
第二节　旅游电子商务概述　/007
　一、旅游电子商务的概念　/007
　二、旅游电子商务的特点　/007
　三、旅游电子商务的业务模式　/008
第三节　旅游电子商务模式与智能化应用　/010
　一、旅游电子商务的运营模式　/010
　二、旅游电子商务智能化的应用　/015
　三、旅游电子商务的发展机遇与面临的挑战　/020
实验一　电子商务网站的网络空间与
　　　　域名申请　/028

第二章　在线旅游服务商OTA　/035

第一节　OTA概述　/038
　一、OTA的概念及含义　/038
　二、OTA的发展概况　/041
　三、OTA的发展趋势　/047

第二节　OTA的商业模式　　　　　　　/050
　一、OTA的基本业务　　　　　　　　/050
　二、OTA的经营模式　　　　　　　　/053
　三、OTA的盈利模式　　　　　　　　/055
第三节　OTA的典型案例　　　　　　　/058
　一、途牛　　　　　　　　　　　　　/058
　二、同程旅行　　　　　　　　　　　/061
　三、携程　　　　　　　　　　　　　/064
实验二　典型电子商务网站的操作流程　/071

第三章　旅行社电子商务　/075

第一节　旅行社电子商务概述　　　　　/078
　一、旅行社电子商务的概念　　　　　/078
　二、旅行社电子商务的组成要素　　　/078
　三、旅行社电子商务的特征　　　　　/079
　四、旅行社电子商务服务的方式和内涵　/079
　五、信息技术对发展旅行社电子商务的
　　　积极作用　　　　　　　　　　　/081
第二节　旅行社业务流程　　　　　　　/084
　一、旅行社业务流程分析　　　　　　/084
　二、旅行社业务流程构建　　　　　　/090
第三节　旅行社网络营销　　　　　　　/095
　一、旅行社网络营销的优势　　　　　/095
　二、旅行社网络营销策略　　　　　　/097
　三、旅行社网络营销与传统营销的整合　/105
实验三　旅游产品宣传图片制作　　　　/109

第四章　旅游景区电子商务　/115

第一节　旅游景区电子商务概述　　　　/117
　一、旅游景区电子商务的概念与特点　/117
　二、旅游景区电子商务的国内外发展概况　/118
　三、旅游景区电子商务的发展意义　　/119
　四、我国旅游景区电子商务的发展趋势　/120
第二节　旅游景区电子商务的营销模式　/125

一、第一方电子商务模式　　/125
　　二、第三方电子商务模式　　/130
　　三、地方性旅游服务网站模式　　/130
　　四、其他网络营销推广模式　　/132
第三节　智慧景区与电子商务融合的
　　　　发展模式　　/140
　　一、智慧景区的概念与内涵　　/140
　　二、智慧景区的"智慧"体现　　/141
　　三、基于旅游电子商务的智慧景区服务系统　　/149
　　四、景区旅游云电子商务平台体系的构建　　/151
实验四　短视频营销与视频制作　　/156

第五章　酒店电子商务　　/164

第一节　酒店电子商务概述　　/166
　　一、酒店电子商务的概念和特点　　/166
　　二、酒店智慧化应用领域　　/168
第二节　酒店分销渠道与策略　　/174
　　一、酒店分销渠道　　/174
　　二、酒店分销策略制定原则　　/177
　　三、酒店分销渠道建设方法　　/178
第三节　酒店网络营销策略　　/180
　　一、酒店网络营销的功能与特点　　/180
　　二、酒店网络销售的模式　　/181
　　三、酒店网络推广的策略　　/187
实验五　电商直播流程和操作训练　　/200

第六章　旅游商品电子商务　　/209

第一节　旅游商品概述　　/211
　　一、旅游商品的概念　　/211
　　二、旅游商品的分类　　/212
　　三、发展旅游商品的重要性　　/213
　　四、传统旅游商品市场的问题　　/215
　　五、旅游商品电子商务的优势　　/216
第二节　旅游商品网络营销　　/221

一、网上平台营销　　/221
　　二、自媒体营销　　/229
　　三、O2O 营销　　/235
第三节　旅游商品电子商务的发展前景　　/241
　　一、AR 技术增强旅游购物虚拟体验　　/241
　　二、AI 为旅游商品赋能　　/243
　　三、产业融合拓展新路径　　/244
实验六　旅游产品线上营销策划　　/247

参考文献　　/248

二维码资源

章节	类别	名称	页码
第一章	思政手册	教学辅助	14
	在线答题	章节自测题	22
	微课视频	实验一 电子商务网站的网络空间与域名申请	28
第二章	思政手册	教学辅助	68
	在线答题	章节自测题	69
	微课视频	实验二 典型电子商务网站的操作流程	71
第三章	思政手册	教学辅助	88
	在线答题	章节自测题	107
	微课视频	实验三 旅游产品宣传图片制作	109
第四章	思政手册	教学辅助	125
	在线答题	章节自测题	154
	微课视频	实验四 短视频营销与视频制作	156
第五章	思政手册	教学辅助	173
	在线答题	章节自测题	196
	微课视频	实验五 电商直播流程和操作训练	200
第六章	思政手册	教学辅助	221
	在线答题	章节自测题	244
	—	—	—

第一章 总　论

学习引导

电子商务利用网络通信技术开展商务活动,具有广告宣传、咨询洽谈、网上订购、网上支付、服务传递、意见征询、交易管理等各项功能。旅游电子商务通过先进的信息技术手段改进旅游机构内部和对外的联通性,增进知识共享,具有聚合性、有形性和服务性特点。旅游电子商务的业务模式包括:报价模式、寻找最佳价格、合作营销、团体采购、在线拍卖、定制服务和在线旅游同业采购分销交易平台。旅游电子商务运营模式主要有五种:企业对企业(B2B)、企业对消费者(B2C)、消费者对企业(C2B)、个人对消费者(C2C)和线上线下结合(O2O)。旅游电子商务智能化应用包括:智能手机旅游应用程序、智能导览系统、智慧旅游应用系统和"VR+智慧旅游"场景。

学习目标

1. 了解电子商务的发展历程及应用领域。
2. 掌握旅游电子商务的概念、特点和业务模式。
3. 思考如何应对旅游电子商务发展的机遇与挑战。

素养目标

1. 引导学生扎根中国大地,了解国情民情,增强学生对中国特色社会主义的道路自信和制度自信。
2. 深化当代大学生的职业理想和职业道德教育,激发学生的创新精神和创造意识,培养企业家社会责任感。

思维导图

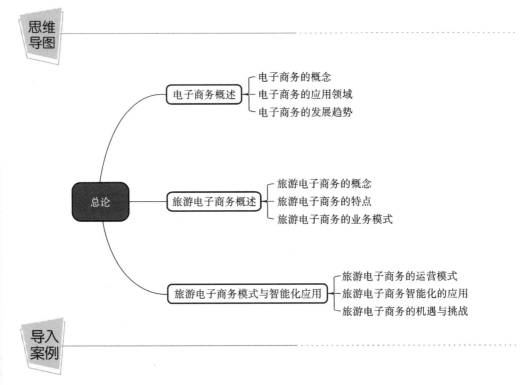

导入案例

旅游电子商务的兴起

2017年10月19日,习近平在参加党的十九大贵州省代表团审议时强调,要抓住乡村旅游兴起的时机,把资源变资产,实践好"绿水青山就是金山银山"的理念。2020年5月11日,习近平在云冈石窟考察时指出,要让旅游成为人们感悟中华文化、增强文化自信的过程。作为21世纪的三大支柱产业之一,旅游业的发展不仅为国家经济发展做出了重要贡献,更是实施中华民族文化自信教育的重要途径。

随着我国经济的快速发展和人民生活水平的不断提高,人民对精神文化有了更高品质的需求。在国家大力发展旅游的背景下,我国人民对旅游的热衷度不断提高。尤其是近几年来,电商行业做得风生水起,几大电商巨头纷纷加入旅游业,阿里巴巴集团的"飞猪旅行"依托支付宝和淘宝等平台,在大量的流量和资金的支持下,迅速占领广大市场。传统几大在线旅游服务商,如携程旅行网、途牛网等也在不断稳定自己的实力,抢占旅游市场这片"红海"。2023年,国内及国际旅游需求的强劲复苏推动在线旅游服务成交额快速增长。2023年"双11"促销活动中,飞猪参加活动的商品成交额同比增长超80%,交易用户数同比增长约100%,旅游商家总量同比增长超120%。参与活动的商家,不仅包括世界知名的航空公司、景区和酒旅集团,一大批民宿、旅行社在内的中小型旅游企业亦在其列。同样,2023年第三季度,携程集团净营业收入为137亿元,同比增长99%。

解析:

旅游电子商务可以有效整合信息资源,提升旅游服务水平,提高消费者旅游体验满意度。那么旅游电子商务的应用领域与业务模式有哪些?旅游电子商务应如何为旅游业服务呢?

第一节 电子商务概述

一、电子商务的概念

电子商务（Electronic Commerce,EC）利用网络通信技术开展商务活动,是一种依靠电子设备和网络技术进行商业交易的模式。随着电子商务的高速发展,其内涵不仅包括网络购物与货币支付,还包括物流配送、供应链管理、电子交易市场、网络营销、在线事务处理、电子数据交换（EDI）、存货管理和自动数据收集系统等。在此过程中,电子商务使用的信息技术包括互联网、网络支付、移动支付、电子银行、安全技术、电子邮件、数据库、电子目录和移动终端技术等。

电子商务的概念有广义和狭义之分。从狭义上讲,电子商务是指通过使用互联网等电子工具（包括计算机硬件、计算机软件系统、移动通信、电话、手机、广播、电视等）在全球范围内进行的商务贸易活动,以及以计算机网络为基础进行的各种商务活动,包括商品和服务的提供者、广告商、消费者、中介商等有关各方行为的总和。人们一般理解的电子商务是指狭义上的电子商务。从广义上讲,电子商务是指通过使用互联网等电子工具,使公司内部、供应商、客户和合作伙伴之间,利用电子业务共享信息并配合企业内部的电子化生产管理系统,实现企业间业务流程的电子化,以提高企业的生产、库存、流通和资金等各个环节的效率。简而言之,广义的电子商务就是通过电子手段进行商业事务活动。

联合国国际贸易程序简化工作组对电子商务的定义是:采用电子形式开展商务活动,它包括在供应商、客户、政府及其他参与方之间通过电子工具,如 EDI、Web 技术、电子邮件等共享非结构化商务信息,管理和完成在商务活动、管理活动和消费活动中的各种交易。该定义强调电子商务利用计算机技术、网络技术和远程通信技术实现整个商务过程的电子化、数字化和网络化。

经济合作与发展组织（OECD）对电子商务的定义是:电子商务是指系统化地利用电子工具,高效率、低成本地从事以商品交换为中心的各种活动的全过程。电子商务是利用电子化手段从事的商业活动,它基于电子处理和信息技术,如文本、声音和图像等数据传输,主要是遵循 TCP/IP 协议,通信传输标准遵循 Web 信息交换标准,提供安全保密技术。

综上所述,本书将电子商务定义为:电子商务是以商务活动为主体,以计算机网络为基础,以电子化方式为手段进行的商务事务活动和交易过程。

二、电子商务的应用领域

根据国际数据公司 IDC（http://www.idc.com）的系统研究分析指出,电子商务的应用可以分为两个层次。第一个层次是面向市场的以市场交易为中心的活动,它包括促成交易实现的各种商务活动,如网上展示、网上公关、网上洽谈等,同时还包括实现交易的电子贸易活动,它主要是利用 EDI、互联网,使交易前的信息沟通、交易中的网上支付和交易后的售后服务等都在网上实现电子商务活动,典型企业有淘宝(http://www.taobao.com/)。淘宝是亚洲较大的网上交易平台,主要功能是为用户提供在线零售购物买卖服务以及包括 C2C、团购、分销、拍卖等多种电子商务模式在内的电商平台服务。第二个层次是指如何利用互联网来重组企业内部的经营管理活动,与企业开展的电子商贸活动保持协调一致。最典型的是供应链管理,它从市场需求出发,利用网络将企业的研发、生产、销售等活动串连在一起,实现企业网络化、数字化管理,最大限度地适应网络时代市场需求的变化。

随着国内互联网使用人数的剧增,利用网络购物并以银行卡付款的消费方式已日渐流行,市场份额也在迅速增长,电子商务网站也层出不穷。电子商务可提供网上交易和管理等全过程的服务。因此,它具有广告宣传、咨询洽谈、网上订购、网上支付、服务传递、意见征询、交易管理等各项功能。

(一)广告宣传

电子商务可凭借企业的 Web 服务器和客户的浏览,在网上发布各类商业信息。客户可借助网上检索工具迅速地找到所需商品信息,而商家可利用网页、电子邮件和社交媒体等在全球范围内做广告宣传。与传统的四大传播媒体(报纸、杂志、电视、广播)广告及近来备受垂青的户外广告相比,网上的广告成本较为低廉而给顾客的信息量却非常丰富。

(二)咨询洽谈

电子商务可借助非实时电子邮件(E-mail)、新闻组(News Group)和实时对话(Chat)来了解市场和商品信息、洽谈交易事务,如有进一步的需求,还可使用网上的白板会议(Whiteboard Conference)来交流即时的图形信息。网上咨询和洽谈能够跨越人们面对面洽谈的时空限制,提供多种方便的异地、实时交谈形式。

(三)网上订购

电子商务可实现网上订购。网上订购通常是在产品介绍页面上提供订购提示信息和订购交互格式框,当客户填完订购单后,系统会回复确认信息单来保证订购信息的收悉,订购信息也可采用加密的方式使客户和商家的商业信息不被泄漏。

(四)网上支付

电子商务要成为一个完整的过程,网上支付是重要的环节,客户可采用借记卡、信用卡等电子账户支付。在网上直接采用电子支付手段可省略交易中很多人员的开销。网上支付也需要更为可靠的信息传输安全性控制,以防止欺骗、窃听、冒用等非法行为的发生。

(五)服务传递

对于已付款的客户,应将其订购的货物尽快送达目的地。其中,有些货物在本地,有些货物在异地,物流信息可通过网络进行调配和发布。另外,最适合在网上直接传递的货物是信息产品,如软件、电子读物、信息服务、充值业务等,网络能直接从电子仓库中将货物发送到用户端。

(六)意见征询

电子商务可方便地采用网页上的"选择""填空"等格式文件来收集用户对销售服务的反馈意见,这样能使企业的市场运营形成一个封闭的回路。客户的反馈意见不仅能提高售后服务的水平,更能使企业获得改进产品、发现市场的商业机会。

(七)交易管理

电子商务整个交易管理涉及人、财、物等多个方面,包括企业和企业、企业和客户以及企业内部等各方面的协调和管理。因此,交易管理是涉及商务活动全过程的管理。电子商务的发展,将提供一个安全良好的交易管理网络环境以及多种多样的应用服务系统,以保障电子商务获得更广泛的应用。

知识活页

发展数字经济　增进民生福祉

作为数字经济的重要业态,网购消费持续发挥稳增长、促消费作用。2024年3月,中国互联网络信息中心(CNNIC)发布的《中国互联网络发展状况统计报告》指出,自2013年起,我国已连续11年成为全球最大的网络零售市场。2023年,我国网上零售额达15.42万亿元,较2022年增长11%。2023年,电子商务市场呈现新的发展特点,用户消费出现新亮点,国货"潮品"消费、绿色消费、智能产品消费等新的消费增长点不断形成。2023年,在网上购买国货商品的用户占网络购物总体用户的58.3%;在网上购买绿色产品的用户占网络购物总体用户的29.7%;购买智能家电、可穿戴设备等智能产品的用户占网络购物总体用户的21.8%。

2023年,我国互联网应用持续发展,新型消费潜力迸发,数字经济持续发展,助推我国经济回升向好。一是文娱旅游消费加速回暖。以沉浸式旅游、文化旅游为特点的文娱旅游正成为各地积极培育的消费增长点。截至2023年12月,在线旅行预订的用户规模为5.09亿人,较2022年12月增长8629万人,增长率为20.4%。二是国货"潮品"引领消费新风尚,成为居民网购消费的重要组成部分。对于在线旅行预订而言,智慧酒店、"5G+智慧旅游"等智能化服务提升了游客的出游效率及出游体验。例如,2023年11月,文化和旅游部、工业和信息化部公布了包括故宫博物院小程序"智慧开放"等共30个首批"5G+智慧旅游"应用试点项目。

2023年,我国持续加快信息化服务普及,缩小数字鸿沟,坚持在发展中保障和改善民生,让更多的人共享互联网发展成果。一是城乡上网差距进一步缩小。我国农村网络基础设施建设向纵深推进,各类应用场景不断丰富,推动农村互联网普及率稳步增长。截至2023年12月,农村地区互联网普及率为66.5%,较2022年12月提升4.6%。二是群体间数字鸿沟持续弥合。我国对老年人、残疾人乐享数字生活的保障力度显著增强。2577个老年人、残疾人常用网站和App完成适老化及无障碍改造,超过1.4亿台智能手机、智能电视完成适老化升级改造。三是公共服务类应用加速覆盖。数字技术的发展使公共服务更加便捷与包容,智慧出行、智慧医疗等持续发展,让网民数字生活更幸福。网约车、互联网医疗用户规模增长明显,较2022年12月分别增长9057万人、5139万人,增长率分别为20.7%、14.2%。

分析:

数字技术赋能千行百业,有效激发了我国经济社会发展新动能,我国数字经济取得了举世瞩目的发展成就,"智慧+旅游"等智能化服务的发展提升了游客的出游效率及出游体验,成为各地积极培育的消费增长点。同时,我国致力于让更多的人共享数字经济发展的成果,增进民生福祉的成效。

三、电子商务的发展趋势

(一)生成式人工智能

企业使用AI来创作新内容,如文本、图片、音乐、音频和视频。借助生成式AI,企业可在线自动执行解决方案和流程。例如,通过改善聊天和搜索体验来提高客户互动度,通过对话界面和摘要探索大量非结构化数据、协助处理重复性任务。

(二)虚拟现实购物

借助3D、VR和AR技术弥合现实与虚拟之间的差距,使电子商务变得更加真实与灵活。数字技术呈现的立体化商品可以使消费者全角度浏览商品,购买过程更加便捷。人们对3D、VR和AR技术日益增长的兴趣将促使在线零售商在未来为顾客提供身临其境的购物体验。

(三)个性化数字销售服务

企业通过交互性、实时通信和真实性优化客户体验,可以提高客户忠诚度。在消费者网上购物期间,企业可以为客户提供个性化、量身定制的信息推送和咨询服务,从而提升服务质量。例如,通过数据收集与分析;建立用户画像,运用个性化内容推荐算法,合理展示与定时进行个性化信息推送。

(四)在线支付技术

在线支付技术是企业数字化战略的主要内容。先进的在线支付技术可以帮助企业提供客户可能期望的购买体验,以新的方式增加收入和拓展新市场。支付方式的各种影响因素包括成本、功能、拒付风险、受众偏好、用户体验、安全性和未来的可扩展性等。

第二节 旅游电子商务概述

一、旅游电子商务的概念

旅游业是世界三大朝阳产业之一,是21世纪的主导性产业,无论在国内或国外都受到了广泛的重视。我国旅游业的发展经历了经济驱动(2000—2005年)、市场驱动(2006—2011年)两个阶段后,目前已处于创新驱动阶段(2012年至今)。旅游业是与知识经济和信息经济高度融合的产业,随着信息技术迅速发展,旅游业和信息技术的结合带动了旅游电子商务的发展。

一般认为,互联网的产生促成了旅游电子商务的产生。事实上,在20世纪六七十年代,航空公司和旅游饭店集团基于增值网络和电子数据交换技术构建的计算机预订系统可视为旅游电子商务的雏形。近些年,高速增长的旅游市场和日益增长的网络消费人群给旅游电子商务促进旅游业的发展带来了新的契机;同时,由于旅游业信息密集型和信息依托型的产业特性,也使旅游电子商务的发展具有必要性和可行性。

旅游电子商务的概念始于20世纪90年代,最初是瑞佛·卡兰克塔提出的,由约翰·海格尔进一步发展。普遍认为,旅游电子商务是指以网络为主体,以旅游信息库、电子银行为基础,利用先进的电子手段运作旅游业及其分销系统的商务体系,它集合了消费者心理学、消费者行为学、商户心理学、计算机网络等多门学科,展现和提升了网络和旅游的价值,具有营运成本低、用户范围广、无时空限制以及能同用户进行实时和直接交流等特点,为用户提供更加个性化、智能化的旅游产品与服务。

目前,旅游学界对旅游电子商务的概念已做出较为详尽的阐述,本书采用世界旅游组织对旅游电子商务的定义,即旅游电子商务是指通过利用先进的信息技术手段改进旅游机构内部和对外的联通性,包括改进旅游企业之间、旅游企业与供应商之间、旅游企业与旅游者之间的交流与交易,以及改进企业内部流程,以增进知识共享。

二、旅游电子商务的特点

(一)聚合性

旅游产品是一个多个部分组成的纷繁复杂的结构实体。旅游电子商务把众多的旅游供应商、旅游中介、旅游者联系在一起。景区、旅行社、旅游饭店及旅游相关行业,如租车业、购物休闲产业,都可借助同一网站的资源招徕更多的客户。在线旅游服务商已成为旅游业的多面手,它们将原来市场分散的利润点集中起来,提高了资源利用效率,扩大了服务范围。

(二)有形性

旅游产品具有无形性的特点。传统的旅游消费模式中,旅游者在体验和购买旅游产品之前无法亲自了解和感受,只能从他人的经历或旅行社的宣传介绍中寻求相关信息。随着信息技术的发展,网络给旅游者提供了大量的旅游信息和虚拟旅游产品,网络多媒体、VR、AR等技术的应用给旅游产品提供了"身临其境"的展示机会。这种全新的旅游体验,使用户"足不出户,畅游天下"的梦想成真,并且培养和壮大了潜在的旅游消费群体。因此,旅游电子商务使无形的旅游产品变得"有形"起来。

(三)服务性

旅游业是典型的服务性行业,旅游电子商务也以服务为本。据CNNIC报告,用户选择Internet接入服务商(ISP)最主要的因素,排在第一位的是连线速度(占43%),排在第二位是服务质量(占24%);用户认为一个成功的网站必须具备的第一要素是信息量大、更新及时、有吸引人的服务(占63.35%)。因此,在线旅游服务平台应是在线交易的平台,具有较高的访问量且能够产生大量的交易,能提供不同特色、多角度、多侧面、多种类、高质量的服务来吸引各种不同类型的消费者,如国内的携程旅行网(Ctrip)、途牛(Tuniu)等,国外的猫途鹰(Tripadvisor)、雅虎旅游(Yahoo! Travel)、缤客(Booking)、亿客行(Expedite)等,这些平台以提供酒店和航班预订、短期出租、餐馆、旅游信息、旅游指南、旅游评论和旅游意见、互动旅游论坛等被广大消费者广泛使用。

三、旅游电子商务的业务模式

商业模式是为了在市场中获得利润而规划好的一系列活动,是企业运营的宗旨和核心。电子商务业务模式是以利用和发挥互联网特性为目标的业务模式,其主要特点在于它允许建立新的商业模式,即允许企业为获取收入和持续经营而开展新的业务方式。根据业务模式不同,旅游电子商务模式可以分为以下几种。

(一)报价模式

报价模式是由买家设定自己愿意为某种产品或服务支付相应价格的一种销售模式。Priceline是美国一家基于C2B商业模式的在线旅游服务商,属于典型的网络经纪公司,它为买卖双方提供一个信息交易平台,盈利方式是提取交易佣金。Priceline首创了C2B报价模式,即消费者在网上标出愿意支付的机票、酒店价格,然后Priceline在电脑数据库中搜索愿意接受该报价的航空公司或酒店供应商,并将该信息反馈给消费者。

(二)寻找最佳价格

寻找最佳价格的模式,一般是由消费者或潜在顾客首先说明自己的需求,然后由企业搜索该产品或服务的最低价格反馈给消费者或潜在顾客。折扣旅游网(Haywire.com)就采用了该模式,Haywire.com将要求在数据库里做匹配,找到最低价格,并告知消费者或潜在顾客。为了给消费者或潜在顾客提供旅游目的地的省钱旅游建议,Haywire.com推出"Trip Starter"旅游策划工具,客户输入自己的出发城市和旅游目的地,Trip Starter会显示关于客户希望出行的路线过去一年的机票价格走势,以及所选目的地三星级或四星级酒店的每晚平均房价,以让客户获得折扣旅游方面的专业知识,合理规划旅游出行时间,并以最优旅行成本获得最大价值。

(三)合作营销

合作营销是指营销参与者与公司达成协议,推荐消费者或潜在顾客到该公司的网站购买产品或服务。购买完成后,营销参与者可抽取购买金额的3%—15%作为佣金。旅游目的地营销组织可以采用这一商业模式在异地推销旅游产品或服务。

(四)团体采购

团体采购方式并不是一种新的商业模式,以往存在于旅行社行业中,如旅行社一次性向酒店、景区等旅游产品供应商大量购买客房、门票等以获得折扣,再向个人或小型旅行社零售出售。使用团体采购这种方式,可以使中小企业甚至个人都能够获得相应折扣。团体采购经由第三方召集个人或中小型企业集合订单,批量购买,以争取最佳价格。

(五)在线拍卖

旅游拍卖是一种允许人们对旅游套餐、机票和酒店住宿进行竞标购买的过程。有许多不同的在线拍卖网站通过拍卖提供折扣旅游。竞标可以在几天内进行,也可以在指定日期的某个固定时间段进行。大多数旅游拍卖网站都是开放的,允许同一用户对多个产品进行出价。

(六)定制服务

定制服务可根据消费者或潜在顾客的需求在短时间内为消费者或潜在顾客定制旅游产品和服务计划,旅行社以及其他旅游产品服务提供商可提供该类服务。

(七)在线旅游同业采购分销交易平台

旅游产品和服务提供商、批发商可在在线旅游同业采购分销交易平台提供旅游产品和服务,零售商可在这类平台上与其交流、交易和付款,如九之旅、八爪鱼等。

第三节　旅游电子商务模式与智能化应用

一、旅游电子商务的运营模式

根据交易主体不同，电子商务可分为以下不同模式：①代理商、商家和消费者（Agent、Business、Consumer，ABC）；②企业对企业（Business to Business，B2B）；③企业对消费者（Business to Consumer，B2C）；④个人对消费者（Consumer to Consumer，C2C）；⑤企业对政府（Business to Government，B2G）；⑥线上线下相结合（Online to Offline，O2O）；⑦消费者对企业（Consumer to Business，C2B）；⑧企业对家庭（Business to Family，B2F）。随着旅游电子商务的发展，旅游电子商务的主要运营模式为B2B、B2C、C2B、C2C和O2O五种模式。

（一）B2B模式

B2B（Business to Business）模式，即旅游企业对旅游企业的电子商务模式。旅游业是一个由众多子行业构成并需要各子行业协调配合的综合性产业，食、宿、行、游、购、娱各类旅游企业之间存在复杂的代理、交易、合作关系。B2B旅游电子商务中所有参与者都是旅游企业或机构，它们在开放的网络中对每笔交易寻找最佳的合作伙伴。一些专业旅游网站的同业交易平台提供各类旅游企业之间查询、报价、询价直至交易的虚拟市场空间，具体业务包括：旅游产品、酒店耗材或服务采购业务；客源地组团社与目的地接待社之间的业务协调；客源地组团社与航空公司、目的地汽车租赁公司、酒店之间的协调等。

B2B交易包括跨组织信息系统交易，如企业商务旅行管理系统（Travel Management System，TMS），它是安装在企业客户端、具有网络功能的应用软件系统，通过网络与旅行电子商务系统相连。在客户端，企业差旅负责人可将企业特殊的出差政策、出差时间和目的地、结算方式等输入商务旅行管理系统，系统将这些要求传送到旅行社。旅行社通过电脑自动匹配或人工操作为企业客户设计出优选的出差行程方案，为企业预订所需的机票及酒店。通过商务旅行管理系统与旅行社建立长期业务关系的企业客户能享受到旅行社提供的便利服务和众多优惠，节省差旅成本。同时，商务旅行管理系统还提供统计报表功能，从而有效地控制成本，加强管理。

航空公司的计算机预订系统（Computerized Reservation System，CRS），指的是一个连接航空公司与机票代理商（如航空售票处、旅行社、酒店等）的机票分销系统。使用计算机预订系统进行服务时，机票代理商的服务器与航空公司的服务器是在线实时链接在一起的，当机票的优惠和折扣信息有变化时会实时地反映到代理商的数据库中。机票代理商每售出一张机票，航空公司数据库中的机票存量就会发生相应的变化。

B2B电子商务提高了旅游企业间的信息共享和对接运作效率，提高了整个旅游业的运作效率。

> **知识活页**
>
> **B2B 交易形式**[①]
>
> 在旅游电子商务中,B2B 交易形式主要包括以下几种情况。
>
> (1)旅游企业之间的产品代理,如旅行社代订机票与饭店客房,旅游代理商代售旅游批发商组织的旅游线路产品。
>
> (2)组团社之间相互拼团,也就是当两家或多家组团旅行社经营同一条旅游线路,并且出团时间相近,而每家旅行社只拉到为数较少的客人,这时,旅行社征得游客同意后可将客源合并,交给其中一家旅行社操作,以降低规模运作的成本。
>
> (3)旅游地接社批量订购当地旅游饭店客房、景区门票。
>
> (4)客源地组团社与目的地地接社之间的委托、支付等业务。

(二)B2C 模式

B2C(Business to Customer)模式,即旅游企业对消费者的电子商务模式。B2C 旅游电子商务是企业与旅游者或潜在旅游者之间的旅游电子商务,利用计算机网络使旅游者或潜在旅游者直接参与交易活动,这种形式等同于电子化的零售。B2C 交易中涉及的参与主体主要包括以下几类:旅游者或潜在旅游者、在线旅游服务商、收款银行和 CA 认证机构等。虽然 B2C 有多种不同的盈利模式,但是大多数企业主要采取其中的一种或几种模式的组合,具体如下。

1.广告盈利模式

广告盈利模式,即旅游网站向其用户提供信息、服务、产品以及刊登广告的场所,并向广告客户收取费用。

2.订阅盈利模式

订阅盈利模式,即旅游网站定期、有规律地为用户提供相关产品信息和服务,并向用户收取访问其所提供内容的费用。

3.交易费用盈利模式

交易费用盈利模式,即企业从客户交易额中收取佣金的模式。

4.销售盈利模式

销售盈利模式,即企业通过向消费者销售产品、信息或服务获得利润。

5.会员制盈利模式

会员制盈利模式,即旅游网站向会员推荐业务,收取会费,或者从成交的销售中提取一定百分比的收入。

---

① 云朵匠·数商云.旅游电子商务平台解决方案[EB/OL].(2018-01-10)[2021-05-04].https://www.sohu.com/a/215790028_100041230.

(三)C2B 模式

C2B(Customer to Business)模式,即消费者对旅游企业的电子商务模式。旅游 C2B 模式的核心是通过聚合数量庞大的用户形成一个强大的采购集团,以此来改变旅游 B2C 模式中用户一对一出价的弱势地位,使之享受到以大批发商的价格购买单件旅游产品的优惠。由于旅游业的特殊性,使得旅游 C2B 可以迅速地成长起来,旅游 C2B 将在酒店预订、机票预订以及个性化的旅游服务中起到巨大的作用。目前,国内的携程旅行网、去哪儿网都在不同程度上对旅游 C2B 进行了尝试。

旅游 C2B 主要有反向拍卖、网上成团两种形式。

1. 反向拍卖

反向拍卖是竞价拍卖的反向过程,即由旅游者提供一个价格范围,求购某一旅游服务产品,由旅游企业出价,出价可以是公开的或是隐蔽的,旅游者将选择认为质价合适的旅游产品成交。由于单个旅游者预订量一般较小,因此反向拍卖这种形式对于旅游企业来说吸引力不是很大。最先产生并流行该项业务的是美国,反向拍卖这种形式在我国旅游电子商务实践中尚未普及,随着旅游消费者需求的改变以及个性化的定制旅游业务的发展,这一形式未来的需求空间广阔。

2. 网上成团

网上成团的过程为:旅游者先在网上发布自己的旅游线路,通过网络信息平台吸引其他相同兴趣的旅游者的关注,再由牵头的旅游者将愿意按同一条线路出行的大量旅游者汇聚到一起,这时,他们再邀请旅行社安排行程,或直接预订酒店和机票等旅游产品。由于网上成团对同一产品的消费数量较为可观,所以旅游者拥有与旅游企业议价的底气,并很有可能得到一定的优惠。

旅游 C2B 利用信息技术的信息沟通面广和成本低廉的特点,特别是网上成团的运作模式,使传统条件下难以兼得的个性旅游需求与规模化组团有了很好的结合点。旅游 C2B 是一种需求方主导的交易模式,它体现了旅游者在市场交易中的主体地位,有助于旅游企业更加准确和及时地了解客户的需求,促进旅游业向产品丰富和个性满足的方向发展。

(四)C2C 模式

C2C(Customer to Customer)模式,即个人对消费者的电子商务模式。过程为:个体卖家通过互联网平台向其他旅游消费者(买家)出售自身现有的旅游产品或服务;旅游者通过网上查询、选择旅游目的地个体卖家提供的产品和服务信息,并直接与卖家联系,中间不经过旅行代理商,交易在网上进行并在网上支付费用。

C2C 平台给买卖双方提供了一个线上发布和获取信息的平台。C2C 平台除了向买卖双方提供信息交流的渠道外,还需要满足买卖双方资金和产品的交换需求。因此,C2C 平台需要为买卖双方提供相应的支付平台和物流系统。而且除了提供相应的工具外,C2C 平台还需要在买卖双方出现交易纠纷时提供客户服务,同时还要为买卖双方的交易行为在互联网上做信用记录等。因此,电子商务平台在 C2C 营销模式中占有重要地位,是其发展的基础条件,淘宝是典型的C2C平台。

旅游C2C交易市场的规模相对较小,主要集中于旅游商品网上交易、家庭旅馆网上销售房间,以及个体导游、司机、旅游规划师等在网上招揽游客、组团出游。

B2C服务创新——"黄山先游后付"为游客带来出游便利

只需在支付宝搜索黄山旅游小程序,即可0元预订景区门票、索道票,享受"先体验再付费,不游不付钱"的别样旅行体验……眼下,便捷、轻松的"先游后付·信用游"正在安徽黄山风景区全面应用,有效满足了游客个性化、便捷化的出游需求。

近年来,黄山风景区将诚信旅游建设作为推动文旅消费升级和数字化转型的重中之重,并于2022年8月正式推出"黄山先游后付·信用游",打造"先游后付"示范景区。

1. 解锁智慧旅游新体验

在游客出行过程中,存在着游客门票退订改期程序烦琐、退费不及时、需要扣手续费等问题,影响游客的体验感与景区的美誉度。

黄山"先游后付·信用游"的实施,有效破解了这一痛点问题。该模式结合大数据、云计算,针对特定人群提供"先游后付"产品服务,即信用积分达到一定等级的游客,在黄山旅游官方平台小程序内通过服务开通、信用下单、自动扣款等,享受"先游后付"完整产品服务。游客下单后无须支付,出游30天后支持自动扣款,游客可以更灵活地安排时间和行程,减少出行顾虑。

黄山风景区的"先游后付"不仅具有0元预订景区门票、索道票的功能,还结合游客需求,推出了免押金入住酒店、租车等服务,覆盖黄山旅游的"住、行、游"等场景,使游客出行更加快捷便利。

2. 丰富"信用+"应用新场景

从单一景区到全域发展,再到区域共建,黄山"先游后付·信用游"不断拓展"信用+"应用场景新领域,实现区域内资源共享、客源互推,推动文化和旅游产业协同发展。

黄山"先游后付·信用游"结合游客需求,统筹整合全市文化和旅游、商务等服务体系,引导景区景点、酒店民宿、旅游文创等经营主体推出信用应用产品,并通过黄山旅游官方平台小程序上架,惠及游客。如黄山风景区创新推出免押金租用帐篷、无人机、自拍杆等服务,促进了景区产品提质、服务增效。

在黄山先行先试的基础上,大黄山区域安庆市、池州市和宣城市的景区、酒店、文创等商家纷纷入驻黄山旅游官方平台,加快推进四市文化和旅游产业一体化发展,创新大黄山旅游新模式。

"先游后付"不仅是一种支付方式,更是产品革新、服务革新、流程再造。2023年10月,入驻黄山旅游官方平台并推行"先游后付"的商家已从最初的50余家增加到涉及景区、酒店、民宿、索道、停车场、交通车辆等领域的120余家,受到游客的广泛好评。"信用游"将作为大黄山旅游环线内旅游服务的重点模式进行全面推广和应用,助力打造大黄山世界级休闲度假旅游目的地,为安徽加快建设高品质旅游强省提供信用支撑。

3. 激发旅游消费新动能

近年来,黄山风景区大力推进诚信景区建设,将"先游后付"延伸至餐饮、交通、停车等旅游全产业链,并在景区团队游、线路游、门票、酒店等标准化产品中全面应用;实行消费纠纷景区外8分钟、景区内半个小时到达现场的工作机制和先行赔付的便民服务机制。这可以有效地破除消费信任壁垒,有利于打造良好的旅游消费环境,保障游客利益和激发消费热情。

除了为广大游客提供优质的旅游产品和便捷的旅游服务,"先游后付·信用游"对于景区商家来说,同样是一大利好。它不仅不会增加经营成本,还能增强客户黏性,吸引更多游客消费,为景区注入强劲的发展后劲。

此外,针对"先游后付·信用游"中已到账期但账户余额不足以支付的订单,黄山旅游发展股份有限公司联合第三方平台进行兜底垫付,进一步保障景区商家权益,助力旅游服务市场信用体系有序建设、平稳运行。截至2023年9月,黄山风景区通过"先游后付"模式支付的旅游订单累计超17万笔,直接交易金额达2000万元。

【知行合一】

思考:

1. 试讨论黄山风景区的服务创新带给我们哪些思考和启示?
2. 黄山风景区为什么要推出"兜底垫付"?

(五) O2O模式

O2O(Online to Offline)模式,是指旅游企业借助互联网进行旅游产品的推介、传播旅游目的地形象,使消费者可以进行线上收集信息、下单、购后评价以及线下进行体验和消费的线上线下相结合的运营模式。

O2O是线上电子商务和线下传统商务结合的一种商务模式。旅游服务作为一种特殊的产品,可以在线上购买但无法以实体商品的形式邮寄给消费者。O2O模式下,消费者可以确保线上线下资源的优化配置,以获得更加满意的顾客体验。

O2O丰富了线上和线下的服务范围。旅游不仅仅局限于标准化程度比较高的线上预订酒店、机票和火车票这一简单的预订模式,移动互联网技术的快速发展推进了旅游电子商务的新发展,旅游目的地的美食、文化、娱乐等活动不断加入进来,服务的范围和领域逐渐深入。线上和线下服务在多元的服务场景中碰撞产生新的旅游服务。

传统在线旅行可提供移动定位服务、移动支付、移动信息服务和信息互动服务移动,现代在线旅行还可提供语音搜索、位置服务和个性化推送,如图1-1所示。O2O集合了线上和线下的企业,在深度挖掘旅游者需求上有了进一步的提升。例如,高德地图不仅可以提供线路导航,还可以推送餐厅、酒店、景区等信息;马蜂窝就是通过用户的数据挖掘出用户的需求和意图,它根据用户出发前在马蜂窝搜索的关键词、阅读的旅游攻略等信息,利用大数据汇集这些信息,解析出用户的购买需求,然后推出各种旅游产品信息和后端OTA进行对接。

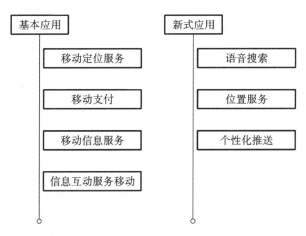

图 1-1　在线旅行的基本应用和新式应用

二、旅游电子商务智能化的应用

随着科技的进步,电子商务新的技术热点层出不穷。如以 RFID、二维码、图像识别技术等为代表的用户和商品标识识别技术,以数据挖掘、消费者行为分析的信息处理技术,以移动定位、LBS 为代表的用户位置信息识别技术,以移动支付安全技术、空中圈存技术、电子钱包技术、非接触技术等为代表的移动支付技术,以云计算、大数据为代表的数据资源共享技术等,这些技术的发展无疑为旅游电子商务智能化的发展奠定了坚实的基础。因此,近年来旅游电子商务不仅局限于利用互联网开展电子化商务活动与交易活动,还有越来越多的智能高新产品与服务出现在旅游业。

(一)智能手机旅游应用程序

《中国移动互联网发展报告(2023)》指出,截至 2022 年底,我国移动电话用户总数达 16.83 亿户,移动互联网用户数达 14.53 亿户,增幅均进一步趋缓。智能手机的普及掀起了智能手机的第三方应用程序——App。App 又称为"手机客户端"或"移动应用",可分为游戏类、社交类、娱乐类、实用生活类和通信类等。智能手机旅游应用程序,是指面向旅游者提供旅游相关服务的智能手机第三方应用程序或其中的小程序,如旅游 App、微信小程序。

旅游 App、微信小程序在旅游业的应用主要有以下三个方面:提供旅游资讯服务,如自动发送旅游欢迎信息、手机报等;信息检索服务,如通过旅游 App 查询景区、住宿、美食购物等资讯;信息咨询服务,如拨打服务电话向当地人工服务平台咨询旅游信息预订服务,拨打预订电话预订机票和酒店。

目前,旅游应用程序大多为旅游 App、微信小程序等形式,将已有在线旅游网站的主要业务功能从电脑移到了智能手机上,除具备手机在旅游业最早的应用功能外,还可以实现随时随地的手机在线支付、记录与分享旅行信息、计划行程、机票预订与选座等功能。

(二)智能导览系统

物联网、无线定位技术、云计算技术等新技术的兴起为旅游目的地导览系统的发展提供了良好的契机。导览系统在旅游业的应用开始是基于移动GIS、电子地图、语音识别、计算机视觉技术,功能趋于人性化和智能化;而智能导览转向兼顾游客需求、景区管理和景区维护,依托云计算、大数据技术以及智能终端设备,实现跨景区实时互动的功能。

景区手机导览系统能够让游客通过一部手机即可获取一对一的智慧导游服务,满足游客景区信息搜索需求,帮助景区实现全景展示、语音讲解、路线规划、信息传递等一体化导览服务,从而提升景区服务质量,改善游客游览体验。

1. 自定义全景地图——特色细节清晰可见

使用智能导览系统,景区可不再局限于单一呈现方式,能够自助上传个性化的地图画面,生动展现风情特色,让游客在手机上就能直观感受景区风貌,如图1-2所示。

图1-2 桂林市"一院两馆"景区智能导览图

图片来源:广州翼然科技公司设计的智能导览系统

2. 多语种语音讲解——让信息一触即达

自定义音频解说,可满足游客个性化需求,无须人工导游,游客扫码即可享受一对一的智慧导游服务。

3. 智能推荐玩法路线——提升游客体验

根据游客需要,景区可智能推荐最佳游览路线,制定个性化游玩路线,避免游客重复走路或遗漏重要景点,提升游客旅游体验。

4. 精准实时定位——景点服务快速查找

支持实时定位,无须切换界面,游客也能全面了解景区内全部景点,景区可自主标记公共服务设施,便于游客在景区内快速获取所需服务。

(三)智慧旅游应用系统

旅游电子商务智能化发展势不可挡,自 2008 年国际商业机器(中国)有限公司(IBM)首先提出"智慧地球"的概念后,"智慧城市"和"智慧旅游"由此衍生。智慧旅游也叫"智能旅游",是基于新一代信息技术,为满足游客个性化需求,提供高品质、高满意度服务,从而实现旅游资源及社会资源的共享与有效利用的系统化、集约化的管理变革。智慧旅游应用系统是指包括信息通信技术在内的智能技术在旅游业中的应用,是一项以提升旅游服务、改善旅游体验、创新旅游管理、优化旅游资源利用为目标,增强旅游企业竞争力、提高智慧旅游行业管理水平、扩大行业规模的现代化工程。

> **知识活页**
>
> ### 景区电子门票系统
>
> 随着旅游产业的迅速发展,游客数量的增加也加大了景区管理难度。为了提高服务水平,加强管理质量,降低人力成本,景区逐渐开始使用电子门票系统。景区电子门票系统主要包括售票、换票、检票、数据统计四大功能。通过这四大功能,解决了景区传统窗口售票的各种问题,提升了景区的服务质量和消费者满意度。景区票务系统闸机如图 1-3 所示。
>
>
>
> **图 1-3 景区票务系统闸机**
>
> 第一,电子门票系统可以显著提高景区的售票和取票效率。系统支持多种取票方式,同时兼顾线上线下渠道,减少人工售票窗口的压力,节省人力成本。门票系统配备智能闸机硬件,扫码即可入园,差错率低,效率高。
>
> 第二,景区门票系统可以及时掌握游客入园情况,根据数据分析景区承载能力和景区交通分布情况,适当限制交通,疏导人流,避免因景区人流量过大而造成景区拥堵、踩踏事故等突发情况。控制景区人数,既分散了人流密度,提高了游客体验,又起到了保护景区宝贵资源,延长景区寿命的作用。
>
> 第三,互联网技术和大数据技术的应用,不仅降低了景区在售票方面的人力成本,还通过云计算自动生成数据信息和财务信息,通过可视化图表清晰展示景区的经营情况。根据数据,景区可以有针对性地改变营销策略、节约管理成本。

第四,景区电子门票系统可以解决门票的预订、控制和管理问题,根据用户需求提供个性化的旅游服务。"旅游+"的应用有效改善了传统景区管理存在的弊端,为游客提供了更完善、更全面的服务。

(四)"VR+智慧旅游"场景

旅游是典型的体验经济,是人类对自然与社会的一种探求体验的方式。旅游的过程实际上是体验文化、体验生态、体验环境、体验景观、体验娱乐、体验情感、体验健康等多方面体验的过程。目前,已有诸多景区制作了 VR 旅游内容作为景区宣传或补充。在 VR 世界,游客可以获得身临其境的旅游体验。例如,VR 技术可以让游客在景区内体验到由于季节或其他因素而体验不到的内容。比如,夏天去公园游玩的旅客可以用 VR 看到公园冬天的景象,参观古建筑的人们可以看到建筑的搭建过程。VR 与旅游的融合有助于吸引更多对目的地有深度旅游需求的消费者,可以增强游客体验、保护自然环境。

> **知识活页**
>
> ### 央视点赞全球首创——爱奇艺《风起洛阳》VR 全感剧场带动沉浸式文旅消费走俏
>
> 2023 年,洛阳又"火"了!一天之内,洛阳连登两档央视节目,隋唐洛阳城《唐宫乐宴》《风起洛阳》沉浸式全感 VR 项目、龙门石窟《无上龙门》、洛阳博物馆"时裳·武则天"展览……地方文旅与内容 IP 成功实现"双向奔赴"。拥有丰富文化资源的古都洛阳,这一次出圈正是因为传统文化融合最新科技创新,激活了文旅市场。
>
> 其中,大篇幅出现的《风起洛阳》VR 全感剧场利用 VR 技术,让观众"穿越"到"神都洛阳"领略盛世风情,更有动作捕捉、虚拟现实等技术融入体验互动游戏,在 VR"黑科技"的支持下,为游客带来沉浸式文旅消费新体验(见图 1-4)。
>
>
>
> 图 1-4　央视新闻频道《焦点访谈》栏目报道《风起洛阳》VR 全感剧场

《风起洛阳》VR全感剧场是爱奇艺旗下裂境工作室出品的全球首个VR全感·跨次元互动娱乐项目，项目创新将"实景演艺"与"VR全感互动"相结合，融入沉浸式戏剧、角色扮演、真人演绎等多元形式。2022年初，首店落地上海机遇空间，同年暑期进驻洛阳。

　　剧场创作团队介绍，本次被央视点赞的门店位于河南洛阳九洲池景区内。从该门店规划之初，团队就与洛阳文旅深度配合，结合洛阳城市文化特色与年轻游客的喜好，将《风起洛阳》VR全感剧场体验作为洛阳"全城剧本游"中的关键一环，不仅在实景戏剧环节中融入年轻人喜爱的换装、机械密室、战斗表演等沉浸互动玩法，同时借助VR技术，让游客化身"不良人"，在虚拟空间中感受繁华喧闹的"神都洛阳"。与《风起洛阳》原剧集IP人物亲密互动，让游客在游览的同时借助虚拟内容与洛阳实景产生联动，进一步加深对洛阳古都文化的体验。

　　在约1小时的体验过程中，"东方朋克"的画面美学与风感、雾感、震动感等五感调度的紧凑剧情，为玩家带来了一场虚实交互、传统与现代融合的奇妙探险之旅。

　　2023年暑期，全国24家智慧旅游沉浸式体验新空间消费同比增长200%以上。《风起洛阳》VR全感剧场作为首批入选全国智慧旅游沉浸式体验新空间名单的项目，正以数字技术与文旅空间的有机融合，成为文旅消费创新的新亮点。

　　爱奇艺高级副总裁张航在2023年FBEC大会上表示，未来，爱奇艺将持续探索更多城市文旅与内容IP结合的形式，积极利用VR、AR等现代科技手段，与地方文旅协同打造更多创新的沉浸式线下娱乐体验，为激活文旅消费注入新动能。

资料来源　央广网.央视多次报道！爱奇艺首创《风起洛阳》VR全感剧场解锁沉浸式文旅消费新体[EB/OL].(2023-12-16)[2024-03-20].https://tech.cnr.cn/techph/20231216/t20231216_526523624.shtml.

解析：

　　智慧旅游沉浸式体验燃起了前所未有的热度。智慧旅游与"沉浸式+"联动，一方面通过"智慧旅游+沉浸叙事"让故事变现实，另一方面则是通过"智慧旅游+沉浸景观"让看景变入景。在玩法上，沉浸式五感让游客身临其境，沉浸式互动给消费者带来全新乐趣，沉浸式夜游让游客体验唯美夜色。现在，智慧旅游与"沉浸式+"的联动五花八门，但这些项目究竟能否达成共振输出呢？从市场端看，全国首批42个智慧旅游沉浸式体验单位自开馆或开业以来累计接待游客超8913万人次。从消费端来看，多个项目已经获得了游客的高度认可。从运营端看，多个项目也取得了显著成效。

　　沉浸式旅游的未来发展有两大趋势。一是沉浸式业态集群化，通过与餐饮、住宿、旅游、购物和娱乐等行业相关要素的创新相结合，使原本独立的旅游消费点形成组团化、规模化。二是沉浸式旅游深入化。随着更多高新技术的广泛应用,沉浸式旅游可以给体验者带来多维度、多场景、交互感强的体验。值得思考的是,沉浸式旅游如何保持领先的消费体验,给消费者更多、更好的选择?

三、旅游电子商务的发展机遇与面临的挑战

(一)旅游电子商务的发展机遇

我国旅游业正处于蓬勃发展阶段,出游人群规模不断扩张,年内多次出游人群比重不断提升,越来越多的人选择通过旅游来放松自己、领略祖国境内的大好河山和丰厚的文化底蕴,这进一步推动了我国旅游业规模的加速扩张。

旅游业发展电子商务具有得天独厚的优势,相对于其他行业的电子商务来说,旅游业产品具有更强的可分享性和可参与性,它不像普通产品需要经过研发、生产、销售和配送等复杂业务流程,只需电商平台将旅游线路、美食、住宿和游记分享等信息进行整合,通过图文、视频、语音等传送给目标人群。同时,发展电子商务也有助于商家的产品、品牌的宣传和推广。

随着越来越多的游客在互联网上预订旅游产品,这进一步加速了我国旅游业与互联网信息技术的紧密结合。目前,旅游电子商务已经成为我国旅游企业营销和内部管理信息系统的主要模式。

知识活页

中国在线旅行预订用户规模持续扩大

中国互联网络信息中心(CNNIC)发布的第 53 次《中国互联网络发展状况统计报告》显示:截至 2023 年 12 月,我国网民规模达 10.91 亿人,较 2022 年 12 月新增网民 2480 万人,互联网普及率达 77.5%。2019—2023 年中国手机网民规模及占网民比例如图 1-5 所示。

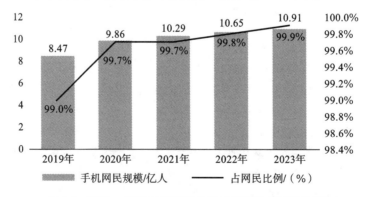

图 1-5　2019—2023 年中国手机网民规模及占网民比例

网经社电子商务研究中心发布的《2023年度中国在线旅游行业简报》显示,中国在线旅游市场在2019年已达到万亿元规模,市场表现良好。2020—2022年,在线旅游行业整体呈现波动态势。2023年,由于需求和供给两端的双向发力和良性互动,在线旅游市场进入恢复性增长阶段。2023年,在线旅游行业交易规模8266亿元,同比增长10.80%。2023年,在恢复性增长的同时,旅游市场需求也发生了明显变化,对特色化、文化性、主题性、有温度、高品质旅游产品和服务的需求更加突出,而旅游供给对旅游消费新趋势、新需求的准确把握和及时满足,则为旅游市场的持续发展提供了新的动能。2019—2023年在线旅游行业交易规模及增长率如图1-6所示。

图1-6 2019—2023年在线旅游行业交易规模及增长率

与此同时,在线旅游服务商下沉探索速度提高,用户规模整体上保持稳定增长,2023年在线旅游用户规模为5.09亿人,同比增长12.92%。2019—2023年中国在线旅游用户规模分别为4.13亿人、4.32亿人、3.97亿人、4.23亿人、5.09亿人,如图1-7所示。

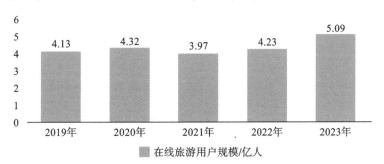

图1-7 2019—2023年中国在线旅游用户规模

（二）旅游电子商务面临的挑战

虽然我国旅游电子商务有很大的发展优势，未来发展潜力巨大，但在发展的过程中仍然存在很多问题，如旅游市场集中度过高、旅游产品同质化严重、产业结构不完善、行业竞争激烈、在线旅游服务商的服务体系不健全等。其中，国内旅游电商的"价格战"厮杀惨烈，许多在线旅游企业纷纷出现资金亏损的情况，疯狂的补贴使企业运营成本越来越高，最终扭转局面不成而陆续倒闭。因此，电子商务如何提供个性化、高附加值的产品和服务，进而提高经济效益成为我国旅游企业首先要思考的问题。

> **本章小结**
>
> 旅游电子商务通过先进的信息技术手段改进旅游机构内部和对外的连通性，并不断改进企业内部流程，促进旅游资源共享。旅游电子商务有效实现旅游资源的有效整合，开展线上旅游产品营销、旅游产品预订服务、售后跟踪服务等商业活动，促进了旅游企业内部业务的高效运转，改善了旅游企业之间、旅游企业与供应商之间、旅游企业与旅游者之间的交流与交易。
>
> 旅游电子商务具有聚合性、有形性和服务性三个特点。根据业务模式不同，旅游电子商务可分为：报价模式、寻找最佳价格、合作营销、团体采购、在线拍卖、定制服务和在线旅游同业采购分销交易平台。根据交易主体不同，旅游电子商务的主要运营模式可分为：企业对企业（B2B）、企业对消费者（B2C）、消费者对企业（C2B）、个人对消费者（C2C）和线上线下相结合（O2O）这几种模式。旅游电子商务智能化的应用包括智能手机旅游应用程序、智能导览系统、智慧旅游应用系统和"VR＋智慧旅游"场景。

讨论与思考

1. 什么是旅游电子商务？它的特点是什么？
2. 对比说明智能手机旅游应用程序、智能导览系统和智慧旅游应用系统的异同点。
3. 举例说明 B2B、B2C、C2B、C2C、O2O 五种旅游电子商务模式的实践应用。
4. 旅游电子商务的业务模式有哪些？举例说明。
5. 如何应对旅游电子商务未来发展面临的挑战？

案例分析

我国在线旅游行业市场规模逐年增长　头部企业形成三足鼎立格局[①]

在线旅游是指旅游消费者依托互联网,从旅游服务提供商处预订并支付旅游产品或服务的过程。其细分市场包括在线机票、在线住宿和在线度假。以下从在线旅游产业链、在线旅游商业模式、在线旅游行业市场规模和在线旅游行业龙头企业竞争格局四个方面进行分析。

1. 在线旅游产业链

按照在线旅游主要业务类型划分,在线旅游细分市场可分为在线机票、在线住宿、在线度假三大类,如图 1-8 所示。

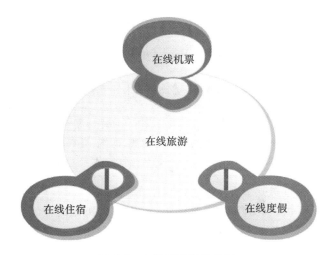

图 1-8　在线旅游细分市场

在线旅游产业链是一条由上游供应商、中游批发商代理商、网络媒介和终端用户组成的链条。上游供应商是旅游产品的提供者,如航空公司、酒店、旅行社和景区等。在线旅行预订平台在整个行业中处于中游位置,负责产品的组合和分销,是传统旅游代理商在线市场服务的补充,同时也是将产品服务和客户连接起来的关键环节。在线旅游平台通过代理、商家批发等模式从上游供应商中获得旅游服务及产品,如机票、酒店、火车票、景区门票等,一方面通过旗下网站直接将产品分销给线上用户,另一方面通过搜索引擎、社交媒体等下游营销渠道吸引更多线上用户。在线旅游产业链如图 1-9 所示,在线旅游产业链三大环节主要特征如表 1-2 所示。

[①] 观研报告网.我国在线旅游行业市场规模逐年增长 头部企业竞争形成三足鼎立格局[EB/OL]. (2020-10-26) [2021-05-21]. http://free.chinabaogao.com/gonggongfuwu/202010/102A1924H020.html.

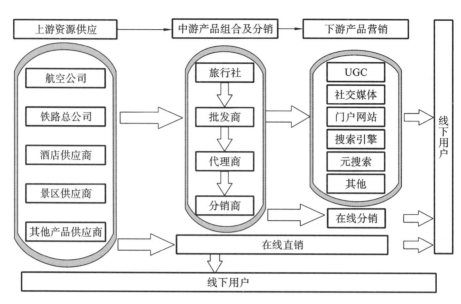

图 1-9 在线旅游产业链

表 1-2 在线旅游产业链三大环节主要特征

对比项目	上游供应商	中游在线预订平台	下游网络平台
主要产品	机票、酒店、火车票、景区门票等	机票、酒店、火车票等的预订服务	各种形式的广告及内容分享
行业集中度	航空、铁路等大型交通行业集中度较高,酒店行业次之,景区门票、活动等相对最分散	整体较分散,有龙头企业	整体较分散,有龙头企业
利润驱动因素	便利、实用的产品和服务	平台资源和广告营销效果	用户流量和转化率
核心优势	丰富的资源	资源整合、信息比较的相对中立性和便利性	广大用户端资源

2. 在线旅游商业模式

在线旅游服务商的商业模式包括代理商模式、批发商模式、广告模式和 OTM 模式、Meta-search 搜索比价模式、社交媒体模式等,如表 1-3 所示。

表 1-3 在线旅游服务商的商业模式

商业模式	含义及收入来源	代表企业
代理商模式	按照一定的比例抽取佣金	携程、美团
批发商模式	批发采购后再加价销售,赚取差价	亿客行

续表

商业模式	含义及收入来源	代表企业
广告模式	通过内容展示、广告植入赚取收入	猫途鹰
OTM模式	通过精准营销和定制服务，收取服务费、广告费和佣金	飞猪
Meta-Search 搜索比价模式	通过搜索引擎竞价、广告、酒店预订电话费赚取收入	去哪儿网
社交媒体模式	通过品牌广告、效果广告、佣金赚取收入	马蜂窝、穷游网

代理商模式是指按照一定的比例抽取佣金，代表公司有携程、美团等。批发商模式是指批发采购后再加价销售，赚取差价，代表公司有亿客行等。广告模式是指通过内容展示、广告植入赚取收入，代表公司有猫途鹰等。OTM模式是指通过精准营销和定制服务，收取服务费、广告费和佣金，代表公司有飞猪等。Meta-search搜索比价模式是指通过搜索引擎竞价、广告、酒店预订电话费赚取收入，代表公司有去哪儿网等。社交媒体模式是指通过品牌广告、效果广告、佣金赚取收入，代表公司有马蜂窝、穷游网等。

3. 在线旅游行业市场规模

近年来，旅游业的快速发展、移动端的普及和社交媒体的推广，都为在线旅游行业提供了巨大的发展动力。

从市场规模来看，2020年我国旅游行业市场规模和在线旅游市场规模分别下降61.5%和36.5%，2021年旅游行业市场规模出现上升，2022年又同比下降了30%。2023年在线旅游市场规模出现恢复性增长，但仍低于2019年的水平。中国在线旅游市场按交易额计算的市场规模预计将从2024年的912.1亿美元增长到2029年的1854.5亿美元。2019—2023年我国旅游行业、在线旅游行业市场规模及增速如图1-10所示，2019—2023年我国在线旅游行业市场规模在旅游行业中的占比情况如图1-11所示。

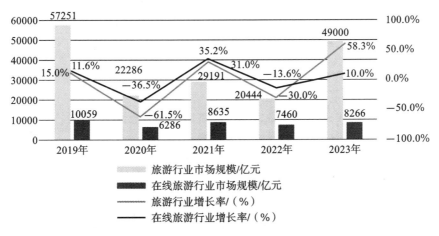

图1-10　2019—2023年我国旅游行业、在线旅游行业市场规模及增速

图1-11 2019—2023年我国在线旅游行业市场规模在旅游行业中的占比情况

4. 在线旅游行业龙头企业竞争格局

目前,美团、飞猪、携程在我国在线旅游服务商行业中的龙头地位稳固,市场形成了"三足鼎立"的格局。三家企业的业务模式、市场定位和主打产品均具有差异性。美团、携程、飞猪的业务模式对比如表1-4所示。

表1-4 美团、携程、飞猪的业务模式对比

对比项目		携程	美团	飞猪
业务模式		OTA+平台	OTA+平台	OTM+平台
目标市场		中高端商旅用户	低线长尾市场	消费能力强的年轻用户
业务侧重		全品类	酒店住宿	出境游
主要目的地		境内+境外	境内	境内+境外
产品体系	住宿	国内外酒店、民宿	国内外酒店、民宿	国内外酒店、民宿
	交通	国内外机票、火车票、汽车票、船票、租车	国内外机票、国内火车票、汽车票	国内外机票、火车票、租车、国内汽车票
	旅游	自由行、跟团游、定制游、周边游、邮轮游、亲子游学、高端"鸿鹄奢游"及景区门票等	景区门票、周边游景区套票	跟团游、自由行、定制游、邮轮游、景区门票等

相比携程和飞猪,美团的优势在于:通过高频的本地生活服务消费为酒旅业务导流;差异化竞争,收割低线城市市场;地推团队资源整合能力强大,快速占领商户资源。但其在中高端市场与携程有较大差距,且酒旅业务主要以酒店预订和景区门票销售为主,产品体系不如携程和飞猪丰富。

携程的优势在于：在一、二线商旅用户中占绝对主导，业务规模大、品类覆盖全、对上游供应商的议价能力也更强，且通过一系列资本收购，海外业务市场的份额也在逐步扩大。相比美团，携程高端业务的客单价与盈利能力更强。但携程缺乏高频业务导流，在低线城市渗透和地推能力上与美团存在差距。

飞猪优势在于：背靠阿里生态，充分享受阿里的流量红利和技术支持，平台模式下商家直接运营店铺，跳过加价环节，信息更加透明。飞猪为商户提供底层生态支持，赋予商家将阿里平台上巨大流量转化为私域流量的可能，使商家更具主动权和积极性。但飞猪的OTM模式对产品的掌控力小，且商户将平台流量转为私域流量后会降低对平台的依赖度。

美团、携程、飞猪的优劣势对比如表1-5所示。

表1-5 美团、携程、飞猪的优劣势对比

公司名称	优 势	劣 势
美团	低线市场占有率高	中高端市场份额较小
	高频业务为低频酒旅业务引流	供应链与产品矩阵不及携程、飞猪丰富
	地推团队整合资源能力强大	各块业务都面临已经存在的强大的竞争对手
携程	业务规模庞大，议价能力强	缺乏与高频业务的交叉互动，获客成本高
	供应链资源充足，产品体系丰富	地推团队规模效应低
	中高端商旅市场占据绝对主导地位	低线市场的覆盖不足
	海外市场份额不断扩大	海外市场管理成本较高
飞猪	背靠阿里生态，技术和流量赋能	目标客群规模相对较小，下沉市场渗透率低
	出境游发展迅速，"飞猪购"提升竞争力	平台模式下商户自主经营，容易将平台流量私域化，降低对平台的依赖度
	平台型厂商商家更具积极性，信息更透明	对产品缺乏掌控力

思考题：

1. 举例说明旅游产品如何通过在线旅游产业链销售给线下用户。

2. 举例说明携程、亿客行、猫途鹰、飞猪、京东的在线旅游商业模式。

3. 对比分析美团、携程、飞猪的业务模式与优劣势，试探讨三个旅游企业未来应采取什么样的营销策略，以在竞争中获胜。

实验一　电子商务网站的网络空间与域名申请

一、实验目标

了解网络空间与域名的相关概念。

熟悉域名的申请过程。

二、实验内容

网络空间与域名申请。

三、知识准备

（一）网络空间

1. 相关定义

20世纪80年代初，作家威廉·吉布森创造了"网络空间"这个术语，即"赛博空间"（Cyberspace），用它来描述包含大量可带来财富和权力信息的虚拟计算机网络。

网络空间需要计算机基础设施和通信线路来实现。计算机存储的信息才是其真正的意义所在，并且以此作为网络空间价值的衡量标准。

随着国内旅游电子商务的持续升温，尤其是作为国民经济发展主力军的中小企业，逐渐意识到了网络营销的重要性。而建设网站则是开展网络营销的第一步，选择适合企业网站的虚拟主机，会让网站保持良好的运行状态，不会因为空间访问速度过慢、网站风格不符潮流等问题而失去潜在客户。

网站空间也称为"虚拟主机空间"。从经济角度考虑，通常中小企业建设网站不会自行构建服务器，而是选择以虚拟主机空间的方式存储网站内容。无论是对于中小企业还是个人用户来说，拥有自己的网站已经变得简单易行。投资很少就可以使用户通过向网站托管服务商租用虚拟主机来建立网站。

虚拟主机是使用特殊的软硬件技术，把一台真实的物理电脑主机分割成多个逻辑存储单元，每个单元都没有物理实体，但是每一个逻辑存储单元都能像真实的物理主机一样在网络上工作，具有单独的域名、IP地址（或共享的IP地址）及完整的Internet服务器功能。

虚拟主机的关键技术在于，即使在同一台硬件、同一个操作系统上运行多个用户不同的服务器程式，都能互不干扰，且各个用户都拥有自己的一部分系统资源（IP地址、文档存储空间、内存、CPU时间等）。虚拟主机之间完全独立，在外界看来，每一台虚拟主机和一台单独的主机的表现完全相同，所以这种被虚拟化的逻辑主机被形象地称为"虚拟主机"。

虚拟主机技术的出现，是对 Internet 技术的重大贡献，是广大 Internet 用户的福音。由于多台虚拟主机共享一台真实主机的资源，每个用户承受的硬件费用、网络维护费用、通信线路的费用均大幅度降低，Internet 真正成为人人用得起的网络。

在 Internet 上的计算机可以被划分为两大类：客户机和服务器。

客户机是访问别人信息的机器。电脑连接 Internet 后，电脑就被临时分配了一个 IP 地址，利用这个临时身份证，就可以在 Internet 的海洋里获取信息，网络断开后，电脑就脱离了 Internet，IP 地址也被收回。

服务器则是提供信息让别人访问的机器，通常又称为"主机"。主机拥有自己永久的 IP 地址。为了让客户机任何时候都可访问主机，主机必须时刻都连接在 Internet 上。为了能更好地运行服务器程序，Internet 的主机一般要求配置大容量的内存和海量外存及高性能 CPU。服务器主机通过安装运行各种服务器软件来实现客户的请求。

2. 重要特点

网络空间的重要特点是信息以数字的形式存在，计算机能对这些信息进行处理，如存储、搜索、索引等。

(二)域名

1. 定义

域名（Domain Name），是由一串用点分隔的名字组成的 Internet 上某一台计算机或计算机组的名称，用于在数据传输时标识计算机的电子方位（有时也指地理位置）。域名通俗来说就是网站在 Internet 上的名称。一个企业的网站要想在 Internet 上出现，必须拥有一个注册域名。就技术而言，域名不过是一种 IP 地址的助记符号。但是，对于从事商业活动的企业来说，域名也是企业形象的一部分，是企业在网络上的电子身份证以及在网络世界中进行商业贸易活动的基础，宣传企业的产品及服务、树立企业的形象都离不开域名。

网域名称系统（Domain Name System，DNS），简称"域名系统"，是将域名和 IP 地址相互映射的一个分布式数据库，是 Internet 的一项核心服务，它能够使人更方便地访问互联网，而不用去记住能够被机器直接读取的 IP 地址数字串。例如，www.wikipedia.org 是一个域名，和 IP 地址 208.80.152.2 相对应。DNS 就像是一个自动的电话号码簿，人们可以直接"拨打"wikipedia 来代替电话号码（IP 地址）。人们直接调用网站的域名以后，DNS 就会将便于人们使用的域名（如 www.wikipedia.org）转化成便于机器识别的 IP 地址（如 208.80.152.2）。

2. 命名规则

（1）只提供英文字母（a—z，不区分大小写）、数字（0—9）以及"-"（英文中的连词号，即中横线），不能使用空格及特殊字符（如！、$、&、、？）。

（2）"-"不能用作开头和结尾。

（3）长度不能超过 63 个字符。

（4）简单、易记、逻辑性强（与企业商标、产品名称吻合；根据网站的性质、用途选择）。

（5）为同一个域名注册多个不同后缀（可用来确保企业品牌的唯一性，同时也可以使互联网用户更容易找到企业的网站）。

（6）域名购买年限选择2年以上（降低域名丢失的风险，同时避免未来因域名价格上涨给企业带来的经济损失，多年购买还可享受优惠）。

3. 域名申请

电子商务、网上销售、网络广告已成为商界关注的热点。但是，要想在网上建立服务器发布信息，则必须首先申请域名，只有拥有企业的域名，才能让使用者更加方便地访问到企业。所以，申请域名是互联网为企业提供相关服务的基础。

为保证每个网站的域名或访问地址是独一无二的，企业在申请域名时需要向统一管理域名的机构或组织注册或备案。也就是说，为了保证网络安全和有序性，网站建立后要为企业绑定一个全球独一无二的域名或访问地址，必须先向全球统一管理域名的机构或组织去注册或者进行备案。域名需遵循先申请先注册原则。

TLD的全称是Top Level Domain，意为"顶级域名"，它是Internet域名的最后部分，也就是任何域名的最后一个点后面的字母组成部分。

通用顶级域于1985年创立，当时共有6个通用顶级域，主要供美国使用：

（1）.com——供商业机构使用；

（2）.edu——供教育机构使用；

（3）.gov——供政府及其下属机构使用；

（4）.net——供网络服务供应商使用；

（5）.org——供不属于其他通用顶级域类别的组织使用；

（6）.mil——供军事机构使用。

4. 申请域名的步骤

1）准备申请资料

申请注册".com"域名，不需要提供身份证、营业执照等资料，但是如果申请注册".cn"域名，用户则需要提供相关的身份证以及企业营业执照等资料。

申请域名注册应当提交的文件和证件包括：域名注册申请表，本单位介绍信，承办人身份证复印件，本单位依法登记文件的复印件。域名注册申请表至少应当包含以下内容：单位名称（包括中文名称、英文和汉语拼音全称及缩写），单位所在地点，单位负责人，域名管理联系人和技术联系人，承办人，通信地址，联系电话，电子邮件地址，主、辅域名服务器的机器名和所在地点，网络地址，机型和操作系统，拟申请的注册域名、理由和途径，以及其他事项。申请人的名称要与印章、有关证明文件一致。申请时间以收到第一次注册申请的日期为准。

2）寻找域名注册网站

由于".com"和".cn"域名等不同后缀均属于不同注册管理机构所管理，如要注册不同后缀域名则需要从注册管理机构寻找经过其授权的顶级域名注册服务机构。如".com"域名的管理机构为ICANN（互联网名称与数字地址分配机构），".cn"域名的管理机构为CNNIC（中国互联网络信息中心）。目前，国内比较著名的域名代理机构有中国万维网（www.net.cn）和中国频道（www.China-Channel.com）等，它们都可以接受国内和国际域名注册申请。若注册商已经通过ICANN、CNNIC双重认证，则无须再到其他注册服务机构申请域名。

3）查询域名

如在域名注册查询网站注册用户名成功后想要查询该域名，可先选择要注册的域名，再点击注册。Internet 域名是唯一的，并且遵循"先申请先注册，不受理域名预留"的原则。在进行域名注册时，应首先在 Internet 上查找是否有与企业要注册的域名相同的域名。查重域名的网址为：

（1）http://rs.internic.net/cgi-bin/whois？——查询国际域名；

（2）http://www.cnnic.net.cn/cgi-bin/domainqc——查询国内域名。

4）正式申请

查到想要注册的域名，在确认域名为可申请的状态后，可提交注册，并缴纳年费。

5）申请成功

正式申请成功后，即可开始进入 DNS 解析管理、设置解析记录等操作。

四、实验步骤

（一）免费虚拟主机的申请

（1）打开浏览器，在地址栏中输入 https://www.sanfengyun.com/freeVhost/，按回车键后进入如图 1-12 所示界面。

图 1-12　三丰云免费虚拟主机申请

（2）首先注册三丰云账号，完成后进入如图 1-13 所示界面，再点击红框区"免费虚拟主机"。

（3）进入如图 1-14 所示的虚拟主机界面，列出了获得的免费虚拟主机的相关信息。

（4）点击"管理面板"，进入虚拟主机的管理界面，如图 1-15 所示。点击"设置密码"，对申请到的 FTP 账号进行密码设置。后面就可以用设置好的账号密码登录测试网页。

图 1-13　三丰云账号控制台页面

免费虚拟主机

图 1-14　虚拟主机信息界面

图 1-15　虚拟主机管理界面

图片来源：三丰云网站

(二)使用 FTP 上传网站文件

(1)启动 FTP 上传文件工具 CuteFTP 9.3,在如图 1-16 所示中的"Host:"栏输入主机地址、FTP 的账号及密码,然后点击后面的连接按钮 。

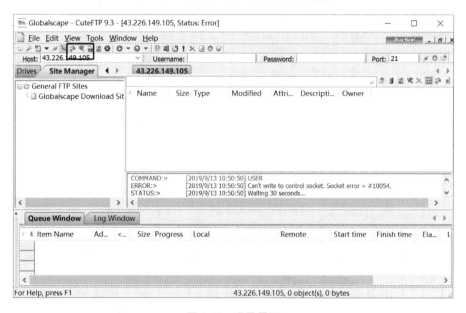

图 1-16　登录界面

(2)选择待上传文件,直接拖入远程 FTP 目录相应文件中,等待进度为 100%,上传完毕,如图 1-17 所示。

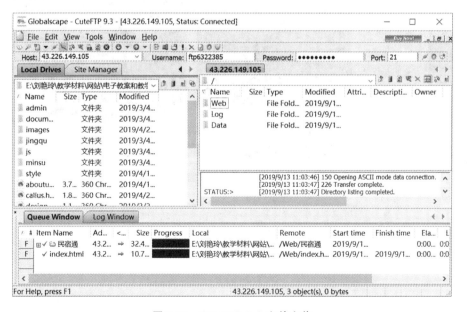

图 1-17　CuteFTP 9.3 文件上传

(3)网站文件上传完成后,进入免费虚拟主机管理界面,可以看到主机空间信息的变化,如图 1-18 所示。

图 1-18　上传文件后的虚拟主机信息

(4)网站浏览,在浏览器的地址栏中输入相关网址,如图 1-19 所示。

图 1-19　网站页面

第二章
在线旅游服务商 OTA

学习引导

在线旅游服务商(Online Travel Agency,OTA)是当前旅游产业链的中游渠道环节,互联网的普及推动了在线旅游的发展,在线旅游市场空间广阔。经过多年的发展,OTA已形成复杂的产业链。OTA上游对接丰富的旅游资源——为消费者提供旅游产品及服务,下游面对广大的消费群体——为旅游资源方导入客流。旅游资源的丰富度以及消费者需求的多样性决定了OTA行业具有业务范围广、市场规模大、商业模式日新月异的特点。OTA发展根植于旅游电子商务的发展,在智慧旅游到来之际,OTA将依托于大数据、移动网络、云技术的进步和普及,商业模式不断升级迭代,成为旅游业不断创新的一个窗口。

学习目标

1. 掌握在线旅游服务商的概念及基本内涵。
2. 了解在线旅游服务商的发展概况、发展特点和发展方向。
3. 掌握在线旅游服务商的基本业务、经营模式和盈利模式。
4. 思考我国在线旅游服务商未来发展的提升策略。

素养目标

1. 引导学生增强对习近平生态文明思想的政治认同和思想认同。
2. 启发学生从生态环境对绿色发展的需求、新时代中国绿色发展要求两个方面,探索OTA贯彻落实党的二十大精神、践行绿色发展理念的具体措施。

思维导图

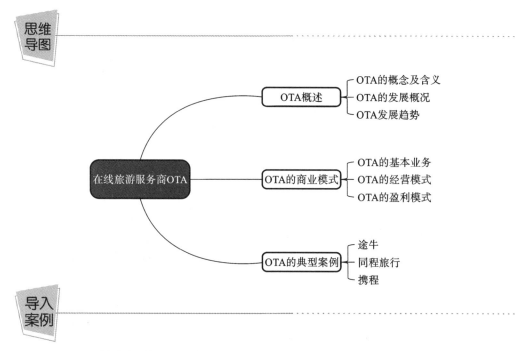

导入案例

抖音酒旅 2023 年交易或达 600 亿元：在线旅游"要变天"？

从淄博烧烤到贵州村超、天津跳水大爷，再到 2024 年初的哈尔滨。每一个一夜爆火的旅游话题，都绕不开那款熟悉的"国民 App"——抖音，其次是小红书。在此之前，大家很难想象到，内容平台能为旅游业带来巨大利好。

新的流量中心在积沙成塔，原本的行业格局被打破。美团旅行蚕食携程、本地生活吞噬在线旅游的故事已成为过去，现在是"内容新王"闪亮登场的时代。从用户到商家，再到旅游目的地，整条产业链上的关键角色，都在被短视频、直播、笔记的流量漩涡裹挟。这个影响旅游消费者决策的新战场，突然成为旅游企业必争之地。

OTA 纷纷开启直播间，抖音、小红书则迅速打通从内容到交易的"最后一公里"，平台之间的暗战早已硝烟弥漫。敏锐感受商机的旅游企业迅速利用平台互卷带来的博弈红利。做不做抖音？这在 2023 年还是一个问题——但在 2024 年，可能已经成为旅游企业的标配了。

数据显示，截至 2023 年 9 月，共有 1.4 万个景区、超过 10 万家酒店在抖音开设了官方账号。相较于 2023 年初，抖音平台的酒店 POI 门店数量增长了 61%，整体规模逐月增加。

在抖音团购带货的游玩、旅行、住宿的榜单中，酒旅直播上榜的多为旅行社、MCN（Multi-Channel Network，多频道网络）机构等第三方——这意味着，还有大量旅游渠道商在抖音玩得风生水起。据统计，在抖音开通官方账号的旅行社已有 3.2 万家。

旅游资源方、渠道方齐聚抖音，带来了怎样的变化？最直观的，抖音不再只是一个品宣渠道，也成了重要的旅游交易平台。2023 年的抖音，最终到达了一个怎样的高度？这个问题的答案，藏在其酒旅订单交易量中。

交银国际预测,2023年抖音本地生活服务规模达到2500亿元,其中酒旅GMV实现600亿元,接近美团旅行的1/4;2024年抖音酒旅GMV将达到900亿元,规模约为美团旅行的28%,两者差距进一步缩小。主要OTA平台市场占有率如图2-1所示。

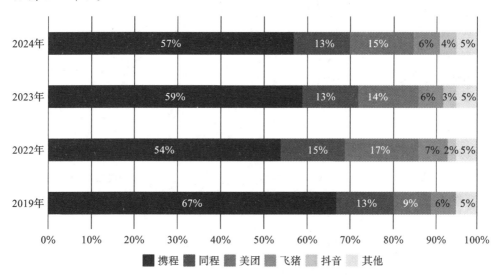

图2-1　主要OTA平台市场占有率预测

(注:美团旅行为"酒旅+民宿交通",抖音为酒旅)

2023年,抖音和美团旅行竞争了一整年,竞争的重点是争取商家上。抖音强调自己的佣金率更低,酒旅基本在3%—6%(见图2-2);美团旅行强调自己的核销率更高,酒旅商家能获得更稳定的收益。商家则对这种局势非常欢迎——"鹬蚌相争,渔翁得利",好过OTA一家独大。

图2-2　抖音到店业务各品类佣金率

(注:含0.6%支付手续费,自2023年9月实行)

目前,旅行用户越来越追求出游前的"确定性",大量的线下交易开始转移到线上平台——到2023年第一季度,旅游预订的线上渗透率已经增长到了60.6%。线上交易需求增加,以及抖音、小红书等内容平台的涌入,拓宽了整个在线旅游市场容量,OTA也是其中的受益者。内容、流量、私域的优势帮助内容平台挤进线上旅游赛道,如图2-3所示。

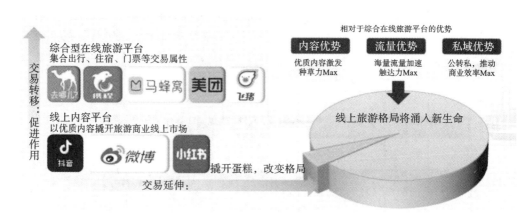

图 2-3　内容平台相对于 OTA 平台的优势

资料来源　https://www.thepaper.cn/newsDetail_forward_26193429.

解析：

2023 年，在线旅游市场发生了巨大变化——抖音在在线旅游行业发展迅猛。很多酒旅商家发现，在抖音上做好了内容，在其他平台的生意也会同步变好。内容平台与 OTA 平台似乎不是在"零和博弈"，而是共同挖掘了在线旅游的潜力。内容平台的迅猛发展促进了在线营销方式的改变。那么，未来 OTA 企业应如何与新型营销方式进一步融合发展？或者如何重现辉煌，再夺旅游线上销售的绝对话语权？

第一节　OTA 概述

一、OTA 的概念及含义

（一）OTA 的概念

在线旅游服务商（Online Travel Agency，OTA）是旅游电子商务行业的专业术语，源自传统旅游业经营的思维。由于早期面向旅游者的旅游组织主要是旅行社，随着网络技术的快速发展和广泛普及，旅游业也出现了电子商务模式，主要方式是通过网络平台更广泛地传递旅游产品信息、升级传统旅行社的销售模式，通过互动式交流方便消费者咨询和预订。

发展至今，OTA 的服务范围及功能已广泛扩展。OTA 是指以网络信息技术为载体，从事招揽、组织、接待旅游者等活动，通过网络为旅游者提供预订旅游产品或相关旅游服务的企业法人，即在线旅游服务商可以通过网络进行产品营销或产品销售。国内常见的 OTA 平台有携程、途牛、同程等。

(二)OTA 的含义

"Online Travel Agency"从译法角度看,除了"在线旅游服务商"外,还有其他多种译法,如在线旅游代理商、在线旅游运营商、网络代理商、在线旅游服务提供商、在线旅游中介服务商、在线旅行社等。OTA 处于旅游产业链的中游环节,目标是为下游消费者提供优质产品及服务。

从时间轴的发展看,OTA 早期发展呈现出比较传统的在线旅游形态,采用"采销+运营"模式,从酒店和航空公司获取佣金收入,如携程、亿客行、Priceline 等。它们通过丰富的旅游产品、标准化的呼叫中心、完善的会员制度和定制化的服务体系,构筑起行业壁垒,成就了高速发展的黄金十年。但近年来 OTA 行业发展趋势突变,尤其是去哪儿网异军突起,促使 OTA 改变传统的采销模式,开始开放平台给航空公司和第三方供应商销售,从而赚取交易手续费。从现阶段发展情况来看,传统意义上的 OTA 已不复存在。在 OTA 不同发展阶段,从不同视域,人们对 OTA 的理解和界定都有不同,但对其认知依然有以下三点共性。

第一,OTA 是旅游中介服务商,即人们通常意义上理解的旅行社,国外称为"Travel Agency",主要是通过招揽、组织旅游消费者,获取相应的中介费用、交易手续费或旅游供应商的佣金。

第二,OTA 应用现代网络技术提供在线旅游产品实时(7 天×24 小时)服务,如在线咨询、在线预订、在线支付、在线评论、在线投诉、在线会员管理等。

第三,OTA 在线旅游是一种概念,在线旅游提供给消费者的服务是其本质。在线旅游服务的核心价值是提供旅游相关信息、提供在线旅游预订服务。

> **知识活页**
>
> ### 酒店与 OTA 的冲突是什么?
>
> 相对于传统分销渠道,OTA 平台有更低的渠道成本和更高的曝光率,除了实现预订之外,还能够给酒店带来广告宣传效应,已经成为酒店获取顾客的重要渠道。但是,OTA 在为酒店带来好处的同时也带来了负面影响。例如,削弱了酒店对定价的控制权,从纵向和横向两个方面限制了酒店渠道,阻碍了酒店与客人联系,以及根据佣金高低来对酒店排名。这些限制可能导致酒店与 OTA 之间发生广泛冲突。随着 OTA 成为酒店的主要分销渠道,这种冲突已成为国内外酒店业中一个重要且日益突出的问题。
>
> 酒店与 OTA 之间的冲突属于渠道冲突的一种。渠道冲突是渠道成员之间发生的一方企图威胁、损害、破坏或操纵另一方的敌对性行为,这些行为不利于组织实现自身的目标,进而发生种种矛盾和纠纷。
>
> 酒店渠道冲突最早体现为酒店与传统旅行社的冲突,冲突形式大致可以分为两类:一类是因为利益产生的矛盾和纠纷,主要体现在价格、佣金、性价比和不利的合约条款等方面;另一类是沟通产生的矛盾和纠纷,

包括双方因为信息不同步而产生的矛盾，例如客房超售、酒店提供的信息错误等，也包括双方沟通过程中的态度、沟通方式引发的纠纷。

随着互联网和OTA的发展，越来越多的搜索和预订行为从线下转移到线上后，OTA成为酒店获取顾客的重要平台，通过展示和宣传提高了酒店知名度，特别是提高了中小酒店相对于大型品牌的知名度，为酒店带来了价值，创造了收益。然而，通过OTA分销也造成酒店控制权和收入的损失，影响了酒店与顾客的有效沟通，带来酒店之间的曝光度竞争。酒店和OTA之间的冲突在所难免。

大量研究表明，与酒店和旅行社冲突相比，酒店与OTA冲突的表现形式更加多样化。例如，OTA对客户进行返现，以低于市场的价格批量购买酒店客房并自主定价出售等做法极大干扰了酒店的定价；为了保证充足的供应量，OTA还直接干预酒店对房态的管理。更突出的是，OTA对定价与房态的干预破坏了酒店对销售渠道的整体控制，限制了其他渠道的发展空间。例如，酒店为节省佣金、增加收益而大力发展的各种直销渠道受到OTA的极大干预，并导致激烈冲突。此外，OTA在其平台上展示酒店时采取完全标准化的做法，导致将服务作为差异化竞争手段的酒店无法展现其优势。互联网平台独有的排名、点评等功能也带来了较多冲突。例如，Expedia将参与其特殊费率计划（Expedia Special Rate）的酒店列到搜索结果页面的顶部，这种操控排名影响了酒店的品牌形象及收益。再如，平台会员是OTA的核心资源，为了保护这一核心资源，OTA一方面限制酒店和客人沟通，阻碍了酒店为客人提供定制化服务；另一方面极力维护平台客人权益，使与酒店超额预订和投诉处理相关的冲突大量增加。此外，互联网环境下，价格和房态越来越透明，OTA更容易监测到酒店客房售卖信息的变化并做出反应，可能导致冲突增加。由于OTA和酒店处于在线产业链不同位置，对酒店业务的看法不同，也导致双方在沟通方面容易发生冲突。

酒店与OTA上述多样化冲突的原因，主要是OTA的权利与传统分销渠道权利的本质不同。传统分销渠道下，寡头型市场结构中的大旅行社也会拥有较大的权利，并利用这种权利去获得更多的利益而引发冲突，例如尽可能压低酒店的价格，但总体来说传统旅行社实力有限，权利较弱。与此不同的是，OTA的垄断性更强，服务的市场范围更广，透明化程度更高，这些特点使OTA相比酒店拥有了更大的权利，能够通过引导需求、促销和增加佣金等多种手段捍卫自己的利益，也因此引发了新的冲突。

具体来看，权利不对称和权利运用方式被认为是影响冲突的主要因素。例如，OTA在谈判过程中咄咄逼人，要求酒店降价，导致两者之间的关系紧张。中小酒店，尤其是单体酒店对OTA高度依赖，与其发生的任何冲突都会极大地影响酒店的收入，因此它们不敢轻易与OTA发生冲突。

> 与传统旅行社企业相比,除了拥有更不对称的权利之外,OTA还拥有更多运用权利的方式。例如,OTA凭借数据优势掌握了比酒店更多的消费者信息,加重了两者之间的权利不对称。具有优势权利的OTA可以在谈判过程中对酒店施加压力,如以停止合作威胁酒店,获取更大的利益。至于酒店与OTA之间的冲突最根本的原因,应回到渠道冲突理论中寻找。渠道冲突双方利益最大化目标的对立是渠道冲突产生的根本原因。因为酒店和分销渠道在佣金、价格、销量等方面都在进行零和博弈,一方获益,另一方将受到损失。例如,OTA增加佣金使酒店收益率降低。再如,OTA为了长期利益不惜牺牲短期利益降价促销,但这对酒店来说,无论是短期来看还是长期来看都构成损失。
>
> 资料来源 秦宇,刘承伟,陈阳,等.酒店与在线旅行商的冲突是什么?——一个归纳式质性研究[J].旅游学刊,2023,38(10):134-150.

二、OTA的发展概况

(一)中国OTA的发展阶段

中国在线旅游业由弱到强,由不完善到逐渐完善,综合实力越发强大。从20世纪90年代的孕育萌芽到2003年携程的成功上市,再到如今OTA多元化发展的市场格局,多年来在线旅游业通过不断整合线下流量,结束了传统旅游只依靠传单、传统广告、实体店的宣传形式,形成了以产品细分、平台内容、资源整合为盈利模式的完整行业网络。OTA通过互联网、移动互联网及电话呼叫中心等方式为消费者提供旅游相关信息产品和服务,其中包括火车票预订、机票预订、在线住宿预订、在线度假预订以及其他旅游产品和服务。

目前,对中国OTA发展阶段的划分,业界主要有以下几种观点。

(1)易观智库(一家大数据分析公司)依据AMC(Agents,Manufactures and Consumers,代理商、生产厂家和消费者)模型对我国OTA发展阶段进行分析,认为其分为:探索期(1997—2003年)、市场启动期(2004—2006年)、高速发展期(2007—2017年)、应用成熟期(2018年至今)。

(2)集奥聚合(一家互联网大数据服务商)将在线旅游市场发展历程分为:探索期(1997—2001年)、调整期(2002—2003年)、恢复期(2004—2006年)、快速成长期(2007—2020年)、成熟期(2021年以后)。

(3)劲旅网转载的文章中认为在线旅游市场的发展分为四个时期:以携程旅行、艺龙旅行成立为标志的萌芽期(1999—2002年)、启动期(2003—2008年)、爆发期(2009—2017年)以及2018年之后的成熟期。

当前,关于中国OTA发展阶段的划分,业界认可度较高的是将其划分为五个阶段:产业兴起、业务拓展、快速发展和行业整合、稳定发展、竞争格局重塑。

第一阶段,产业兴起(1999—2004年)。随着互联网兴起,1999年,艺龙、携程相继成立,开启线上旅游业务探索,并取得快速突破。2002年3月,携程当月交易额超1亿元,2002年,携程全年收入突破1亿元。2003年12月,携程在美国纳斯达克上市,成为中国OTA第一股,市值突破5亿美元。艺龙于2004年10月在美国纳斯达克上市,市值约5亿美元。同期成立的其他旅游网站包括同程、华夏旅游网、中青旅在线等。

第二阶段,业务拓展(2005—2009年)。该阶段,携程、艺龙持续拓展业务模式,并通过收购分销商扩展业务覆盖区域。2008年,携程正式启用南通呼叫服务中心,以"互联网＋呼叫中心"方式提供订单预订;艺龙也收购了相关酒店预订公司。另外,各类旅游垂类服务企业,包括资讯提供、旅游搜索、度假产品、旅游服务企业陆续开展在线服务,如去哪儿、途牛、悠哉旅游网等。

第三阶段,快速发展和行业整合(2010—2015年)。随着移动互联网的兴起,OTA开始布局移动端。此外,各互联网平台相继进入在线旅游业务,例如百度通过投资去哪儿(2011年6月,持股62％,3.06亿美元,成为第一大股东),腾讯和京东战略投资艺龙,阿里2010年推出淘宝旅行(2014年更名为"阿里旅行·去啊",2016年更名为飞猪)。这一阶段,在线旅行用户数量快速增长,从2012年6月的4300万人快速增至2016年的3亿人。2012年,各OTA为争夺市场份额,纷纷加入价格战,行业进入激烈竞争及加速整合阶段。携程凭借先发优势及资金实力,在2014—2015年先后入股多家OTA。2015年5月,携程战略收购艺龙37.6％的股份(交易价格4亿美元)。2015年12月,携程通过与百度股权置换合并去哪儿,成为中国互联网旅游巨头。

第四阶段,稳定发展(2016—2019年)。2016年之后,站稳国内OTA龙头的携程加大国际化布局,先后入股印度在线旅游平台MakeMy Trip,收购英国旅行搜索平台天巡(Skyscanner)。与此同时,美团旅行通过本地生活及团购业务进入酒旅赛道,在下沉市场,其酒店预订业务迅速发展。数据显示,2018年第三季度,美团旅行国内酒店间夜量首次超过携程、去哪儿与同程的总和,成为国内间夜量份额第一的OTA。美团旅行2018年全年间夜量2.84亿,同比增长38％。从线上旅游交易总额看,携程(含去哪儿)市场份额领先。

第五阶段,竞争格局重塑(2020年至今)。随着短视频平台用户规模及使用时长增长,短视频平台也凭借流量优势,探索酒旅业务。抖音在2018年开始与携程、美团旅行等平台合作,通过小程序提供预订服务;2020年开始邀请酒旅商家入驻平台,2022年酒旅成交总额(GMV)实现同比增长12倍。2023年,抖音加快布局,5月30日上线"日历房"预订,7月将酒旅业务部分升级为与到店业务平行的部门。快手布局晚于抖音,先后与同程、美团旅行达成战略合作,目前仍主要以小程序链接合作伙伴供应链资源。此外,内容社区,如小红书从内容种草出发,推出酒旅类预订业务,并尝试搭建交易闭环。

全球OTA发展历程[①]

OTA是当前旅游产业链的中游环节,上游为旅游产品和服务的提供者,下游为旅游消费者。从国际演变来看,OTA的发展可以分为以下三个阶段。

1. 萌芽期(1950—1995年)

1)在线旅游渠道和平台的技术基础发源于现代航空业

1952年,Ferranti Canada为环加拿大航空公司开发了世界上首个计算机预订系统,命名为"ReserVec"。此后,美国航空公司借鉴"ReserVec"的成功经验,于1964年与国际商业机器公司(IBM)合作投资开发推出"Sabre"计算机预订系统。在此基础上,其他航空公司也纷纷开发自己的计算机预订平台,从20世纪60年代开始,Deltamatic、DATAS、Apollo、PARS、Amadeus等系统纷纷诞生并开始投入使用,这些计算机预订系统的重点服务对象是旅行社。1985年,在旅游业及信息技术发展下,直接面向消费者的计算机预订系统"eAAsy Sabre"问世,消费者可以跨过旅行社,直接通过该系统进行机票、酒店和车票的在线预订。

2)酒店在早期阶段采取批发商模式开展在线销售

1991年,Hotel Reservations Network公司成立并提供电话预订酒店服务,消费者可以通过电话进行酒店预订。该公司首先采用收取佣金的方式,由于大多数酒店不愿意支付佣金,公司随后发明了批发商模式。在该模式下,公司以净利价格支付给酒店,而以毛利价格出售给消费者。消费者预付款,Hotel Reservations Network公司赚取毛利和净利价格之间的差价。

3)众多在线旅游网站的诞生为OTA的萌芽奠定了基础

1994年,世界上第一个酒店综合名单网站Travelweb.com建立,不久之后,该网站推出了直接预订服务。一年后,Viator(卫道)香港富尼科技有限公司(Viator.com)成立专门的旅行科技部门——Viator System,扩大通过互联网提供旅行目的地的预订服务业务。同时,世界主流旅游出版社Lonely Planet积极利用互联网发展线上业务,该业务的成功激励了其他旅游出版社纷纷从事线上业务。

OTA萌芽期的发展历程如图2-4所示。

[①] 中信建投证券研究发展部.OTA系列之一:产业空间广阔,模式百花齐放[EB/OL].(2019-05-21)[2021-06-03].https://www.sohu.com/a/321591747_120046640.

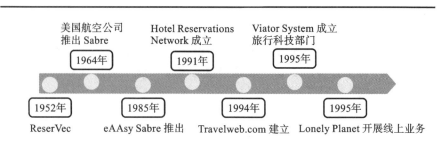

图 2-4　OTA 萌芽期的发展历程

2. 起步发展期(1996—2001 年)

这一阶段,全球范围内大量 OTA 纷纷成立。1996 年,微软创办 Expedia(亿客行),提供机票、酒店和租车等的在线预订服务。Expedia 的成立使众多模仿者纷纷进入 OTA 市场,在全球范围内掀起了 OTA 的创业与投资潮流。1997 年,Priceline 创立,并于 1998 年以"Name Your Own Price"(用户出价)的模式向全球用户提供酒店、机票、租车、旅游打包产品等在线预订服务。此后,Ctrip(携程旅行)、Tripadvisor(猫途鹰)、Orbitz(亿欧)等著名的 OTA 网站也相继在 1999—2001 年建立。OTA 起步发展期的发展历程如图 2-5 所示。

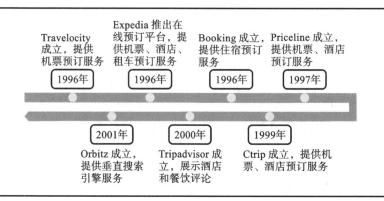

图 2-5　OTA 起步发展期的发展历程

3. 整合集成期(2002 年至今)

1)OTA 巨头借助资本力量以并购形式扩张

OTA 业务高度同质化使得并购扩张成为重要的提升市场占有率的方式,国际上主流的 OTA 通过一次次并购扩大自身业务边界、完善产业链,成就龙头地位。Priceline 在 2005 年和 2007 年收购 Booking 和 Agoda 是其海外扩张的主要动作,尤其是 Booking 成为其长期增长的动力。此后又收购了 KAYAK、Rentalcars.com 和 OpenTable,向不同业务领域扩张。Expedia 也通过收购 Travelocity、Orbitz 等众多公司快速扩张。

国内的携程与去哪儿网于2015年合并,合并后机票酒店业务市场占有率超过50%,旅游度假业务市场占有率达到25%。

2)目前OTA市场的总体格局为三足鼎立

线上OTA马太效应和规模优势明显,通过公司间的并购,已经形成少数龙头把握市场的竞争格局。2017年,国外的Priceline、Expedia以及国内的携程旅行占主导地位。2017年,在全球排名前十的OTA中,Priceline实现收入126.8亿美元,占比39.9%;Expedia实现收入100.6亿美元,占比31.6%;携程实现收入41亿美元,占比12.9%。如今,国外的Booking、Expedia以及国内的携程旅行占主导地位。2023年,Booking实现收入213.7亿美元;Expedia实现收入128.4亿美元;携程实现收入63.2亿美元。2023年全球排名前七的OTA收入如图2-6所示。

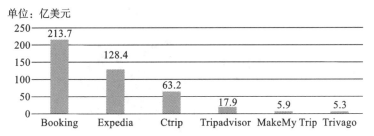

图2-6 2023年全球排名前七的OTA收入

资料来源 作者整理。

(二)OTA的发展特点

1.国内OTA平台增长放缓

随着互联网对旅游业持续渗透,线下和线上旅游企业融合逐步加深,在线旅游持续增长。但随着市场空间的缩减,OTA行业情形不容乐观。上市公司增速放缓,美团旅游业务2018年第4季度和2019年第4季度同比增速连续放缓,酒店间夜量增速由2018年第4季度的38.5%下降到2019年的29.8%,首次跌破30%增速。携程整体单季同比营业收入增长从2018年的15%增长到2019年的22%。2023年,中国旅游行业加快复苏,旅游人次、旅游消费金额均同比大幅增长。从收入构成来看,携程全年住宿预订营业收入约172.57亿元,比2019年增长27.8%;交通票务营业收入约184.43亿元,比2019年增长31.7%;旅游度假业务营业收入约31.4亿元,是2019年的70%;商旅管理业务营业收入为23亿元,比2019年增长76.9%。如果不考虑携程的全球化发展战略的增长新引擎,我们同样能看到其国内业务趋于平缓。

2.OTA市场集中度不断提升

2015年,中国OTA加快了并购整合的步伐,全年在线旅游市场融资50余起,融资规模达到340亿元。2015年,携程以4亿美元出资收购艺龙;同年10月,携程与去哪儿网合并;2016年,同程与万达旅游合并,携程收购了百事通和天巡;2017年,同程、艺龙宣布合并,发展至2020年形成了携程一家独大的局面。我国最早进入在线旅游业的是携程旅行,于1999年成立,至今已有20年余年。携程旅行也凭借先发优势,不断地在在线旅游市场中布局,业务覆盖酒店预订、机票预订、旅游度假、商旅管理等领域。2015年通过换股的方式收购去哪儿旅行,加上背后有百度股东的流量入口和资源优势,在线旅游领域变为龙头企业。数据显示,2021年携程旅行市场占有率36.3%,去哪儿旅行市场占有率为13.9%,携程系市场占有率合计为50.2%。飞猪、美团旅行、途牛、马蜂窝、同程等OTA根据自身优势在不同领域抢占市场。2021年中国OTA市场占有率如图2-7所示。迅速扩大的市场规模以及不断集中的企业品牌,标志着不断成熟的OTA通过行业整合走向规模效益。

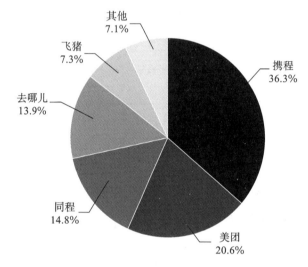

图2-7 2021年中国OTA市场占有率

3. 在线度假市场竞争激烈

2009年以来,中国在线度假市场交易规模占在线旅游市场交易规模的比重持续上升,且其增长率持续超过在线旅游市场交易规模增长率,原因主要有以下两点。

一是在中国的消费升级、个人可支配收入不断增长和旅游需求不断扩大等利好因素促使下,度假旅游市场发展迅速,度假交易规模在很长一段时间以来以高于整个在线旅游行业的增长率保持增长。

二是伴随着移动互联网渗透率的进一步提升以及居民旅游意愿的不断加强,中国在线度假市场发展态势良好。随着在线旅游市场的进一步扩张,度假产品以其高毛利率及多样性吸引了OTA的关注,行业内竞争激烈。

4. 营销渠道多样化

2020—2022年,我国旅游人数和旅游收入大幅下降,但是也催生出直播间带货、朋友圈分享砍价等一系列新型营销方式。例如,同程、艺龙与中国优秀的职业高尔夫新秀选手隋响达成长期合作,打造"体育+旅游"跨界营销的新模式;携程2020年进行的118场直播中,累计卖出了300万间酒店住房,2021年推出"星球号"。携程2023年不断带领旅行社商家走向"非传统",通过全年破万场直播,跟团游商家直播间商品转化率平均提升 21%，站内直播的成交核销率高达 91%。OTA 在良好地打造门户网站、线下门店及 App 的同时，也加强了对微信、微博、抖音、直播等营销方式的关注度，招募业务能力强的流量 IP，及时有效地推广旅游产品。

三、OTA 的发展趋势

竞争与合作永远是 OTA 业态发展的主旋律，行业不断会有创新者颠覆行业格局，新业态、新技术与新机会点的整合有可能在未来颠覆整个行业。

（一）下沉市场潜力巨大

我国在线旅游行业已经进入快速发展期，一、二线城市在线旅游渗透率逐渐步入稳态，其用户增长也逐渐趋缓，而三线及以下城市处于渗透率提升、用户增长的高成长阶段，用户规模如图 2-8 所示。

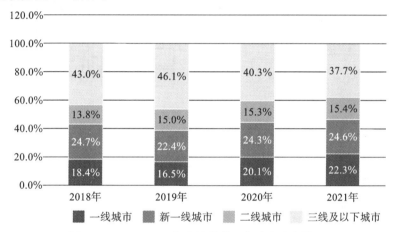

图 2-8　2018—2021 年在线旅游用户城市分布情况

随着经济转好和下沉市场群体的观念转变，国内在线旅游市场将下沉，三线及以下城市潜力巨大，同时，在线旅游市场将向年轻化、下沉式、本地化和多样化方向发展。因此，三线及以下城市或将成为 OTA 未来业务增长的主要区域，发展潜力巨大。

（二）为 B 端的赋能价值有待挖掘

经过多年发展，OTA 已形成复杂的产业链，如图 2-9 所示。OTA 在线旅游产业链中处于中游地位，上游对接丰富的旅游资源（B 端，为消费者提供旅游产品及服务），下游面对广大的消费群体（C 端，为旅游资源方导入客流），OTA 是一个连接 B 端和 C 端的产业。供给侧旅游资源的丰富度以及需求侧消费者需求的多样性决定了 OTA 行业的业务范围、市场规模和商业模式。

一直以来，OTA 不断为 C 端赋能，引导消费，而 B 端除了从 OTA 获得流量外，几乎没有获得太多产业端的价值，这使得 OTA 在 B 端拥有更大的开发空间。在 OTA 企业采取资金密集型向上一体化扩张战略时，阿里旅行提出了"未来景区"和"未来酒店"等一系列创新产品战略。即通过技术输出和平台服务的方式，帮助上游旅游资源方和酒店进行"供给侧升级"，从而不断给景区乃至整个酒店行业注入新的活力。在 OTA

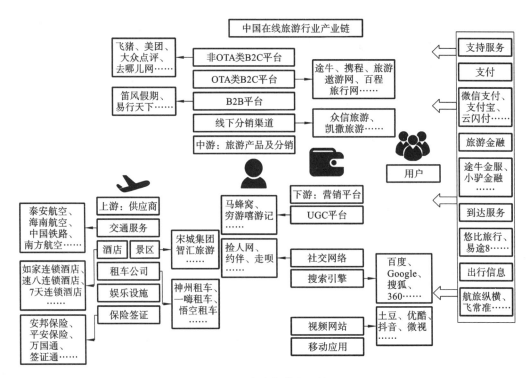

图 2-9 在线旅游产业链

里谁能最大化、最迅速地解决 B 端效能,谁就有可能在未来获得新的发展引擎,特别是在 OTA 收入最高的酒店行业。如何帮助酒店选址、获客,以及如何帮助酒店提供线上的营销能力、提高信息化和管理水平和如何灵活调价带来更高收益等,这些问题都有待 OTA 去探索和解决。

(三)跨界竞争常态化

随着在线旅游的持续发展,OTA 不断更新商业模式,在线旅游价值链的宽度和广度随之延伸,边界越来越模糊,层级逐渐弱化,各企业主体在产品、市场等方面开始出现交叉、冲突等问题,竞争日益激烈化、复杂化。同时,随着旅游需求不断多元化和个性化,OTA 面临的跨界竞争将越来越激烈,并逐步常态化,这就要求 OTA 在面对如此激烈的竞争时,努力提升自身对目的地资源的整合能力以及加强旅游产品研发和组合方式的创新力度,并注重在线旅游一体化和本土化的发展。

案例介绍

"旅游+国风游戏 IP"的跨界融合①

《天涯明月刀》作为腾讯旗下国风 RPG(指角色扮演游戏)的现象级游戏产品,给游戏玩家营造了一个亦真亦幻的游戏世界。近日,同程旅行和腾讯游戏跨界融合,推

---

① 网易.同程旅游跨界融合,打造首条"旅游+国风 IP"主题线路玩法升级[EB/OL].(2021-08-16)[2021-08-20]. https://www.163.com/dy/article/GHHQ97DG0552BF4J.html.

出"芙月天涯"天涯明月刀大湘西文旅线路。

作为旅游业跨界破圈尝试的龙头企业,同程旅行把跨界旅游和多主题融合旅游作为旅游业不断自我突破提升,给公众提供更加优质旅游体验的突破口,而作为国风游戏IP的当红游戏,腾讯游戏旗下的《天涯明月刀》非常契合同程旅行的"旅游+国风游戏IP"开发方向,所以推出"芙月天涯"天涯明月刀大湘西文旅线路是水到渠成的事情。

"芙月天涯"天涯明月刀大湘西文旅线路通过联动芙蓉镇、张家界、凤凰古城这三个湖南黄金景区,将游戏中的主题元素进行深度渗透和包装,为游客带来惊喜不断的旅游体验。尤其是对于拥有《天涯明月刀》游玩经历的玩家来说,可以说是一次"还原之旅""寻梦之旅"。这是全国首个国风游戏IP联动的实体旅游产品,它在小程序中加入了"云城三景""湘西三镇""国风三亭"的游戏任务打卡,玩家每到一个地方,都可以完成相应的游戏任务,并且领取多个游戏礼包,把"天涯明月"真正搬到线下,搬到玩家身边。

同程旅业副总裁郎智杰表示,同程旅行旗下拥有完整旅游产业链条,并且对于旅游市场的需求反馈十分敏锐。未来,同程旅行将与腾讯探索更多旅游与游戏融合发展模式,为玩家不断提供优质旅游产品体验,深度挖掘湖南省优质旅游资源和网红项目,打造更多融合跨界破圈产品。

对"90后""00后"的旅行者来说,他们的生活更加丰富,思维更加敏锐开放。旅游已经不单单是吃、住、行、游、购、娱的单线程体验,而旅游与游戏的结合,为旅游业的未来发展提升带来了无限遐想,与地方旅游资源结合也更能让玩家旅行者产生前来游玩的念头。未来,同程旅行将把《天涯明月刀》大湘西文旅线路打造为专业样板,尝试更多领域的体育、地产、研学、影视、康养等跨界融合产品,为每个旅行者提供超出预期的旅游体验。

解析:

近年,大型OTA纷纷开始了跨界的尝试。例如,携程旅行拓土美食界开辟"携程美食林",同程旅行想将中国电信作为线下服务点,以及势必将"旅游+互联网"金融服务进行到底的途牛旅游。OTA们已然不再满足于旅游本业。旅游产品的毛利率相对较低,领军OTA深耕多年,已经有了比较稳定的用户基础和用户量,在这个基础上扩充品类,可以增加交叉销售的可能,进而提升综合创收效益。

(四)流量渠道日益多元化和精细化

传统的以资源生产商和旅行社渠道商为中心的模式,正在转变为以游客为中心的模式,从渠道为王变成产品为王,服务至上。OTA旅游的交易入口也不断地发生变化,如由旅游产品—流量为王—价格战抢客—品牌争夺—内容和价值观吸引。《2021年中国在线旅游市场年度洞察》显示:在线旅游市场目标人群在电商购物、短视频娱乐等方面具有高关注度,其关联性较高的行业中"内容为王"的理念已经深入人心。在现在及不久的将来,内容一定可以更高效地连接用户,成为吸引关注和激发付费的动力,并且内容带来的吸引力最为持久。在线旅游服务商应着眼于内容制作,激发人们的兴趣与共鸣,在人们的时间极度碎片化的情况下,快、准、狠地抓取消费者的眼球,让精选旅游内容触达更多的用户。

第二节 OTA 的商业模式

一、OTA 的基本业务

(一) 在线机票预订

在线机票预订是指在线服务商向用户提供各大航空公司机票预订服务和交易方式,用户可以通过网站、手机客户端等预订各航空公司的预售机票。用户使用机票预订服务,可根据自己的需求准确快速地预订想要乘坐的航班;在机票预订之前,用户可实时输入航班查询需求信息;系统会根据用户的航班查询条件显示航班信息,查询完成后,用户就可以对满意的航班进行机票预订。在线机票预订是 OTA 发展较为成熟的板块,如图 2-10 所示。

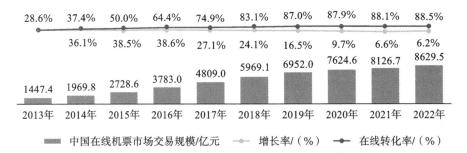

图 2-10 2013—2022 年中国在线机票市场交易规模

(二) 在线住宿预订

在线住宿预订指用户可以通过互联网、手机客户端等多种方式获得酒店和民宿预订服务。即通过酒店预订服务查询、预订满意的酒店类型;在线获得所在商业街区、周围建筑物、品牌、星级、价位、地址、房型、床型、房内配置、酒店公用设施、停车场、宽带、早餐、开业时间、最近装修时间和用户评价等各类酒店相关信息并进行预订。

OTA 在线预订业务中,酒店预订板块相对较为成熟。如携程,目前已与 130 余万家酒店签订了合作协议,遍布全球 220 多个国家和地区的 5900 个城市,消费者可以通过网络预订这些酒店,携程公司则从中抽取佣金。我国在线住宿市场发展迅速。自 2013 年开始,在线住宿渗透率逐年上升,由 2013 年的 412.1 亿元上升至 2023 年的 2109.3 亿元。2023 年,我国住宿市场总交易规模约为 6700 亿元,在线住宿渗透率为 40.2%。从 2023 年主流在线酒店用户黏性程度来看,携程、同程以及美团旅行排名前三,用户黏性较为接近。其中,携程以 24.3% 排在第一;同程以 23.8% 的用户黏性排第二,和携程相差 0.5%;美团旅行用户黏性为 22.2%,排名第三。2016—2023 年中国在线住宿市场交易规模如图 2-11 所示。

图 2-11　2016—2023 年中国在线住宿市场交易规模

酒店集团的主要销售渠道分为直销渠道和分销渠道,而 OTA 渠道在互联网发展迅速的几年中是最主要的分销渠道之一,各酒店门店要付出大额成本以覆盖分销费用。因此,有资本的酒店集团着手建设会员体系,开拓直销渠道,将分销费用转而用在直销渠道建设上,为酒店集团的长期可持续发展提供优质用户基础,这使 OTA 在住宿业预订领域的竞争更加激烈。

性价比依旧是用户预订酒店时最为关注的因素,据统计,在所有的在线酒店预订类型中,经济型酒店最受欢迎。然而,在共享经济的背景下,消费结构逐渐升级,中产阶级也开始崛起,消费者对出游品质的要求也逐步提高,对住宿方面的需求也呈现多样化、个性化倾向,因而未来中高端酒店及民宿等产品将越来越受到消费者的欢迎。

(三)在线旅游度假产品预订

在线旅游度假产品预订是指 OTA 通过互联网、手机客户端、电话呼叫中心等方式为消费者提供旅游度假组合产品、单品门票及其他旅游出行相关产品和服务的业务。其按照旅游方式可分为在线跟团游和在线自助游两种形式。艾瑞监控数据统计显示,中国在线旅游度假产品所创的交易额从 2011 年开始便显著地提高,在线旅游市场交易总额中,度假旅游的比重相对最小,却是增幅最为明显、最为迅速的板块。作为打包产品,度假旅游可以带给用户多元化的旅游体验。与同质化明显的机票、酒店相比,其产品得到了一定程度的创新。因此,在线旅游市场中在线旅游度假产品成为比较新颖、潜力较大的一个板块。2016—2022 年中国在线度假市场交易规模如图 2-12 所示。

根据出行方式的不同,在线旅游度假产品可划分为三大类:一是在线跟团游;二是在线半跟团游和半自助游;三是在线自助游。

在线跟团游是指游客通过在线方式向旅行社报名签约参加固定团期的旅行团(散客拼团或独立成团),并参与到旅行社安排的旅游行程中的全部过程的一种旅游方式。

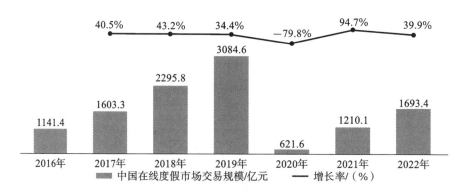

图 2-12　2016—2022 年中国在线度假市场交易规模及增长率

在线跟团游中，游客的"食、住、行、游、购、娱"全部由旅行社安排，并且全程有领队及导游陪同，跟团游期间游客不得擅自脱团，旅行社对跟团游行程中游客的安全问题负责。

在线半跟团游和半自助游是指游客通过在线方式向旅行社报名签约参加固定团期的旅行团，并参与旅行社安排的旅游行程中的部分过程，其他时间和行程均由游客自主安排的一种旅游方式。考虑到在线半跟团和半自助游的形态与在线跟团游有较大区别，一般核算中统一为在线自助游。

在线自助游是指除去在线跟团游以外的一种在线旅游度假方式，考虑到在线旅游尚处于市场发展早期阶段，一般核算中统一将在线跟团游和半自助游划分到在线自助游中。

从在线度假市场来看，随着旅游市场从传统观赏型旅游向体验型旅游的转变，未来，垂直主题旅游，如体育旅游、医疗旅游将受到 OTA 及资本的关注。

> **知识活页**
>
> 　　Fastdata 发布的《2023 年中国出境游行业发展报告》（以下简称《报告》）认为，OTA 平台的竞争格局代表了出境游市场的竞争格局。报告显示，目前国内 OTA 平台出境游市场份额中：携程旅行占比 54.7%，位居榜首；飞猪旅行占比 27.1%，排名第二；同程旅行占比 11.5%，排名第三。作为国内游市场尤其是低星酒店和门票的有力竞争者，美团的下沉市场用户与出境游用户群体交叉较小，市场占有率为 3.2%。
>
> 　　中国游客关注境外目的地的自然、历史、人文和生活体验。《报告》调研数据也显示，在"95 后""00 后"群体中，追求"独特体验""探索之旅"的出境消费旅游需求已成主流，远超传统的"休闲度假"。年轻人的旅行方式、消费习惯影响并深刻改变着出境游市场的产品和消费结构。个性化、差异化的出境游自由行方式占比越来越高。境外景区门票、日游、租车包车、潜水跳伞、徒步导览、旅拍等产品的供给丰富度成为影响年轻群体消费决策的主要影响因素，也是 OTA 平台的重要竞争领域。
>
> 　　《报告》显示，在出境自由行市场中，得益于阿里生态尤其是淘宝的助力，飞猪旅行以 39.4% 的市场占有率位居第一，并在签证、境外游玩领域领先；携程旅行和同程旅行则紧随其后。携程在出境跟团游和出境商旅领

域凭借其深厚的供应链积累依然遥遥领先,市场占有率为63.7%。

目前,虽然OTA仍是旅游消费者出境游的主要预定渠道,但进入存量竞争时代,内容平台已经崛起,OTA的竞争优势面临弱化。报告指出,抖音、小红书等内容平台因其拥有丰富的出境游内容和用户规模,虽然在供应链端和交易履约端非常薄弱,但若能打通上述环节,或将对OTA构成实质威胁。

资料来源 https://ex.chinadaily.com.cn/exchange/partners/82/rss/channel/cn/columns/sz8srm/stories/WS65226962a310936092f25081.html.

二、OTA的经营模式

目前旅游市场OTA主要有以下几种主流的经营模式:自营、代理、OEM、零售、动态打包、半动态打包。这些经营模式各有利弊,因此OTA主流平台会取长补短、综合并存如携程的经营模式。

(一)自营模式

OTA采取产品自主研发、资源直采的经营模式,如携程自营、途牛海外直采。如在酒店在线预订业务方面,OTA与酒店直接签订协议,无论是佣金还是底价模式,酒店通过OTA的系统进行价量状态的管理。OTA自营的直采模式对资源掌控力强、服务相对可控,一般佣金变现率高且不必承担存货风险,但对规模化获客能力要求高。如携程80%的酒店产品都采用直采模式,甚至部分二次代理也是基于直采模式的另一种形式。

(二)代理模式

OTA代理供应商产品,采取结算加价模式,服务由OTA完成,如同程等。例如,在酒店在线预订业务方面,OTA通过代理商渠道拿下酒店房源,主要由代理商负责酒店价量情况的管理。这种"代理"模式下,OTA资源掌控力弱、服务参与度低,一般佣金变现率低,不需承担存货风险,但对规模化获客能力要求不高。

(三)OEM模式

OEM模式是供应商贴牌代生产,即供应商按照OTA给出的标准提供旅游产品和服务。这种模式结合了资源端的效率,也兼顾到OTA的品牌区分,是双赢合作模式,如途牛的"牛人专线"产品系列。

(四)零售模式

零售模式是指OTA为供应商提供流量入口,并收取供应商租金、交易服务费,服务由供应商完成的模式,如阿里飞猪、马蜂窝。飞猪平台允许商家开设旗舰店,包括:国内航空公司和境外航空公司;喜达屋、洲际、万豪、雅诗阁等国际酒店集团;提供门票的迪士尼、千古情等景区或演艺机构;提供度假线路的旅行社等。

(五)动态打包模式

动态打包模式主要是针对超级自由行用户,类似自选套餐。伴随自由行市场规模的扩大,用户的出行经验不断成熟,需要更多的自主选择来满足多样的需求。因此,OTA 平台会提供机票、酒店签证、目的地玩乐、接送机等单项资源让用户自己组合,然后进行打包式售卖。提供该项业务的有携程和途牛。

(六)半自动打包模式

半自动打包模式类似于精选套餐,各大 OTA 平台利用自己的数据能力,将机票、酒店住宿费打包优惠卖给客户。伴随飞猪、马蜂窝零售平台的兴起,现在出现很多依靠平台开展业务的新型供应商在平台上开店,这些供应商往往在目的地资源上有多年的积累,依靠 OTA 平台流量招徕客户,客户支付给平台交易佣金,售前咨询和售后服务都由供应商完成。

> **知识活页**
>
> ## OTA-OTP-OTM 经营模式的演变①
>
> 互联网时代的到来使得旅游服务搜索和交易环节迈入"在线化"时代,并首先出现 Meta-search(搜索比价)模式,进而出现 OTA 集成交易模式。早期比较传统的在线旅游形态采用"采销+运营"模式,从酒店和航空公司获取佣金。国外以 Priceline、Expedia 等为代表,国内则是以携程为龙头。
>
> OTP(Online Travel Platform,在线旅游平台)模式,强调开放平台业务运作,较 OTA 概念更多了互联网基因和流量思维,契合当前互联网时代的消费习惯。在此模式下,平台邀请航空公司、酒店、授权第三方代理等旅游上游资源端商家入驻,支持商家独立运营自己的官方旗舰店,通过大量的商家入驻形成流量聚集效应,最终实现流量变现,平台则会根据交易量的百分比进行抽成,获得佣金。
>
> OTM(Online Travel Marketplace,在线旅游生态)模式,可以理解为OTP 的升级版本,强调生态体系的构建,较互联网平台模式更加注重线上和线下的互联互通。OTM 通过搭建开放平台系统,依靠强大的技术支持、精准的客户数据分析来提供精准的定制应用,为航空公司、酒店等入驻商家赋能,最终实现商家产品服务结合个人消费、金融支付、信用体系等构筑完整的在线旅游生态。该模式旨在实现商家触达更多用户的愿望,

---

① 中信建投证券研究发展部.OTA 系列之一:产业空间广阔,模式百花齐放[EB/OL].(2019-05-21)[2021-08-21]. https://www.sohu.com/a/321591747_120046640.

> 商家则可以根据自己的优势在平台上做销售、营销和服务,与消费者开展更积极、频度更高的交互,提供个性化、差异化服务。飞猪通过"线下营销+线上品牌号",助力航空公司、旅游公司等商家探索新的业务模式。
>
> 从OTA到OTP再到OTM,标志着我国传统的互联网供应链在当前信息技术成熟发展下逐步向网络协同的商业智能模式升级发展。飞猪开放数据和平台,基于自身优势资源打造旅游生态,为航空公司、酒店等平台入驻商家提供更高效且低成本的营销方式。

无论未来OTA怎样升级和变革,优化还是整合拆分,具有生态优势、基因优势和资本优势的领导企业依然会成为市场主力。虽然龙头企业主体庞大,但在很多细分领域的服务上仍然存在不足,如产业生态的延伸场景不够,旅游资源、营销资源覆盖不足,客票价格信息差异等因素,因此会形成大、中、小企业之间的差异化竞争和共存的局面。总之,市场需求决定流量,流量创新决定服务模式,服务模式的优化变迁决定服务市场份额。

三、OTA的盈利模式

从基本业务角度看,OTA收入主要来源于在线机票和车票的预订、在线住宿(酒店)预订和在线旅游度假产品预订。以携程为例,2018年业务收入及占比为:住宿115.8亿元,占比37%;交通129.5亿元,占比42%;度假37.7亿元,占比12%;商旅98亿元,占比3%;其他18.2亿元,占比6%。携程2023年业务收入占比为:住宿39%、交通41%、度假7%、商旅5%、其他8%,如图2-13所示。

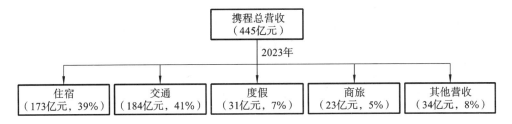

图2-13 2023年携程营业收入结构

传统在线旅游运营模式主要有两种:以携程、同程、途牛为代表的代理模式和以海外龙头企业Booking、Expedia为代表的批发模式。其盈利方式主要为收取上游企业佣金,提供少量广告服务支持。传统OTA的核心竞争力在于建立供应链资源壁垒。其议价能力越强,营业收入稳定性越高。

与电商B2C平台类似的飞猪和搜索比价平台去哪儿网与之相较,则更为轻简。商家缴纳软件使用费及平台服务管理费后可将旅游产品上架至店铺,由平台向需求端投放产品。平台运营成本低,但对营销引流能力要求较高。飞猪背靠阿里生态,具有天然流量的优势,在淘宝设置一级端口降低获客成本。

近年来,以"内容+目标客群社区"的媒体模式备受瞩目,主要分为旅游垂直UGC

社区,以小红书、抖音等为代表的内容平台。这些社区和平台通过优质内容提高目标群体的使用时间,通过广告营销、引导潜在消费者完成交易等方式实现流量变现。广告作为稳定的收入来源,可以扩大其营业收入、降低营销成本。

综上,目前旅游市场 OTA 主要有以下几种主流的盈利模式:广告模式、代理模式、批发模式、平台模式和媒体模式。

(一)广告模式

广告模式主要有流量模式、UGC 模式、植入式广告模式等。

1. 流量模式

流量模式不区分用户群,依托庞大的点击率获得广告收入。OTA 提供旅游产品的相关信息,消费者利用日期、价格、地点等特定字段进行筛选,并获取相应产品信息。OTA 通过 CPC 模式(Cost Per Click,即按照消费者每一次的点击收费)或者 CPT 模式(Cost Per Transaction,即按照每一次成功交易收费)收取佣金或广告费用。

2. UGC 模式

UGC 模式是指通过用户论坛吸引旅游企业投放广告。这种盈利模式的关键在于间接网络效应,通过为用户提供有价值的内容来吸引用户持续进入,并借助平台流量来吸引商家,如穷游、马蜂窝等。

3. 植入式广告模式

植入式广告模式是指构建虚拟景观游览系统,当虚拟旅游网站具有较高知名度并达到一定规模时,可以与旅游目的地企业进行接洽,植入商业广告,以获取广告收入。

(二)代理模式

代理模式,即 OTA 作为旅游资源或 B2B 代理商的线上代理中介,通过佣金获得收入,盈利能力较为稳定。其核心竞争力来源于产品和客服质量,并体现在供应链议价能力和佣金率上,代表企业有携程、途牛和同程。该模式由旅游产品供应商收款,以 OTA 为中介,为消费者和旅游产品供应商提供交易服务,并收取一定比例的佣金,如图 2-14 所示。

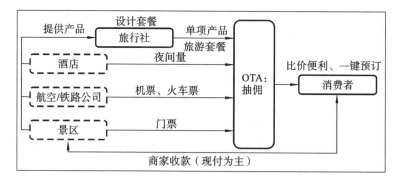

图 2-14 代理模式盈利模式

(三)批发模式

批发模式,即 OTA 批量购买上游产品,然后加价销售,低买高卖,赚取差价。批发模式的回报率高、风险大。其核心竞争力取决于平台运营及产品分销能力,代表企业有 Booking、Expedia 等。

批发模式是传统代理模式的延伸形式,这种方式由 OTA 收款,要求 OTA 具有较强的运营能力,是部分大型 OTA 企业的传统盈利模式,如图 2-15 所示。

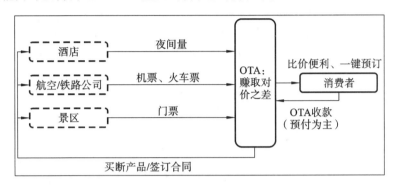

图 2-15 批零差价模式的盈利模式

(四)平台模式

平台模式,即 OTA 仅为商家与消费者提供比价、交易媒介,抽取软件平台使用费。平台模式的核心竞争力是模式轻简,产品品控标准宽松或可能影响口碑,难点在于流量获取。代表企业有飞猪、去哪儿、美团等。

平台模式类似于淘宝商城提供卖家和买家交易的场所,一端是商家入驻平台商城做生意(B端),另一端是客户来线上商城购物(C端)。而平台就通过收取租金、交易服务费、大数据分析服务费等向 B 端获取收益,但向 C 端免费。交易越活跃、点击量越高,平台收入越多。

(五)媒体模式

媒体模式,即 OTA 通过内容、社区吸引目标客户,以广告营销方式进行流量变现。媒体模式的核心竞争力包括旅游垂直 UGC 社区及泛社交内容平台,短期内在供应链上存在局限。代表企业有马蜂窝、抖音、美团等。

携程的主要盈利模式

携程具有用户规模优势和服务体系优势。携程拥有庞大的用户规模和雄厚的用户基础,可以通过大数据分析用户行为,了解客户需求,提供更加精准的旅游产品和服务,进而提升竞争优势。同时,携程还可以通过用户评论和评分机制,加强品牌口碑和携程网在用户心中的影响力。携程拥有完备的服务体系和多元化的服务模式,在旅游产品的推荐、购买和售后等方面实现全方位覆盖。随着用户个性化需求的持续变化,携程不断延伸服务范围和深度,全方位提高用户服务水平和满意度,从而获得更高的市场份额。携程的盈利模式较为复杂,除了传统的旅游预订收入外,还有众多的附属收入,例如广告、会员、保险等。基于客户规模优势和服务体系优势,携程的主要盈利模式有以下四种。

1. 旅游预订收入

作为在线旅游服务商,携程的核心盈利模式是旅游预订收入。携程与各类旅游企业签订合作协议,形成长期合作关系,获取丰厚的佣金回报。随着市场规模的持续扩大,旅游企业的定价能力和议价能力也在迅速提升,这使得携程的预订量和单价大幅度增长。

2. 广告收入

携程拥有广泛的用户群体和个性化的推荐系统,这使其成为众多旅游企业推广和宣传的重要平台。大量的广告流量不仅充实了携程的资金来源,也巩固了其在在线旅游市场的主导地位。据统计,携程的广告收入占比持续增长,已达到总收入的 10% 以上。

3. 会员收入

会员制度是携程重要的运营策略之一。用户在携程网上消费,均可加入会员。会员可以获得更多优惠和更便利的服务。携程通过会员制度推动消费结构调整,提高复购率和客户忠诚度。携程的会员制度提升了客户满意度和忠诚度,为企业发展提供了强有力的保障。

4. 金融业务收入

携程通过与银行和保险公司建立合作关系,为旅游消费者提供一系列的金融工具和服务,如旅游保险、贷款、支付等金融产品都可以在携程网上进行操作。携程的金融收入逐年增长,成为稳定的企业现金流来源。

资料来源 https://www.vzkoo.com/read/20230801b61fc07c8e8a83c750042db0.html#:~:text=.

第三节 OTA 的典型案例

一、途牛

(一)企业简介

途牛旅游网(简称:途牛)是南京途牛科技有限公司旗下的网站,创立于 2006 年 10 月,并于 2014 年 5 月在美国纳斯达克成功上市,是美股市场第一支专注于在线休闲旅游的中国公司。

得益于中国在线休闲旅游市场的高速发展以及游客的广泛支持,自 2015 年第四季度以来,途牛一直位居中国在线休闲旅游市场份额第一。截至 2018 年底,途牛合作旅游服务供应商超过 16500 家,以"让旅游更简单"为企业使命,途牛为线上、线下消费者提供的跟团和自助等打包旅游产品超过 220 万种,还有丰富的机票、酒店、签证等单项旅游产品。截至 2019 年 3 月,途牛累计服务超过 1.08 亿人次,共获得客户点评 600 多万条,产品综合满意度达到 93%。截至 2020 年 12 月,途牛已建立了 30 多家境内外自营地接社,提供 420 个城市出发的旅游产品的预订,已在北京、上海、深圳等城市设立上百家线下门市,提供全年 365 天 24 小时电话预订服务,并且提供丰富的后续服务和保障。途牛发展历程、途牛旅游网首页分别如图 2-16 和图 2-17 所示。

图 2-16　途牛发展历程

图 2-17　途牛旅游网首页

(二)核心业务及特色

1. 核心业务

跟团游：包括周边短线游、国内长线游、出境游等，行程透明、质量可靠。

自助游：如港澳、三亚、丽江、九寨沟等旅游目的地，既有国内外自助游套餐，亦可单订某项产品或任意搭配组合。

公司旅游定制服务：针对游客个性化需求，为游客量身定制个性化的旅游产品。

用户通过途牛旅游 App，不仅可以预订跟团游、自助游、邮轮、门票、自驾游、签证、酒店、火车票、租车、机票等常规产品，还可预订定制包团、婚纱旅拍、途牛严选等差异化产品，同时可享受手机专享优惠。除了提供旅游产品预订服务外，途牛旅游 App 互动社区还提供了诸多社交功能，如"结伴""游记""玩法""旅图"等，通过打造 UGC 任务平台，多维度助力 KOL 实现内容价值的挖掘和变现。

2. 特色

途牛先后打造了高品质跟团游"牛人专线"等一系列产品品牌。"牛人专线"诞生于 2009 年，在在线跟团游市场中，凭借着独特的产品品牌思路、高品质服务标准等特点，"牛人专线"建立起游客对跟团游产品和服务的新认知，并通过在产品、服务等方面的多次升级，不断优化旅游体验，从而树立了坚实的竞争壁垒。截至 2021 年第一季度，"牛人专线"已累计服务超 540 万人次，客户满意度达到 97%，更有超过 500 条好评且满意度超 99% 的旅游线路产品供游客选择。伴随着用户出游趋势的个性化、碎片化，途牛建设了全品类"动态打包"系统。通过"动态打包"，游客可以自主定制、任意组合出行方式、住宿、玩乐等。产品供给与需求的连接既满足了客户多样化出游需求，同时实现了途牛"打包订，更便宜"的产品优势。

(三)战略剖析

1. 打造差异化产品优势

近年来，旅游市场需求发生了明显变化——更多消费者从原来参观大城市度假综合体游玩转变为向往乡村、向往自然。乡村旅游逐渐向观光、休闲、度假的复合型模式转变。乡村民宿成为国内周边游市场新的增长点。对此，途牛开始在多个区域开拓自营民宿业务，成都青城山桐画酒店、天津西井峪村桐画精品民宿、南京高岗店桐画田园民宿相继落地。

在乡村民宿的业态发展上，途牛以"一店一品"为品牌特色，在设计和运营上充分融合了目的地自然环境、人文历史、建筑风格、旅游资源和客群特征等诸多元素，先后开发了"民宿＋露营""民宿＋亲子游""民宿＋红色旅游"等乡村微度假新玩法。途牛聚焦家庭化、年轻化出游场景，围绕乡村民宿、亲子研学、团建、酒景度假、户外露营、康养休闲等，打造一系列高品质乡村游产品。同时，途牛充分发挥其在互联网平台的数字化、整合营销、产品创新和服务品质上的核心能力和优势，通过信息化、数字化为乡村旅游赋能。

目前，"小团游产品"愈发受到青睐，这使资源供给变得更加碎片化。OTA 需要对所有资源进行动态打包，这提高了 OTA 的技术要求。2023 年，途牛通过升级信息化系统，动态打包的旅游产品预订量增长显著，其中定制游出游人次占比 24%。通过途牛全品类动态打包系统,游客可以根据需求,自主定制、任意组合出行方式、住宿、交通、游玩等。

2024年,途牛提出继续发挥公司在产品创新上的核心能力和优势,驱动定制游、小团游、包团游等产品迭代升级。途牛结合自身在打包旅游市场上的资深经验,通过交旅组合,推出更丰富、更精准匹配的产品满足客户需求。同时,途牛上线更多大众化的经典"牛人专线"线路,为用户带来更丰富的选择。在此基础上,途牛继续围绕"牛人专线"进行产品结构层面的优化升级,用品质赢得用户的认可。

2. 全球化布局

出境游成为途牛的业务重点板块之一,尤其在欧洲、东南亚、澳新目的地这些具有优势的地区,途牛将加大产品和资源的投入。针对"一带一路"相关目的地出游热的现状,途牛加大相关目的地产品的研发力度。同时,途牛通过国内航班联运,实现出境游出发地的更多覆盖,为更多出发城市的消费者提供更丰富的产品选择。

3. 多措并举,提高服务质量

途牛非常注重客服服务质量。途牛有两个呼叫中心,一个在总部的南京,还有一个区域呼叫中心设在宿迁。目前有旅游顾问、专属顾问、全能力顾问,提供24小时客户在线预订,以及游览前、游览中和游览后的全方位服务保障。客户可以和途牛线上线下全渠道沟通。线上沟通渠道用得最多的是电话、在线IM即时通信和微信。

2020年开始,途牛线上沟通由个人微信逐步转移到企业微信。在直播方面,途牛跟客人的互动也越来越频繁。在线下,途牛有自营地接社,目前覆盖全国31个省市,现已成为全国最大的地接社,每个目的地都有途牛的金牌导游,并配有质检员。途牛官方称,把客人交给自营地接社接待,是对客户体验最有力的保障。

在细节打磨上,"牛人专线"酒店的选取,要根据不同季节指定不同楼层和朝向的房间,且房间不能挨着过道。如果是蜜月、结婚纪念日等特殊日子,还会有鲜花铺床和小蛋糕等特殊的氛围布置。游客入住前,酒店都会提前开好空调,净化空气。"牛人专线"还增加了附加服务,提供随团旅拍服务。"牛人专线"对导游的摄影技术进行专业培训和认证,帮助游客拍下满意的旅游照片,把美好的回忆带回家。途牛的细节打磨,使用户出行更为便捷、用户体验更佳,有助于提升用户黏性。

资料来源

1. 洪姝翌.2024年旅游行业红火延续——专访途牛旅游网CEO于敦德[N].江苏经济报,2024-02-23(A02).

2. 张亚欣.途牛旅游网党委书记辛守东:乘改革东风深度参与乡村振兴[N].中国城市报,2023-12-18(A07).

二、同程旅行

(一)企业简介

同程旅行(简称同程)是由同程集团旗下同程网络与艺龙旅行网于2018年3月合并而成。2018年11月26日,同程成功在香港联交所主板挂牌上市。同程致力于打造中国领先的OTA平台,聚焦下沉市场,积极迎合市场趋势,其业务涵盖交通票务预订(机票、火车票、汽车票、船票等)、在线住宿预订、景区门票预订,以及多个出行场景的增值服务,用户规模超过2亿人,是中国主要出行平台之一。

2020年4月22日,同程推出了全新的服务品牌"同程旅行",启用了新的品牌标识和品牌口号"再出发,就同程",希望用更年轻的方式服务更多的用户。同程旅行的使命是"让旅行更简单、更快乐",致力于运用创新科技,为用户创造简单、快捷、智能的出行服务。

(二)核心业务及特色

同程的核心业务主要有两块,交通票务和住宿预订。在交通票务方面,为用户提供机票、火车票、汽车票及船票等预订服务及其他配套的增值服务,其收入所得就是向供应商收取佣金,向服务的用户收取服务费。在酒店住宿方面,同程提供大量多样化的住宿以满足用户不同的预算及喜好,公司根据预订量向住宿供应方收取佣金。

同程最显著的特色就是微信小程序入口,如图2-18所示。自2017年下半年以来,小程序迎来了行业爆发式增长。而作为首批微信小程序的参与者和见证者,同程在2018年3月上线了迭代后的小程序"同程艺龙酒店机票火车",将之前同程网络和艺龙旅行网的订单系统、会员体系、商城积分、小程序底层架构彻底打通,把微信的各个渠道融合为一个大入口并通过小程序触达,这为之后同程小程序的快速发展奠定了基础。目前,同程已经形成了"主小程序+子小程序+公众号"三角形流量闭环,让用户的不同需求在流量闭环中进行流动和满足。同程通过主小程序完成了同程的底层打通,子小程序解决单一服务触达用户群体成本高的"痛点",满足了用户在不同场景下的需求,同时让公众号成为同程服务与沉淀小程序用户的载体。

图2-18 同程旅行微信小程序入口

(三)战略剖析

1. 业务互补,协同发展

同为在线旅游 OTA,同程与艺龙均在各自的优势项目上较为突出,而在对方强势的领域又涉入较少,因此业务之间具备很强的互补性。合并后,同程已成为用户旅游需求一站式服务平台,在国内 OTA 市场上位居第三,如图 2-19 所示。

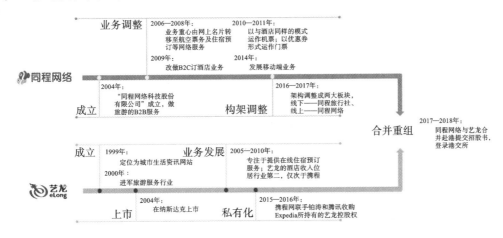

图 2-19　同程与艺龙实现"强强联手"

2. 转型 ITA

OTA 当前正在探索发展新生态模式,同程借助腾讯的"社交"属性开始发展"社交+旅游"的 ITA(Intelligent Travel Assistant)模式,即定位为"智能出行管家"。从 OTA 到 ITA 最大的突破在于技术升级——由数字化、科技化到智能化转变。同程通过"技术+服务"持续优化用户的出行体验,通过微信分享等社交玩法打造用户从预订到行程结束后的闭环,以实现用户黏性的提升,当前的用户留存率已经达到67%。

3. 腾讯与携程加持,深耕长尾

腾讯最早于 2011 年投资艺龙、2012 年投资同程,2018 年时是同程的第一大股东;携程最早于 2014 年入股同程、2015 年入股艺龙,成为同程旅行的第二大股东。腾讯给予同程旅行的低成本流量支持带来用户提升,根据协议,同程在 2021 年 7 月 31 日之前拥有腾讯流量入口的独家运营权,依托腾讯微信流量端入口,同程收获了不少年轻客源。同时,依托这一渠道,同程也更想要向三四线,甚至更低线城市渗透,重点把握低线城市休闲游需求。另外,同程与携程的竞合关系带来盈利能力提升,在供应链等方面,同程与携程展开深化合作。尤其在酒店业务方面,携程旗下的赫程作为库存中心,向携程、艺龙、去哪儿三方提供酒店库存。同程旅行与大股东腾讯为互补关系,87%的流量资源来自腾讯;与二股东携程为竞合关系,60%的住宿间夜量资源来自携程。因腾讯流量与携程资源导入支持,同程长期竞争优势突出。2023 年 3 月 4 日,同程被纳入恒生科技指数。

4. 于变局中求破局——打造企业三维引擎

同程积极打造企业三维引擎,即全服务场景渗透、用户需求全覆盖、产业链深度赋能。2023 年,同程坚持积极拥抱全场景生态,不断提升产品和服务竞争力,为更多用户提供更好的旅游出行体验。2023年,同程表现依旧亮眼,依托全场景生态发展成为国内流量规模最大的OTA平台。

同程在不断提升"一站式"平台场景覆盖能力的同时,不断拓展新的服务场景,并通过创新营销活动强化品牌认知。例如,2023年,同程策划了葛仙村度假区音乐节、洛阳博物馆"旅游+博物馆"等创新营销活动,持续强化同程品牌形象。同程通过微信、短视频、线下服务、鸿蒙原生版App等构建多元化的服务场景。

在产业链端,同程近年来加速推进旅游度假业务的深度整合,与出行产业链紧密联结。同程旗下艺龙酒店科技以轻资产模式,通过品牌、技术、营销等八大板块深度赋能住宿行业。截至2023年9月,艺龙酒店科技平台上已开业酒店超1200家,签约酒店近2000家。同程积极拥抱全场景生态,不断提升产品和服务竞争力,为更多用户提供更好的旅游出行体验。国民新旅游趋势带来了新的故事逻辑,对OTA平台来说,好的产品与服务永远都是故事的主线,也是可持续性发展的关键所在。持续拥抱全场景生态的同程,未来将获得更好的价值回报。

三、携程

(一)企业简介

携程旅游网创建于1999年,于2003年底敲响了美国纳斯达克上市的钟声,一跃成为国内最大的OTA。经过多年的发展,携程的服务已涵盖内容社区、预订服务、旅行协助、目的地活动、旅行支持等板块,提供包括住宿预订、交通订票、旅游度假、商旅管理服务和其他旅行服务。此外,携程有强大的供应链优势。携程连续投资并购同程网、途牛网、去哪儿网、印度MakeMy Trip、Skyscanner等几十家公司,快速打通产业链,实现规模扩张,如图2-20所示。截至2023年,携程在中国OTA活跃用户规模达9605万,位列全国第一;净营业收入445亿元,位列中国OTA收入第一、世界OTA收入第三。

图2-20 携程的商业模式

(二)核心业务及特色业务

1. 核心业务

酒店预订:可以提供全球200多个国家和地区、9万多个城市的酒店预订及价格查询服务,覆盖酒店数超过170万家。

交通票务:包括机票、火车票以及公路长途客票的预订服务。

旅游度假:提供自由行、团队游、半自助、巴士游、自驾游、邮轮、自由行签证、用车等全系列旅游产品服务,覆盖全球200多个旅游目的地。

商旅管理:针对企业用户,提供出差前的机票、火车票、酒店等预订及出差后的报销服务。携程通过专业差旅服务团队对企业差旅活动进行规划和监控,提供出行管控服务。

2.特色业务

携程顾问:借助携程品牌和产品为客人提供旅游咨询和预订服务。使用携程App,携程顾问给需要旅游咨询和预订服务的消费者提供有效帮助。

高铁代购服务:在线预订并支付高铁动车票。用户可以通过携程购买或预约购买高铁动车票,根据个人需求选择服务项目。

票价比价:推出了机票和火车票同时预订功能。该功能来源于对用户行为习惯的深入观察,创新性地将机票和火车票放在同一页面进行价格对比,摒弃了传统火车票单一的订票页面,方便消费者对比不同交通工具的价格。

(三)战略剖析

1.打造差异化优势

携程在商旅和交通票务的优势在于其深厚的产业链资源和优异的服务品质。携程集团的携程和去哪儿的机票预订市场份额超过50%。携程拥有世界上最大的旅游服务联络中心。长期以来,服务中心拥有1.2万个座席,呼叫中心员工超过1万名。携程与全球200个国家和地区的近80万家酒店建立了长期稳定的合作关系。

2.积极创新,以变破局

携程通过整合资源,以"BOSS直播预售""安心游联盟""智慧景区服务标准""超级品牌日"等创新举措,激发和挖掘本地旅游需求,并在携程门店上线"豚厂生活馆",全新搭建"购物+本地生活"内容,构建出更加完整的周边游服务链。2021年,BOSS直播开启平台化之路,将单维度的直播能力沉淀为平台系统能力,吸引了超过3000家旅游商家入驻,商家开播场次超1万场;通过提供一站式电竞房改造方案,帮助酒店摆脱电竞酒店就是"一台电脑+一张床"思维误区。携程瞄准电竞爱好者以及"Z世代"用户的需求,与国内二次元CJ酒店合作,于2022年5月打造电竞房产品。

3.积极布局海外业务,打造新增长点

对比我国其他OTA平台,携程在海外业务上具有先发优势。自2016年,携程开始了一系列国际投资和并购,收购了英国旅游搜索巨头天巡、美国社交旅游网站Trip.com以及荷兰OTA集团Travix,投资印度MakeMy Trip,与TripAdvisor建立战略合作伙伴关系。目前,携程海外业务主要由Skyscanner和Trip.com运营。其中,Skyscanner是全球最大的独立机票搜索引擎,Trip是一款旅行发现应用,前身为Gogobot,携程收购Trip.com主要看中其域名及技术积累,是携程国际市场开拓战略的里程碑。

4.丰富产业链资源,增强品牌影响力

通过多年的投资和并购,携程在旅游产业链建立了深厚的资源壁垒。携程以旅游服务为中心,在旅游信息平台、特色旅游服务、酒店、民宿、机场消费、海外服务等相关行业广泛投资,在国内 OTA 平台中规模领先。截至 2022 年 10 月,在旅游综合服务行业机构投资排行榜上,携程位居第二,仅次于红杉资本中国基金。在交通出行领域,携程和东方航空签订战略合作协议,在业务、股权、资本市场等领域开展全方位合作。此外,携程还投资一嗨租车、收购智行火车票。在旅行服务领域,携程战略投资同程、收购去哪儿,巩固了 OTA 龙头地位,通过收购华远国旅、入股众信旅游扩展国际业务。

赋能共生——携程生态系统构建

携程历经 20 余年发展,从单一的票务预订发展为向全球提供目的地旅游产品的全方位在线旅游服务商,尤其在酒店服务方面,已经构建了涵盖酒店、度假村、住宅、公寓、民宿、招待所等全品类住宿产品,在全球拥有 140 万个住宿合作伙伴。携程助力酒店服务商的共同成长可以分为四个阶段。

1. 初生期(2003—2007 年):打出"酒店服务+X"的组合拳

2003 年底,携程敲响了开市钟,通过收购北京现代运通与北京海岸机票代理公司,一跃成为中国最大的机票、酒店服务公司。2004 年,携程推出"360°度假超市",内含上百条度假旅游线路与"机票+酒店"套餐产品,在酒店预订中增加观光游览和机票预订。

携程与酒店共同打造住宿组合产品,用户可以根据自己的喜好自由组合搭配酒店、航班等产品,满足了用户休闲度假需求。在此期间,酒店获得了源源不断的团体用户,携程也实现了快速增长。2007 年,携程在全国在线旅游市场份额超过 50%,住宿预订收入突破 6.7 亿元。

2. 成长期(2008—2012 年):将酒店带入移动互联网时代

2008 年,中国旅游业受地震、雪灾、金融危机等不可抗力因素的接连打击,携程的成长速度初显疲态。雪上加霜的是,继艺龙、同程、途牛等老牌 OTA 后,美团等相近业务企业及资本也陆续入局。然而,在各 OTA 明争暗斗之际,移动互联网时代随着智能手机悄然到来。携程意识到酒店预订从 PC 端转向移动端是大势所趋。2009 年 9 月,携程招募酒店私访团,200 位用户免费入住五星级酒店体验各项服务后,在平台上对酒店服务进行点评。点评渐渐走进了用户的视野,不仅成为酒店听取用户意见的"传声筒",更成为用户了解酒店的"窗口"。2010 年,手机网站"携程无线"推出移动端酒店预订服务。2012 年发布 2.0 版本,新增"shake 甩一甩"功能。用户只要甩一甩手机,即可看到周边的酒店信息。携程利用自身技术优势将酒店带入移动互联网时代。"携程无线"成为用户查找酒店的好帮手。2012 年,携程在酒店 OTA 渠道间夜量占比中,以 48.9% 的市场份额排名第一。

3. 成熟期(2013—2021 年):让机器人走进酒店,为酒店成立"大学"

2015 年,携程收购艺龙、去哪儿,锁定了在线旅游行业的领先地位。2016 年,推出"空气清新房"产品,将空气检测设备引入合作酒店的客房中。2017年3月,携程"Easy住"战略的发布更是让酒店的智能化更上一层楼。机器人参与到酒店前台、行李寄送、在线选房、VR全景展示智能客控等全方位服务中,智能门锁、智能房间以及人脸识别技术等新功能提升了酒店管理效率。继而,携程将目光投向了酒店的另一"智慧化"成长途径,尝试运用"知识社群"撬动酒店的长期收益。2018年,携程宣布成立酒店大学、门店学院和定制学院三个人才项目,围绕酒店服务商关心的问题,如收益管理、评价管理、酒店市场营销等开设课程。

4."四大友好"战略锚定方向,推进低碳酒店标准(2022年至今)

面对复杂多变的宏观及行业环境,高质量"可持续经营"重要性正日益凸显。随着可持续发展理念的普及,企业的ESG(环境、社会和公司治理)表现也开始受到公众乃至监管层的关注。在资本市场上,联合国全球契约计划提出的ESG理念,更日渐成为投资者评估企业经营的重要指标,被视为企业的"第二张财报"。

在探索可持续发展的进程中,携程将企业定位为:结合企业经营需求与资源优势,将ESG理念融入管理运营的方方面面,探索出一条具有自身特色的ESG实践路径,进而为利益相关者乃至社会大众创造可持续的价值。自携程成立之初,就一直在做CSR相关的企业社会公益,包括关怀女性、儿童等内容。随着ESG的发展和"双碳"目标的提出,携程认识到ESG是一个更大的外延。2023年,携程将重点放在两个方面:一是将ESG战略明确为环境友好、社区友好、家庭友好和生态链友好"四大友好"战略;二是发布了低碳酒店标准和10亿元生育补贴两项核心举措,这两项措施成为公司ESG的重要组成。

近年来,携程集团始终将"环境友好"摆在首位。从可持续旅行理念的积极倡导到企业运营的降碳减排,再到带动供应链合作伙伴的协同推进。携程承诺在2050年达成全业务碳中和的目标,并承诺到2030年,范围1(直接产生的温室气体排放)、范围2(企业购买能源产生的间接温室气体排放)温室气体排放量较基准年2022年减少47.5%,同时有效测量和减少范围3(其他间接温室气体排放)的排放量,以响应科学碳目标倡议(SBTi),协助控制全球气温每年上升不多于1.5℃的目标。

2023年,重磅的低碳举措——"携程低碳酒店标准"正式启动。这一标准具备可量化、可检测、可提升等显著特征,是行业代表性数据可量化的低碳标准。它以大数据为基础,基于酒店体量与酒店电和燃气用量、低碳举措等测算、校验出单客房单日的碳排放量,并结合各区域不同星级,拟定入围门槛。携程与合作伙伴共同向《巴黎协定》提出的2030年控温1.5℃目标努力,这也是携程集团ESG可持续发展战略中环境友好战略的重要体现。据悉,目前已有数千家酒店入选这一标准。经大量研究后,携程集团通过收集酒店电、燃气发票,评估每一家酒店的碳排量。同时,通过树立标杆,向酒店说明在减碳硬件、软件各方面的投入所带来的商业收益和减碳目标之间ROI的测算。该标准上线后,低碳酒店的订单量相比成为低碳酒店之前上涨超过40%,实现了环保对业绩的带动。携程初步验证了可持续发展与商业收益并不冲突,提出想让整个行业认知到这个目标。

2023年12月8日,携程集团发布ESG年度报告,这是携程连续第四年发布ESG报告,以"环境、家庭、社会和相关方四大友好"战略为核心,推进企业的可持续发展。

2023年,携程集团已累计带动1600万用户选择低碳出行,其中超九成是低碳出行的萌新用户。聚焦在住宿业方面,全国100多个城市的数千家酒店已入选低碳酒店。携程度假农庄带动当地人均年收入增长超4万元。每座农庄落地后带动当地民宿数量新增40.33家,带动当地民宿总营收同比提升122％,让更多乡村居民实现了创业、就业不离乡。报告显示,携程集团间接带动就业超1000万人,帮更多行业从业者拥有更美好的生活。

2023年,携程产品研发费用121亿元,同比增长45％,约占净营业收入的27％。携程将近三成净营收投到研发,为业务创新提供支撑。

为持续推进ESG可持续发展战略,携程集团已成立ESG委员会,将不断创新、持续精进,带动旅游行业进入可持续发展的新未来。ESG委员会由携程集团CEO孙洁直接负责,通过建立决策层、管理层和执行层体系,共同推进ESG战略实施。

资料来源

1. https://xueqiu.com/9508834377/233622426.
2. 中国管理案例共享中心:《赋能共生:携程生态系统演进之路》(2022)。
3. 韦夏怡.框架体系日渐明晰携程ESG"能力值"全面再提升[N].经济参考报,2024-01-05(07).

【知行合一】

思考:

1. 我国绿色发展理念的具体内容是什么?
2. 结合生态环境对绿色发展的需求及新时代的中国绿色发展要求,试分析旅游企业应如何践行绿色发展理念。

思政手册

本章小结

在线旅游服务商OTA是以网络信息技术为载体,从事招揽、组织、接待旅游者等活动,通过网络为旅游者提供预订旅游产品或相关旅游服务的企业法人,即在线旅游服务商OTA可以通过网络进行产品营销或产品销售。OTA是旅游中介服务商,应用现代网络技术提供实时的在线服务;在线旅游是一种概念,为消费者提供服务是其本质。

中国OTA发展阶段可以划分为萌芽期、起步期、发展期和持续完善期四个阶段。

国内OTA的发展呈现出平台增长放缓、市场集中度不断提升、在线度假市场竞争激烈以及营销渠道多样化等特点。

在线旅游服务商OTA的发展具有下沉市场潜力巨大、为B端的赋能价值有待挖掘、跨界竞争常态化、流量渠道日益多元化和细化等趋势。

OTA的基本业务为在线机票预订、在线住宿预订和在线旅游度假产品预订。

OTA的经营模式有自营、代理、OEM、零售、动态打包、半动态打包等。

OTA的盈利模式有广告模式、代理模式、批零差价模式和平台模式。

讨论与思考

1. 如何理解 OTA 的基本含义？OTA 的基本业务有哪些？
2. 简述 OTA 常见的经营模式。
3. 简述 OTA 常见的盈利模式。
4. OTA 的创新服务还会有突破吗？
5. 尝试对携程做出运营评价，并提出运营建议。

携程 AI 布局：三重创新引领旅游行业智能化升级

2023 年 10 月 24 日，携程全球合作伙伴峰会在新加坡召开。携程宣布了基于 AI 技术的三个创新战略：生成式 AI、内容榜单、ESG 低碳酒店标准。

1. 生成式 AI：打造智能旅游助理

生成式 AI 是携程利用"云＋AI"推动服务智能升级的核心技术之一，具有智能旅游助理功能，为用户提供更便捷、更个性化、更放心的旅行选择，并为商家提供更高效、更精准、更节省成本的营销方案。

生成式 AI 是指根据输入的信息，自动生成符合语义和逻辑的文本、图像、音频等内容的人工智能技术。携程在 2023 年 7 月发布了旅游行业首个垂直大模型"携程问道"。该模型基于 200 亿个非结构性旅游数据进行自研锤炼，能够对用户在旅行前、中、后期的需求意图进行更精准的理解，并快速响应。

"携程问道"可以根据用户提出的想法，从地域、主题特色等维度，推荐旅行目的地、酒店、景点、行程规划和实时优惠的选项；在用户需求相对明确时，提供智能查询结果，用户可以用文字和语音，以自然语言长句的形式进行复杂条件的机票与酒店产品查询。

"携程问道"不仅可以提高用户体验，还可以帮助商家降本增效。通过百度云的大数据分析能力，对用户的兴趣、习惯与偏好进行分析，通过机器学习后，用 AI 技术对各种旅游产品进行智能化组合，可以做到为每个用户提供个性化的旅行方案。此外，为了保障用户随时获得服务，携程客服部门目前提供 7 天×24 小时服务保障。2018 年春运，每个携程客服每天要接 100 多个电话，每天平均说 6 万到 8 万字，相当于朗读一部中篇小说。现在，携程可以通过百度云的自动语音识别、文语转换、自然语言处理等 AI 技术，打造和完善自己的智能客服平台，更好地做到 7 天×24 小时回答用户咨询，解答相关问题（见图 2-21）。

2. 内容榜单：打造旅游行业可靠答案库

内容是旅游行业不可或缺的一部分，它可以影响用户的决策和满意度。然而，在海量的信息中，如何找到可靠、权威、有价值的内容，是用户和商家面临的一个挑战。为了解决这个问题，携程在峰会上发布了内容榜单，旨在打造旅游行业的"可靠答案库"。

在线答题

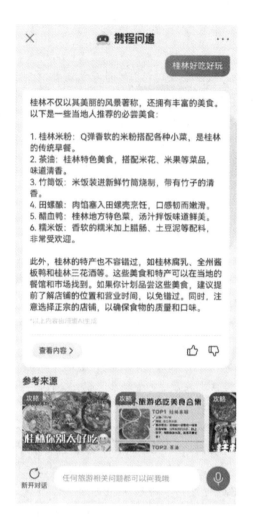

图 2-21 携程问道

内容榜单覆盖全球超 3000 个目的地,有 45 个常用主题,推荐维度涵盖目的地、行程、酒店、机票、景点等,入选率均做到百里挑一。内容榜单的生成基于"每张榜单平均 500 万次的数据运算和人工校验",结合携程现有的实时数据和亿万客户的反馈,确保内容的质量和准确性。

内容榜单不仅为用户提供了更有参考价值的旅游信息,还能为商家提供更有影响力的营销渠道。用户可以通过内容榜单快速找到自己感兴趣的目的地和产品,并直接进行预订。商家可以通过内容榜单展示优势和特色,并吸引更多的目标客户。

内容榜单是携程利用"云+AI"实现内容智能升级的核心产品,它通过构建旅游行业的可靠答案库,为用户提供更有价值、更有信心的旅行参考,并为商家提供更有效、更有品质的营销平台。

3. ESG 低碳酒店标准:打造旅游行业可持续发展模式

ESG 是指环境(Environment)、社会(Social)和治理(Governance)三个方面,是衡量企业社会责任和可持续发展能力的重要指标。随着消费者对环境保护和社会公益的关注度越来越高,ESG 成为旅游行业不可忽视的重要因素。为了响应这一趋势,携程在峰会上推出了可量化、可检测、可提升的低碳酒店标准,旨在打造旅游行业可持续发展模式。

低碳酒店标准是基于国际权威机构和专家团队的研究和评估,结合携程平台上海量酒店数据和用户反馈,制定出来的一套针对酒店节能减排、资源循环利用、绿色管理等方面的量化指标和评分体系。低碳酒店标准不仅可以帮助酒店提升自身的环境友好度和社会责任感,还可以帮助用户选择更符合自己价值观和喜好的住宿产品。

低碳酒店标准是携程在ESG方面做出的重要举措,也是携程利用"云+AI"推动环境智能升级的核心项目之一。除了低碳酒店标准外,携程还在全面推进环境友好、家庭友好、社区友好等方面的工作,例如推出绿色出行计划、支持公益旅行项目、开展爱心捐赠活动等。

携程在AI方面的布局全面而深入,涵盖了服务、内容和环境三个重要领域,展现了旅游行业的智能化前景。携程不仅利用自身的数据和技术优势,为用户和商家提供更高效、更优质、更个性化的产品和服务,还积极响应社会和环境的需求,致力于旅游行业的可持续发展。携程的AI布局体现了其对旅游行业未来发展趋势的判断和对旅游行业价值创造的解读。

资料来源 http://aigcdaily.cn/news/a23veenpa73xnph/.

思考题:
1.携程的AI战略创新将为旅游行业带来哪些变革和机遇?
2.未来的OTA路在何方?是紧跟携程的智能化创新战略,还是另辟蹊径?
3.携程的AI战略创新将如何影响旅游行业的如小型旅行社和独立酒店等其他参与者?

┃实验二 典型电子商务网站的操作流程┃

一、实验目标

了解在线旅行社业务流程,体验B2C电子商务模式;
熟悉携程旅行网业务流程,设计旅游行程;
了解个人和企业账户的注册;
了解网上银行与支付通的使用。

二、实验内容

飞猪平台的"第5季旅游"专营店旅游产品购买体验;
携程旅行网旅游行程预订体验;
注册个人和企业账户;

微课视频

结合专业完成旅游规划。

三、知识准备

（一）熟悉旅游电子商务的 B2C 模式

(1) 广告盈利模式。
(2) 订阅盈利模式。
(3) 交易费用盈利模式。
(4) 销售盈利模式。
(5) 会员制盈利模式。

（二）电子商务网站中的个人账户和企业账户

1. 个人账户

个人账户就是人们平常使用的私人账户，主要用于个人消费，按照购买金额形成会员等级，享受不同的优惠。

2. 企业账户

企业账户是能提供合法营业执照的单位或公司以企业行为进行的大批量采购。例如，京东面向企业客户是有如下优惠和专项服务。

(1) 享有专属 VIP 专线服务，及时为客户解答和处理企业采购常见问题。

(2) 享有专属客户经理服务，及时为客户解答和处理合同签订、批量采购、企业解决方案等采购需求。

(3) 享有专属票据服务如自主开票。自主开票是指根据客户个性化需要，自主选择如何开票、开票时间、寄送地址等。目前，自主开票支持普票随货、普票集中开票、普票货票分离（发票寄到其他地址）、增票集中开票、增票完成订单后开票几种方式。

(4) 享有企业用户专属活动特权。

(5) 企业专享价格，即可享受针对"企业用户"的企业专享价格。

(6) 批量生成订单，是指如遇批量收货地址的采购需求（企业用户购买员工福利产品，可批量发送至员工的指定收货地址；企业进行市场活动，可批量发送礼品至客户处等），可享受企业批量订单的代下单服务。

(7) 售后双向免费，即可享受售后服务免运费和免费上门取件。

(8) 企业用户不收取续重运费。

需要注意的一点是，企业会员账号一般禁止转借或转让他人使用。

图 2-22　支付通终端

（三）支付通简介

支付终端产品外观采用精巧式设计，体现便携理念，用户可随身携带。独特的 USB 连接方式，用户只需将其与 PC 连接，即可轻松享受各类自助金融业务及多种增值服务，如图 2-22 所示，支付通由北京海科融通信息技术有限公司研发。支付通与网银、支付宝的对比如表 2-1 所示。

表 2-1 支付通和网银、支付宝的对比

	支付通	网银	支付宝
安全性	纯硬件加密体系，VPN 网络传输环境，不用担心电脑操作系统因受病毒或木马感染而造成损失	受操作系统自身安全漏洞、安全措施的影响	受操作系统自身安全漏洞、安全措施的影响
开通的便捷性	只需要拥有银行卡，无需办理其他开通手续	银行柜台办理网银开通手续	需要在支付宝网站办理开通手续
所需密码	只需要普通的银行卡交易密码即可	用户除需要记住银行卡交易密码外，还需要银行卡查询密码、单独的网银账户、网银登录密码等	用户需要有支付宝账户及账户密码，还需要支付密码，若用户通过网银对支付宝充值，在交易过程中还需要记牢与网银有关的几个密码
操作便捷性	点击支付，根据提示刷卡、输入密码即可完成	需要在线填写网银账号、网银密码、银行卡账号、身份认证信息（如身份证号等）、各类密码、认证码、手机短信认证信息等，操作烦琐	通常用户为保证安全，仅预存少量或不预存支付宝余额，只在使用时临时为支付宝充值，此时用户需要通过网银或者前往银行柜台为支付宝充值后，再通过支付宝支付
额度限制	支付通在保障安全与便捷的同时，可以为用户提供放心的网络支付服务，因此为用户提供了自主性更灵活、更便捷的额度设置	考虑到网络安全性因素，不同银行有不同的使用限制，不便于大额商品交易	视支付宝余额情况而定

四、实验步骤

(一) 飞猪平台的"第 5 季旅游"专营店旅游产品购买体验

实现飞猪平台的"第 5 季旅游"专营店旅游产品购买过程，描述购物流程，用图文基本实现如下内容（前 6 步每个步骤一个截图即可）。

(1) 个人账户注册。
(2) 搜索比较旅游产品。
(3) 联系卖家。
(4) 对旅游产品进行付款。

(5)对旅游产品进行评价。

(6)退货退款等售后服务介绍。

(7)从网购过程中总结 B2C 商业模式特点及在线旅行社购买体验。

(二)携程旅行网旅游行程预订体验

问题描述:设计完成为期 7 天的旅游规划,出发地桂林,任选国内 3—4 个旅游目的地。要求设计一条旅游线路,然后利用携程旅行网完成交通、住宿和景区的筛选与预订,预订过程停留在付款前即可。实验结果最终给出最佳旅游线路规划,将筛选与预订过程进行截图。

第三章
旅行社电子商务

学习引导

旅行社电子商务是以旅游信息库、电子化商务银行为基础,利用先进的电子手段运作旅行社管理信息系统及采购和分销系统的商务体系。旅行社电子商务的体系包括支付结算体系、网络信息系统和旅行社电子商务参与主体。旅行社电子商务在行前服务阶段,强化以信息服务为主的咨询与销售;在实地旅游服务阶段,强化以信息化手段为支持的个性增值服务;在旅游活动结束后,强化与游客的交流和再营销。旅行社的供应链管理具体业务包括:与交通部门的供应商管理;与酒店的供应商管理;与餐饮部门的供应商管理;与参观游览部门的供应商管理;与购物商店的供应商管理;与娱乐部门的供应商管理;与保险公司的供应商管理;与相关旅行社的供应商管理。旅行社网络营销策略包括:搜索引擎营销、服务营销、网络宣传和促销、数据库营销和个性化营销、网络营销与传统营销的整合。

学习目标

1. 了解旅行社电子商务的概念、特征与内涵。
2. 熟悉旅行社的主要业务流程和旅行社信息化业务流程的效用。
3. 掌握旅行社电子商务的体系框架与实践操作。
4. 掌握旅行社网络营销策略的实践应用。

素养目标

1. 引导学生深刻理解党的二十大报告提出的实施创新驱动发展战略为旅游业高质量发展提供方向指引。
2. 启发学生培养勤于思考、勇于探索的职业素养。

思维导图

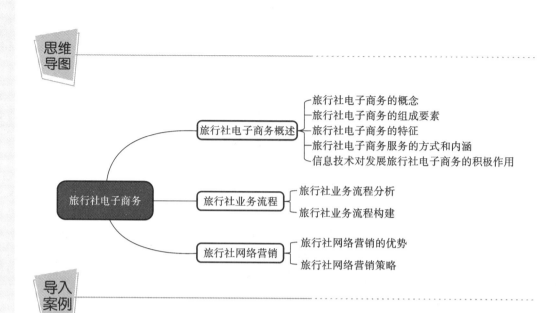

导入案例

北京中国国际旅行社有限公司（简称：北京国旅）成立于1958年，隶属中国国旅总社和首都旅游两大集团。改革开放之初，它凭借先天计划配置形成的物理网络优势，以及在"食、住、行、游、购、娱"六大业务提供的全方位、专业化旅行服务，在经营规模、业绩等方面，一直都保持着较好的行业水平，直至携程等OTA网站出现。

携程等OTA网站通过IT手段整合了国内成熟的酒店集团和航空服务，发展速度让国内旅行社行业震惊。2003年，"非典"让人们开始重新审视在线旅游服务商经营模式的价值，亏损4年的携程首次实现盈利。2004年，携程的收入水平和利润已超过中国盈利能力最强的旅行社。2006年，携程实现2.4亿元的利润，而同一年，国内1.8万家旅行社的利润总和仅为1.2亿元。

2004年，北京中国国旅的母公司——中国国旅总社（简称：中国国旅）制定了发展电子商务的战略决策，这个中国线下旅行社希望自己也能成为中国最大的旅游在线运营商。其电子商务理念是，利用IT与互联网技术，整合和利用传统旅行社的优势资源，做旅游的在线运营商。自此，中国国旅开始搭建电子商务网站，探索整个服务体系的变革，整合国旅的线下旅行社资源，将所有线下旅行社业务转换为线上产品，在统一的电子平台上进行分销。2007年开始，中国国旅开始将电子商务部已成功搭建的系统、确定下来的标准业务模式向北京、上海、广州、武汉等城市参股或控股的地方国旅推广，进行复制，使地方社与总社形成产品与订单的实时流量可控。北京国旅自此开始了电商之旅。

发展至今，北京国旅电子商务系统已日趋成熟，具有高效的内部管理流程系统和数据实时更新的在线分销系统。2024年，北京国旅员工有近300人，其中大部分是具有专业知识、服务意识强、受过高等教育、训练有素的年轻人，掌握英语、日语、德语、法语、西班牙语、意大利语、俄语、泰语、朝鲜语等语种的业务骨干和导游翻译达240余人，特级、高级、中级导游占62%。

目前，北京中国国旅电商平台可提供多元化的旅游服务产品，包括：中国公民出境旅游业务、国内旅游和入境旅游业务等，承办商务旅行、奖励旅游、专业会议、自由行、私人订制等业务，还有机票、车票、酒店预订，以及代办各种签证等业务。北京国旅与国内外的旅游机构、航空、铁路、各国驻华使领馆建立了良好的协作关系。在出境游业务上，北京国旅进行了一系列的市场拓展与开发，推出了多条适合中国公民出国旅游的线路，为各种赴国外的团体和个人提供度假休闲、商务考察、研学旅行和会议展览等全方位服务，如图 3-1 所示。

图 3-1　北京中国国际旅行社有限公司网站

图片来源：http://www.zglxw.com/about/

人是一种感情动物，随着社会的发展进步，人们对于情感的渴望日益增长。旅行社能提供更加人性化的服务，如导游服务，国际旅游界普遍认为"没有导游的旅行不是真正的旅游，是不完美的"，这些人性化服务能够满足人们的情感需求，这是现代电子化、信息化商务难以企及的一大优势。

北京国旅以高质量的服务赢得了中外游客的广泛赞誉，它连续 7 届被北京市旅游局（现北京市文化和旅游局）评为"首都旅游紫禁杯"最佳企业和先进企业。

解析：

旅游电子商务的出现，更好地将旅游和互联网相结合，充分发挥旅行社中间商的作用，使旅行社凭借熟练的业务知识和技能介入网络，开展电子商务，将网络平台当成是现实中的办公室，进行"虚拟经营"。旅行社"虚拟经营"是将供应商、生产商、批发商和顾客等通过功能整合而建立的动态合作网络，通过信息的整合、分析、加工、传递产生增值，将旅行社从差价盈利转变为信息盈利。面对瞬息万变的市场趋势，旅行社如何将电子化、信息化商务与人性化服务结合，开拓旅行社电子商务的信息盈利模式？

第一节　旅行社电子商务概述

一、旅行社电子商务的概念

世界旅游组织将旅行社定义为零售代理机构向公众提供关于可能的旅行、居住和相关服务,包括服务酬金和条件的信息。旅游组织者或制作商或批发商在旅游需求提出前,以组织交通运输、预订不同的住宿和提出所有其他服务为旅行和旅居做准备的行业机构。我国《旅行社条例》规定:旅行社,是指从事招徕、组织、接待旅游者活动,为旅游者提供相关旅游服务,开展国内旅游业务、入境旅游业务或者出境旅游业务的企业法人。从世界旅游组织和我国《旅行社条例》对旅行社所下的定义可以看出,旅行社的本质是旅游供应商和旅游消费者之间的纽带,其盈利模式主要是佣金制和成本加利润制。

传统的旅行社经营主要依靠的是信息收集和信息支持,传统旅行社是信息不对称情况下的产品提供者。随着信息技术和网络海量信息的便捷呈现,消费者的旅游消费观念发生转变,习惯于通过互联网搜索旅行信息、参考点评、规划线路、比价产品、在线预订、实时支付等,这使传统的信息不对称局面得以改善,旅游者对旅行社的依存度大幅下降,互联网时代已经促使旅行社行业开始转型或改变。

旅行社电子商务以旅游信息库、电子化商务银行为基础,是利用先进的电子手段运作旅行社管理信息系统及采购和分销系统的商务体系,包括:网上传递与接收信息,网上订购、在线支付、咨询洽谈、客户服务等网上销售活动,以及利用网络开展市场调查分析、财务核算与生产安排等多种商业活动。

这种服务模式的最大特点是在线、即时地为旅游者服务,在时间上体现出快捷性和便利性。旅行社通过充分运用电子商务,调整改善企业同消费者、企业同企业、企业内部之间的关系,从而扩大销售、拓展市场,实现内部电子化管理的全部商业经营过程。

二、旅行社电子商务的组成要素

旅行社电子商务的组成要素包括作为基础框架的网络信息系统、作为参与主体的旅游企业和旅游者,以及电子支付结算体系认证机构等其他支持要素。

(一)网络信息系统

网络信息系统是旅行社电子商务体系运行的基础,只有凭借网络信息系统,才能让旅行社电子商务在一个可靠、可控、安全畅通的平台上交换信息和产品。

(二)旅行企业和旅游者

旅游者为旅行社电子商务的最终服务对象,旅行社是旅游市场开展电子商务的主体,拥有电子商务网站、企业管理信息系统、企业内联网络系统、电子商务服务商。

(三)电子支付结算体系认证机构

旅游产品具有异地购买当地消费的特点,因此,在线支付结算是旅游服务网上交易完整实现的重要一环。

三、旅行社电子商务的特征

旅行社电子商务具有以下特征。

(1)旅行社电子商务的主体或载体,是旅行社或旅行中介服务机构(Travel Agent)。

(2)旅行社电子商务的核心是一系列规范的业务流程(Business Procedure or Work Flow)。

(3)旅行社电子商务的基础是互联网技术和移动通信技术的应用。

(4)旅行社电子商务的创新竞争力在于在线旅行服务模式,这种服务模式的最大特点是在线、即时地为旅游者提供服务,在时空上体现出快捷性和便利性。

(5)旅行社电子商务体系是一个人机结合的系统,涉及企业运作的各个层面,如产品设计、市场营销、企业管理MIS、客户管理CRM、资源管理ERP、供应链管理SCM等,绝对不仅仅是一个纯粹的"机器人"计算机系统。

四、旅行社电子商务服务的方式和内涵

旅行社作为现代旅游服务业的重要组成部分,具有适用电子商务得天独厚的条件,电子商务正在改变传统旅游服务的方式和内涵。

(一)在行前服务阶段,强化以信息服务为主的咨询与销售

在传统的旅游服务中,传递信息的手段有限,仅仅凭借电话、传真等手段,不仅信息传递量有限,其成本也阻碍了沟通的有效进行。实施电子商务后,旅游企业可以将信息放在特定的网站中,有需求的旅游者就可以通过主动搜索的方式获取相关信息,这种信息传递的方式既迅速又充分,而且成本低。

(二)在实地旅游服务阶段,强化以信息化手段为支持的个性化增值服务

随着旅游服务的发展和游客需求的变化,千篇一律的规范化服务已经不能满足游客的个性化需求了。电子商务对这一问题提供了较为可靠的解决方案,即建立旅游企业客户数据库。游客的一些诸如年龄、职业、习惯、爱好及忌讳等个性化信息,可以作为对游客提供个性化服务的参考。旅游企业把这些信息记录、存储下来,并做到及时更新和随时调用,那么在为游客提供个性化服务方面,旅游企业的服务能力将显著提高。

(三)在旅游活动结束后,强化与游客的交流和再营销

旅游企业开通网站、微博、微信公众号、微信群和电子邮件等渠道,为企业和顾客的交流提供平台,既可以收集顾客的意见和建议,又可为那些服务未得到满足的顾客提供发泄

渠道,从而减少负面影响。通过这些联系方式,旅游企业还可以经常保持与顾客的联系,即时送达新产品和服务的信息。营销学认为,企业维系一个老顾客的成本不到赢得一个新客户成本的五分之一。电子商务为旅游企业创造出了这样一种可以维系老顾客的渠道,这既是一种服务过程,又是旅游服务的一种延伸,成为旅游企业营销的重要手段。

> **知识活页**
>
> ### 做中国最专业的旅游产业链运营专家——八爪鱼在线旅游
>
> 八爪鱼在线旅游发展有限公司(简称:八爪鱼)成立于2011年,由蚂蚁集团等多家知名机构投资,致力于旅游产业链服务,是全国旅游综合交易平台运营商。公司现代化运营总部位于中国-新加坡苏州工业园区,在全球范围内设立50多家分公司和子公司,拥有逾千名专业旅游从业人员,采用标准化流程体系打造智慧旅游科技标杆,引领行业创新与发展。
>
> 在业务模式上,八爪鱼的全国旅游综合交易平台产品丰富多样,涵盖周边短线游、国内长线游、出境旅游、机票、火车票、签证以及邮轮等旅游产品。八爪鱼为分销商和供应商提供专门的平台。分销商在平台上可以轻松实现查询、分享、预订、结算以及管理的一体化,有效提升工作效率。供应商亦能方便地实现上线、开班、订单、结算管理一体化,降低运营成本。截至2024年3月,平台有超2500家供应商入驻,吸引了超38000家分销商,形成了强大的资源聚合效应。
>
> 此外,八爪鱼还自主研发了针对旅游同业的办公应用——"小八助理"手机客户端。这款应用可以实现移动营销收客,为旅游从业者提供更加便捷的工作方式。八爪鱼的支付平台"鱼钱宝"具有简单、快速、安全的特点,支持支付宝、银联以及平台信贷产品等多种在线支付方式,可以满足用户多样化的支付需求。八爪鱼的业务优势如图3-2所示。
>
>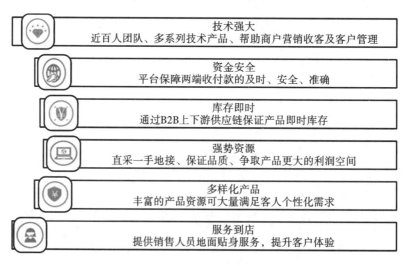
>
> 图3-2 八爪鱼的业务优势

在旅行社品牌上，八爪鱼旗下拥有两个知名品牌——爱玩客旅游和心愿旅行。

"爱玩客旅游"作为八爪鱼旗下的旅游新连锁品牌，已签约超过300家旅行社门店。爱玩客致力于整合行业资源，培养优质门店，通过统一形象、统一平台和供应链，为门店提供品牌支持、产品供应和技术指导，深度赋能旅行社门店，实现共赢发展。

"心愿旅行"则是八爪鱼旗下的另一旅游品牌。其服务宗旨是，全心全意为中国家庭、企业以及个人提供卓越的旅游服务，让每一次旅行都成为难忘的美好回忆。

在企业资本方面，八爪鱼凭借其卓越的业务模式和广阔的发展前景，吸引了众多知名投资机构的关注与支持。2013年，嘉御基金、软银中国战略投资八爪鱼数千万美元，共同致力于打造旅游业领军企业。2016年，腾邦国际领衔战略投资八爪鱼数亿元人民币，推动构建"旅游＋互联网＋金融"的全方位行业生态圈。2018年，八爪鱼成功获得C轮战略融资，由腾邦国际、蚂蚁金服、建银国际共同领投，标志着全面打造旅游行业B2B体系的战略布局正式展开。

解析：

八爪鱼作为国内领先的在线旅游综合分销平台和旅游B2B同业交易平台运营商，致力于提升旅游产业链整体效能。旅游B2B对从业人员的专业性要求极高，且强调价值创造和平台精神。作为行业的领导者，八爪鱼积极倡导与同业创造价值、分享价值的理念，推动行业持续健康发展。凭借深厚的旅游金融基础和高频次的交易需求，八爪鱼与各大航空公司、酒店、景区等建立了紧密的合作关系。同时，与核心旅行社开展深度的战略合作，以实现产业链资源高效整合。

五、信息技术对发展旅行社电子商务的积极作用

旅行社在融合电子商务的过程中需要一定的信息技术作为支撑。先进的信息技术对发展旅行社电子商务的积极作用具体包括以下几点。

（一）有助于旅行社开拓客源市场

信息技术可以帮助旅行社更好地满足客户的需要，有利于客源市场的开拓。旅行社可以利用计算机网络公布旅游产品及其价格、时间、具体安排等信息，旅游者可以通过网络及时了解旅游线路和旅游费用支出等有关信息，然后根据个人情况做出相应选择。

(二)有助于促进旅行社内部资源共享

信息技术有助于提高旅行社的经营效率,主要表现为信息资源的有效利用和旅行社业务流程的规范化。在这种体系之下,旅行社之间可以进行相应的业务沟通,并且内部资源共享能够提高资源的利用率。

(三)有助于提高旅行社决策能力

旅行社利用计算机网络既可以快速传递预订信息,为客户快速准确地办理网上预订、自动签票、制作通知单和日程表、存储旅游者档案资料等服务,也可以迅速准确地进行内部核算和客户情况报告,利用网络信息进行经营状况分析,为管理决策制定提供科学依据。互联网时代之下,决策能力对于旅行社的发展至关重要。

(四)有助于加快旅行社经营规模的扩张

信息技术为旅行社规模扩张和规模化发展经济提供了可能,现在旅行社的发展趋势日益走上集团化、品牌化、网络化与国际化。通信技术的利用是实现这些战略目标的基本保障。旅行社的业务特点决定了旅行社对相关信息具有很强的依赖性,而信息技术可以帮助旅行社提高信息使用效率,提高旅行社的业务操作能力和经营效率,有助于旅行社业务的规模扩张并达到规模经济性。

(五)有助于促进旅行社流程再造

在经济全球化的今天,旅行社作为介于供应商和消费者之间的中间商,其发展面临着日益严峻的挑战。首先是旅游者对服务的要求日新月异、市场竞争日益激烈,旅行社可以利用信息技术,通过建立信息系统改变旅行社的接待业务流程和协调工作流程,使旅行社工作发生全新变化,使其重新审视并变革旅行社的组织结构与运营模式,实现流程再造。

2022 年度全国旅行社总收入 1600 亿元

文旅部数据显示,2022 年全国旅行社的行业规模、经营情况和各地经营状况如下。

一、行业规模

截至 2022 年 12 月 31 日,全国旅行社总数为 45162 家,相比 2021 年增长 6.43%。除西藏旅行社数量保持不变外,其余 31 个地区旅行社数量都实现了不同程度的增长,其中云南地区增幅最为显著,达到 35.56%。此外,海南、贵州、新疆、福建 4 个地区的增幅均超过 10%。在数量上,广东、北京、江苏、浙江、山东 5 个地区的旅行社数量均超过 2500 家,其中广东地区以 3754 家的数量位居首位。

在资产方面,2022 年度全国旅行社的资产总计为 2591.96 亿元,其中负债总计 2109.91 亿元,所有者权益总计 482.05 亿元。从人员构成来看,全国旅行社从业人员共有243227人,其中具备大专以上学历的人数为161375人,签订劳动合同的导游人数82047人。

二、经营情况

在经营方面,2022年度全国旅行社营业收入1601.56亿元,但营业成本也较高,为1588.02亿元。因此,行业营业利润和利润总额均为负数,分别为-68.87亿元和-58.82亿元。此外,本年应交税金总额12.73亿元。在旅游业务方面,营业收入为887.85亿元,但营业利润为-20.97亿元。

1. 三大市场情况

2022年度全国旅行社国内旅游营业收入874.41亿元,占全国旅行社旅游业务营业收入总量的98.49%;国内旅游业务营业利润为-20.31亿元。

2022年度全国旅行社入境旅游营业收入2.5亿元,占全国旅行社旅游业务营业收入总量的0.28%;入境旅游业务营业利润为-0.41亿元。

2022年度全国旅行社出境旅游营业收入10.94亿元,占全国旅行社旅游业务营业收入总量的1.23%;出境旅游业务营业利润为-0.25亿元。

2022年三大市场营业利润均为负值。

2. 国内旅游

2022年度全国旅行社国内旅游组织3922.01万人次、9002.95万人天,接待4811.70万人次、9402.90万人天。国内旅游单项服务20514.50万人次。

2022年度旅行社国内旅游组织人次排名前十位的地区由高到低依次为浙江、江苏、广东、湖南、湖北、重庆、北京、江西、福建、四川。

2022年度旅行社国内旅游接待人次排名前十位的地区由高到低依次为浙江、湖北、江苏、湖南、云南、广东、安徽、贵州、重庆、福建。

3. 入出境旅游

2022年度全国旅行社入境旅游外联1.04万人次、2.65万人天,接待0.65万人次、3.57万人天。入境旅游单项服务31.57万人次。2022年度全国旅行社无出境组团数据,出境旅游单项服务9.47万人次。

三、各地经营状况

2022年度旅行社国内组织接待人次(人天)的汇总数据显示,浙江、江苏、湖北、湖南、广东、重庆、云南、福建、四川和安徽位列前十。从各省市旅行社旅游业务营业收入方面来看,共有三个省(直辖市)达到100亿元以上。其中,广东省旅行社旅游营业收入为165.4亿元,居全国首位。2022年度全国旅行社旅游业务经营收入排名前十位的地区依次为广东、浙江、上海、江苏、北京、湖北、福建、重庆、天津、四川,如表3-1所示。

表3-1 2022年度全国旅行社旅游业务经营收入排名前十位的省(自治区、直辖市)

名次	省/自治区/直辖市	旅游业务营业收入/亿元
1	广东	165.4
2	浙江	161.5
3	上海	108.1
4	江苏	64.2

续表

名次	省/自治区/直辖市	旅游业务营业收入/亿元
5	北京	39.8
6	湖北	37.4
7	福建	33.7
8	重庆	29.3
9	天津	27.5
10	四川	23.1

资料来源 https://zwgk.mct.gov.cn/zfxxgkml/tjxx/202304/t20230428_943499.html.

第二节 旅行社业务流程

旅行社是典型的服务企业,与制造业相比较,其主要区别在于服务的无形性和生产与消费同时进行的特征。服务的特征决定了服务企业与制造业企业具有不同的运营模式。由于服务人员与消费者的共同参与,使服务具有定制化的特点,运用数据库技术而进行的客户关系管理在服务业中的应用较之在制造业的应用更加合情合理,并且更加具有紧迫性。旅行社在旅游业中扮演着定制产品的生产者和旅游产品分销商的角色。旅游市场竞争的加剧和旅游者消费个性化的增强要求旅行社细化旅游市场、通过客户关系管理来大规模提供定制化产品,以便旅行社能在市场上占有一席之地。同时,信息技术改变了旅行社传统分销渠道的运作模式,旅行社应该顺应市场形势的变化做出相应的改变。

一、旅行社业务流程分析

(一)旅行社业务垂直分工体系

垂直分工体系,又称批零体系,如图3-3所示,是市场发展形成的一种自然分工体系。在这种分工体系中,旅行社通常分为旅游批发商和旅游零售商(零售旅行代理商)。旅行中介服务是连接旅游资源与旅游消费者的纽带。依照行业垂直分工体系,旅行社行业主要可细分为批发、代理和零售三层结构,可以进一步分为旅游经营者、旅游批发商、旅游零售商。这种以专业化分工为特征的垂直分工体系,使得旅行社各司其职,有效地克服了因缺乏分工而导致的业务交叉覆盖、混乱竞争等弊端,使得整个旅行社行业的经营协调有序。

互联网技术的推广和运用很大程度上降低了旅行社间纵向一体化的交易费用。通过对网络平台的建设、投资或并购,旅游批发商不再受制于销售渠道,从而形成纵向一体化的旅游分销模式。因此,具有一定规模的旅游批发商通过一体化扩大规模和延长

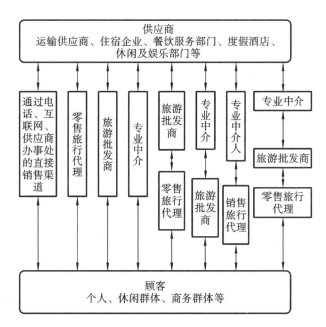

图 3-3　旅行社垂直分工体系图

产业链条,作为其利润最大化的发展路径之一。例如,作为出境旅游的主要批发商之一的众信旅游,通过上市以及对悠游旅游网的战略投资向纵向一体化的目标迈进。而传统的旅行社,如国旅和中青旅,则直接建设其官方网站"国旅在线"和"遨游网",开展线上线下一体化经营。

垂直分工体系有利于旅行社保障有序的市场竞争,是实现资源合理配置、实现规模经济的有效手段。旅行社行业的垂直分工体系一旦建立,不仅能有效地避免因低水平竞争带来的资源及资金的浪费,减少旅行社间的不良竞争,而且有助于旅游行政管理部门抓大放小,提高管理效率。旅游的产业链很长,旅游业的发展涉及国民经济许多行业,在这么多行业中,旅行社行业在垂直分工体系下,各项资源不断集中,有助于简化交易环节,降低成本,通过追求规模效应提高旅行社行业的竞争能力和资源配置的有效性。

同为"难兄难弟",众信做对了什么,凯撒做错了什么?

一、众信和凯撒的经营现状

众信旅游集团股份有限公司(简称:众信)旅游服务收入从 2014 年上市当年的 42 亿元,稳步增长到 2019 年的 125.81 亿元。但在 2020—2021 年这一期间,众信的营收下滑明显。2020—2021 年,众信营业收入分别为 15.61 亿元、6.84 亿元,同比分别增长 -87.63%、-56.19%;归母净利润分别为 -14.80 亿元、-4.64 亿元。2022 年,众信营业收入下降至 5.01 亿元,同比减少 26.83%,全年亏损约 2.21 亿元。同样,凯撒同盛发展股份有限公司(简称:凯撒)2020—2022 年的业绩下滑,让其背上了巨额亏损、股东减持、退市警示,前景黯淡。

2021年,为了生存,众信联手凯撒"抱团取暖"。这个曾备受关注的"CP"却在同年双双宣布退出这起谋划了近半年、涉及百亿市值的大合并。

2023年,中国旅游行业出现恢复性增长。数据显示,2023年上半年,国内旅游总人次23.84亿,比2022年同期增加9.29亿,同比增长63.9%;国内旅游收入为2.30万亿元,比2022年增加1.12万亿元,同比增长95.9%。面对2023年旅游市场的强劲复苏,众信和凯撒从联姻失败到走向殊途。前者站队阿里,后者却深陷破产重整泥潭。

众信在2023年三季度报告中披露,其前三季度营业收入达到20.53亿元,同比增长647.46%;归属于上市公司股东的净利润达到1413.27万元,实现了扭亏为盈。连亏三年半的众信在2023年上半年非净利润上涨。虽获利金额不多,但作为出境游的龙头企业却传递出了经营环境明显改善,盈利机遇再度到来的利好信号。2023年第三季度,众信净利润近0.5亿元。对此,众信方面表示,出境旅游的业务逐步复苏是业绩大幅增长的主要原因。

*ST凯撒披露的2023年上半年业绩显示,公司实现营业收入2.28亿元,同比增长19.7%;归母净亏损1.18亿元,同比减亏28.6%。此外,报告期内*ST凯撒收到三亚中院决定对凯撒进行预重整的信息,并指定凯撒同盛发展股份有限公司清算组担任临时管理人。可见,旅游业的复苏,虽给*ST凯撒带来一丝业绩回暖,却难抵其退市风险。

2020—2022年,市场的反复冲击叠加宏观经济的波动与市场竞争的加剧,让旅游行业更显脆弱。为了减轻损失,旅游企业积极调整和创新业务。2023年,有的企业大步前进,有的却依旧举步维艰。曾经连年亏损的众信,如何实现重新起航?

二、众信的创新举措

1. 布局

作为国内领先的大型旅游集团,众信坚持以服务品质为前提,以产品为核心。众信不仅深耕出境旅游批发业务,在保持欧洲、大洋洲、非洲、美洲等长线出境游市场优势外,在亚洲短线周边游上也展现出强大的竞争力。据众信2017年财报,亚洲市场年服务人次超过100万,占到公司旅游服务人次的一半。其中,泰国、巴厘岛、新加坡是众信东南亚地区三大核心旅游目的地。可见,早在2017年,亚洲旅游市场已经成为众信第二大收入来源。正是众信多年来积累的各大洲的业务布局,减轻了它面临危机时的极端性,使其有效缓解燃眉之急。

2. 改善

2019年,众信收入达到126.77亿元,成为历史最高点后,公司连走三年"下坡路"。或许是三年的思考,让众信明白多业务的拓宽,虽然可以提高利润,但是同时也面临着盈利能力挑战。考虑到复杂的国际国内消费形势,为尽快恢复业务,众信除持续打磨产品和提升服务品质,在2023年的恢复期采取了"价格恢复术"。虽然众信已做到了扭亏为盈,但这是超低毛利产生的盈利。2023第一季度,众信毛利率11.01%,低于2022年,却优于此前十年。可见,众信以超低毛利的方式实现了扭亏为盈,但盈利不多。

3. 求稳

2020年,在转型发展的关键时期,为了缓解严重亏损、推进公司发展,业绩岌岌可危的众信引入战略投资者——阿里巴巴,利用阿里在旅游互联网、大数据技术等方面的优势,结合众信在产品、分销等方面经验,双方通过资源互补开展全面合作。合作目标是提高双方在旅游产品领域知名度及竞争力,扩大各自产品、服务的市场整体占有率。

4. 创新

如今,携程、同程、美团、飞猪等巨头久占头部位置,其他旅游企业的增长空间越来越小,在线旅游服务商赛道也举步维艰。众信为继续发展,开始扩张流量入口。随着各大科技巨头探索元宇宙无果后,元宇宙概念慢慢消退。"民营旅行社第一股"众信却在此时逆势而上,落地了一系列数字藏品及元宇宙产品。众信在恢复期间的数字创新不仅搭上了旅游业复苏的东风,顺利建立了自己的流量池,更为全球文旅需求构建了一个全新的平台。

众信以"四步走"恢复元气,并抓住2023年旅游业快速复苏的机会,迎来重生。究其原因,离不开它以创新为驱动的企业经营理念。2023年,虽然众信供应链恢复速度较慢,但众信积极创新,聚焦优势业务。

三、凯撒面临的挑战

2023年,凯撒是为数不多连续亏损的旅游上市企业。曾双双业绩下滑的众信和凯撒,在2021年谋求合并,随着"联姻"失败,众信和凯撒的"分叉路"也就此开始。2023年,一方已冲破迷雾,一方却前景暗淡。凯撒究竟哪一步走错了?

1. 市场需求改变,传统旅行社不再吃香

伴随"Y世代"和"Z世代"崛起,以及受疫情影响,旅游消费者的习惯和观念有所改变,归来的游客不再是传统游客。以往包价游中的"一体游"被分拆成独立的产品,碎片化旅游产品成为市场新需求。

虽然旅游市场已整体呈现欣欣向荣的局面,作为文旅产业重要主体的旅行社,在这片红火中却并未感到过多温暖。在2023年旅游业史上最热的三大假期,文旅板块各行各业重新启航,而传统旅行社并没有获得预期的市场份额和商业收益。例如,2023年国庆期间,山东新中国际旅行社在"超级黄金周"的订单只有十几个且均为零星小团。如今,旅行社曾赖以生存的包价游产品被贴上"老年团专用"标签,需求下滑,并且不再具有吸引力,这也导致了凯撒的难突重围。

2. 业绩承压和股东离场

2020—2022年,出境游客大幅减少。凯撒经营业绩骤降,不仅进一步加剧了凯撒的偿债压力,还引发股东纷纷离场。截至2023年三季度,*ST凯撒股东户数为4.15万户,较上期减少3701户,减幅达8.19%。业绩的持续下降和股东离场,为其带来了更多的不确定性,并将凯撒推到了退市边缘。

3. 堆积负债下的盘活困难

凯撒深陷困境,难以自拔,其背后是接连不断的债务危机。凯撒之所以背负如此多的债务,主要是因为无法按时清偿到期债务,缺乏足够的清偿能力。例如,2021年6月,凯撒旅业与商务区公司签订了《房屋租赁合同》,租赁了凤凰岛1号楼作为办公场所。然而,由于未能按时缴纳租金,凯撒在合同到期日2023年6月10日时,已经积累了89.97万元债务。随着金融市场的日益复杂化,凯撒的每一笔债务积累都像一座大山,压得它喘不过气来。这些沉重的负债最终导致凯撒资产入不敷出,难以有效盘活。

综合看来,凯撒最根本的问题,在于企业没有做好2023年旅游产业强劲复苏的转型和创新工作,加上债务缠身,公司的营收没有强劲增长,老问题在新形势下,依然还是老问题。其过于保守、故步自封、方法不多,原来的困境难以得到有效改善。

4. 传统旅行社的创新发展方向

现阶段,传统旅游企业加速洗牌,如何通过变革重振雄风?众信给了暂时成功的参考,凯撒给了暂时失败的警示。那么,传统旅游企业是否还有机会焕发新的生机?

5. 利用互联网浏览开拓新业务

众所周知,流量一直是企业制胜的关键。伴随着移动互联网的快速发展,互联网迎来了流量红利并乘风崛起,甚至成为企业发展的主动力。早在20多年前,以携程为代表的在线旅游企业便相继成立并正式开启了互联网在中国旅游发展的黄金10年。再着眼于10多年前,更是以资本、移动互联网、技术、旅游消费红利在国内催生了大批的在线旅游创业公司。2023年,消费者出游意愿高涨,OTA流量也随之激增,迅速转化为可观的收益。

旅行社面对挫折时,没有选择放弃,而是攥紧拳头,奋力自救,这加速了传统旅行社的业务变革。而今,正处移动互联网时代,旅行社如何抓住"流量红利",从线下走到线上或者线上线下结合,成为旅行社亟须解决的问题。

6. 提高优质景区资源效率

尽管传统旅行社在年轻群体中的影响力不高,但这并不意味着旅行社行业已经过时。要想在市场中立于不败之地,旅行社应重视客源渠道。OTA拥有的流量、渠道和大数据优势是线下旅行社无法比拟的。同样,传统旅行社的地接服务能力也是OTA一时间难以触达的。旅游景区与传统旅行社作为旅游行业的两大支柱,二者之间的联系紧密,既有利益上的合作需求,也是旅游产业链上不可分割的组成部分。因此,传统旅行社应紧紧抓住景区资源这一核心优势,积极开发新产品和服务。比如,新兴的景区数字化建设、元宇宙搭建,或传统项目在景区深度融入,如餐饮融入、住宿融入、文化娱乐项目融入、数字技术融入、创新销售模式融入等。通过深入合作,共同开发新产品和服务,进而获取稳定的客源,不仅有利于景区长期发展,也能为旅行社业务扩张与利润增长奠定基础。

7. 绘就"新零售"版图

线上旅游企业获客成本高,而线下旅游企业则受限于单点收入、规模天花板、品类丰富度的制约。可以看到,无论是线上还是线下旅游企业,均受困于获客、销售增长。自2016年,旅游企业开始关注新零售,认为新零售转型的成功与否决定企业的生死存亡。随着"新零售"出现,人们开始重新思考传统零售的升级与转型,这成为旅游企业在快速变化的市场中构筑竞争优势的有效途径。如今,OTA已在"新零售"道路上走了多年,传统旅行社也应关注这一版图。

资料来源　https://www.traveldaily.cn/article/177773.

【知行合一】

思考:

1. 对比众信的创新举措,讨论凯撒应如何摆脱发展困境。
2. 试从我国创新驱动发展战略与旅游业高质量发展的联系、旅游企业应如何践行国家创新驱动发展战略展开分析。

(二)旅行社供应链管理

旅游资源采购业务,是指旅行社通过与其他旅游企业及与旅游业相关的各个行业、部门洽谈合作内容与合作方式，签订经济合同或协议书，明确双方权利、义务及违约责任，从而保证旅行社所需旅游服务的供给。旅行社的供应链管理主要包括建立广泛的采购协作网络、正确处理保证供应和降低成本的关系、正确处理集中采购与分散采购的关系、正确处理预订和退订的关系、加强对采购合同的管理。旅行社的具体供应链管理涉及以下几个方面。

1. 与交通部门的供应商管理

城市间交通服务和城市内旅游交通服务是旅游者在旅游活动过程中实现空间转移的必然媒介。迅速、舒适、方便的交通服务是旅行社产品不可或缺的组成部分，对旅游日程的实施、旅行社信誉产生至关重要的影响。所以，旅行社必须与包括航空公司、铁路、水上客运公司和旅游汽车公司等在内的交通部门建立密切的合作关系，并争取与相关交通部门建立代理关系，经营联网代售业务。而交通运输行业由于行业竞争激烈，也非常热衷于同旅行社进行业务合作，以寻求稳定的客源渠道。

2. 与酒店的供应商管理

酒店是旅游业的三大支柱之一，酒店服务是旅行社产品的重要组成部分，并在一定程度上已经成为评价一个国家旅游业接待能力的重要标志。旅行社如果不能依照客人的要求安排酒店，或者安排的酒店服务不符合客人的要求，将直接影响旅行社的服务质量。因此，旅行社必须与酒店行业建立长久、稳定的合作关系，这是旅游服务采购工作的重要组成部分。

3. 与餐饮部门的供应商管理

餐饮服务是旅游供给必不可少的一部分，是旅游接待工作中极为敏感的一个因素。对现代旅游者来说，用餐既是需要又是旅游中的莫大享受，餐馆的环境、卫生，饭菜的色、香、味、形，服务人员的举止与装束，餐饮的品种以及符合客人口味的程度等，都会影响旅游者对旅行社产品的最终评价。旅行社必须与餐饮业建立紧密的合作关系，这也是旅行社在旅游采购业务中选择余地较大，且关系重大的一项工作。

4. 与参观游览部门的供应商管理

旅游资源是旅游活动的客体，是一个国家或地区发展旅游业的物质基础。参观游览是旅游者旅游活动最基本和最重要的内容。因此，旅行社与游览单位的合作关系也就显得特别重要。

5. 与购物商店的供应商管理

旅游购物属于旅游者的非基本需求，但经常出现在旅游活动中，其为旅游活动中的一个重要环节。为使游客的购物活动成为其旅游活动中丰富多彩、不可缺少的一部分，旅行社应在方便旅游（团）者安全购物、保证旅游者利益的前提下合理安排购物时间，并与购物商店建立相对稳定的合作关系。

6. 与娱乐部门的供应商管理

娱乐也属于旅游者的非基本需求，然而，在现代旅游中增长知识、了解旅游目的地的文化艺术已成为旅游者日益增长的需求，这就要求旅行社与娱乐行业建立必要的合作关系。

7. 与保险公司的供应商管理

国家旅游局（现文化和旅游部）于2010年发布《旅行社责任保险管理办法》，规定要求"在中华人民共和国依法成立的旅行社必须投保旅行社责任保险"。所谓旅行社责任保险，是指旅行社根据保险合同的约定，向保险公司支付保险费，保险公司对旅行社在从事旅游业务经营活动中,致使旅游者人身、财产遭受损害应由旅行社承担的责任,承担赔偿保险金责任的行为。旅行社责任险不仅有利于保护旅游者和旅行社的合法权益,还有利于旅行社减少因灾害、事故造成的损失,它对旅行社的发展具有重要意义,由此为旅行社和保险公司提供了合作的前提和基础。

8. 与相关旅行社的供应商管理

组团旅行社为安排旅游团在各地的行程,需要各地接社提供接待服务,而这对组团社来说,也属于旅游服务采购的范围。组团社应该根据旅游团的特点,有针对性地选择地接社,发挥各地接社的特长。地接社在接待服务中自身不能供给的部分,则同样需要通过采购来解决。

总之,旅行社产品的特点决定了旅行社业务合作的广泛性,旅行社协作网络的质量,还将直接决定旅游服务采购的质量,并由此对旅行社的产品质量产生直接影响。

二、旅行社业务流程构建

(一)旅行社的业务流程框架

业务流程(Business Process)是指为完成某一目标(或任务)而进行的一系列逻辑相关的活动的有序集合。迈克尔·波特将企业的业务过程描绘成一个价值链,即竞争不是发生在企业与企业之间,而是发生在企业各自的价值链之间。只有对价值链的各个环节(业务流程)实行有效管理的企业,才有可能真正获得市场上的竞争优势。

旅行社业务流程应该以增加客户的价值为核心,消除非增值活动和调整核心增值活动,建立遵循清除(Elimination)、简化(Simplification)、整合(Integration)、自动化(Automation)的原则,如图3-4所示。信息化的旅行社业务流程提高了旅行社运营效率,缩短了每项业务的时间,提高了客户满意度和企业竞争力,降低了整个流程的运作成本。

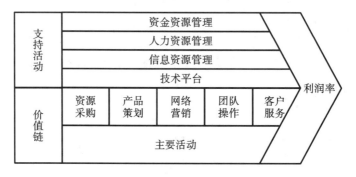

图 3-4 旅行社的业务流程框架

(二)旅行社的业务流程价值链

旅行社的价值链包括其价值活动和利润率。价值活动是指为客户创造价值的过程,在旅行社业务中包括资源采购、产品策划、团队操作、网络营销、财务结算、客户服务等过程。这些过程需要企业各类资源的支持,如人力资源、资金资源、信息资源等,如图3-5所示。利润率是总价值和进行价值活动的成本之比,只有当价值链中各个环节"无摩擦"地作用,才能保证企业创造出更大价值,如图3-6所示。

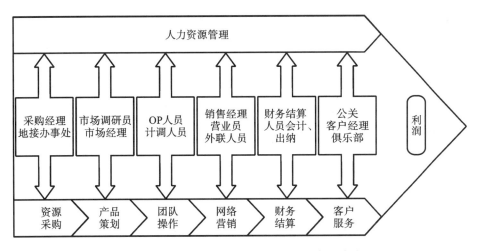

图 3-5　旅行社业务流程的价值链与人力资源的关系

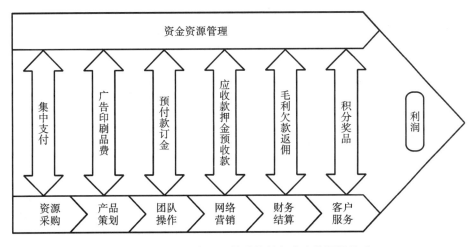

图 3-6　旅行社业务流程的价值链与资金资源的关系

旅行社的主要业务流程(组接团、旅游线路设计和包装、订房订票、派车派陪的后台保障、团队核算、财务结算、部门绩效考核、应收应付往来、内部银行等)可以看作信息处理流程；每项业务活动都有信息源、信息的处理加工和信息的储存，通过信息的标准化实现信息的共享，通过信息流来驱动客流、物流、资金流，如图 3-7 所示。

旅行社的业务流程面向市场运作，及时采集和更新外部信息(客源信息和旅游资源信息)，并将外部信息内部化，建立连锁门市网点和网站，为游客提供及时的全天候的服务，汇总团队需求，集中采购，降低组团成本。

内部信息流转保持一致性和共享性，以免出现重复输入和查询的差异，实现信息的有效流转，各业务流程之间有着良好的信息连接。例如，外联组团子系统将成团计划数据转到计划调度子系统，实现团队接待落实后再转到团队结算子系统，进行团队核算工作再连入财务会计子系统，控制应收应付。又如，国内游子系统将旅游线路资料和计划传到网点桌面子系统销售，再到国内游后台计调子系统，落实团队后再转到团队结算子系统，进行团队核算，最后再连入财务会计子系统，控制应收应付。这样操作既保持了数据的一致性，又改善了业务流程，大大提高了工作效率。

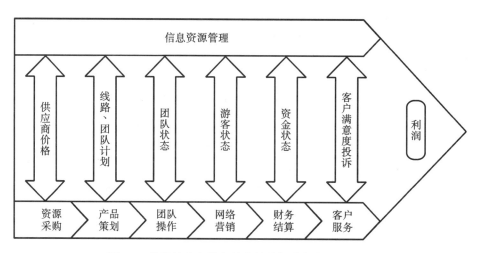

图 3-7 旅行社业务流程的价值链与信息资源的关系

业务处理作为内部信息附加值的加工,业务人员就是信息服务工作者。内部信息资源用于业务流程开发,应集中管理、分权限使用。各类业务人员要将所有的业务资料和信息输入信息系统并提交给公司,这也是公司的重要资产。

(三)旅行社信息化业务流程的效用

那些随着流程流动的知识固化在旅行社里,并且可以随着流程的不断执行和优化,形成旅行社自己的知识库。这样,旅行社的知识库就会越来越丰富,有助于旅行社向知识型和学习型旅行社转变。对旅行社而言,通过信息化业务流程的构建,可以实现以下七个方面的效用。

1. 专业化分工

专业化分工可以使员工专业化运作相关业务,不仅能提高办公效率,同时又能将员工培养成为一流的专家型人才,从而实现企业的人才高地战略。

2. 规范化流程

旅行社行业人员流动性强,新进员工可以通过职业培训,在今后的工作中按照统一的模式进行业务的操作,这样才能有效地保证业务质量。

3. 规模化经营

借助信息平台,旅行社的业务可以不受地域、员工人数、场地等条件的制约,快速扩张业务量,实行规模化经营,取得相应的利润。

4. 集约化管理

在流通领域,营业收入主要来自市场的开拓,而利润一般来自成本控制和采购技术。通过集中采购和中央支付,旅行社可以大幅提高旅游业务的毛利率。

5. 计算机化操作

以旅行社为代表的旅行代理业务在国外同行和国内大型旅行社中都是依托计算机平台处理相关业务,而且世界电子商务协会的调研也说明旅游业是最适合电子商务的服务领域,旅游业实行计算机化操作能使信息快速和及时传递,并保持数据的一致性。

6. 全局化控制

旅行社各层面的业务人员都在信息平台上作业,就使得业务操作流程和相关知识及信息固化在旅行社的知识库中,旅行社经营者便可以在平台上及时并准确地了解公司经营状况,达到监控和管理旅行社资源(如客户资源、资金资源、知识资源等)的目的。

7. 一体化运作

整个旅行社的效率来自各部门的协同。全体员工将旅行社的所有业务都放入平台,可减少内部沟通成本,实现"无纸化"办公,降低费用。同时,也便于统一各类统计报表和绩效考核。

> **知识活页**
>
> ### "游天地"旅行社经营管理 ERP 系统
>
> ERP 系统是企业资源计划(Enterprise Resource Planning)的简称,是指建立在信息技术基础上,集信息技术与先进管理思想于一身,以系统化的管理思想,为企业员工及决策层提供决策手段的管理平台。ERP 系统在旅行社经营管理中的应用,可以帮助旅行社从管理、业务、数据、运营等多个层面建立整体化的业务架构和数据中心,为旅行社的客户关系管理(CRM)、分销管理、财务统计等业务提供支持。
>
> 1. 面向组团加盟模式的旅行社 ERP 管理系统
>
> 组团加盟模式的旅行社 ERP 管理系统如图 3-8 所示,可实现大型组团社总部各部门(计调部门、财务部门、行政部门、决策部门等)、加盟/直营门市、供应商(地接社)的协同工作,实现企业管理、资源采购、业务分销、电子商务、移动电子商务、大数据分析的无缝对接,以及游客资源、供应商资源、分销资源、产品资源的整合与管理,包括用户统一、管理统一、数据统一和资源统一,其主要功能如下。
>
>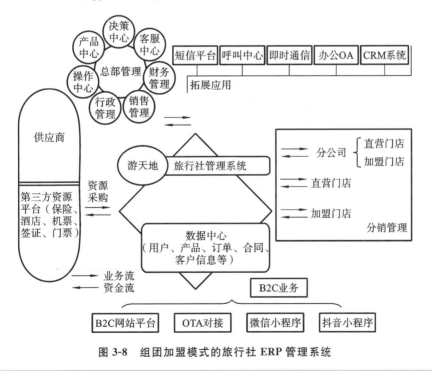
>
> 图 3-8　组团加盟模式的旅行社 ERP 管理系统

1）支持多品牌运营

B2B2C 平台化架构支持多品牌运营，摆脱单一品牌的发展瓶颈，资源共享多品牌加盟；兼容加盟及直营门店模式，成熟的供应与分销体系打造 B2B2C 平台体系；实现"供应＋自营＋分销＋电商＋OTA"渠道运营。

2）帮助旅行社快速扩张和稳定运营

业务和财务流程可有效规避总部风险；通过严谨的流程控制整个入驻采购、加盟分销、线上交易等销售过程与财务环节；实现工作便利化和人性化的同时，最大化控制公司风险，杜绝人为漏洞。

3）全类旅游类目的全面标准化管理

全面标准化管理跟团游、包团定制游、邮轮线路、当地玩乐等超过 20 种的旅游商品全类；统一管理自营和外采产品、库存、订单、账务；超过 30 种统计报表，同比环比数据分析，帮助企业更好地进行决策；网银级别的数据安全与保密机制，保证用户数据安全。

4）提升门店销售能力

人性化的设计和用户体验，无论是新手还是资深从业者，通过系统均能迅速掌握操作技能；微信小程序门店版可通过手机随时随地查询销售产品、预订、签合同和管理等；通过产品海报快速分享转发提升门市销售能力；完善的供应和销售流程与设计可系统跟踪整个销售过程并自动统计财务与业务数据。

5）与供应商高效对接

微信小程序可以便捷、智能化地发布和维护各类产品，其供应商板块可让供应商随时随地进行操作，清晰地完成对账、预付款、账单结算等各项财务操作。

6）API 接口实现业务和管理工作的自动化

（1）可实现与飞猪、携程等 OTA 平台完成"产品＋订单"的双向同步。

（2）可接入"e 签宝"电子合同接口。

（3）可接入中国人寿、江泰保险平台、大地保险等保险接口。

（4）可接入支付宝、微信、银联、银企直连等支付接口。

2. 面向集团与分公司业务的旅行社 ERP 管理系统

面向集团与分公司业务的旅行社 ERP 管理系统运营模式如图 3-9 所示，主要功能如下。

（1）灵活强大的流程体系可满足集团与各分公司整合管理和独立运营的需要。

（2）支持各分公司经营不同的组团种类业务、地接、当地玩乐、批发、零售等。

（3）支持集团与各分公司存在相互结转。

（4）支持全球分公司不同币种的汇率模式业务。

（5）各分公司运营独立的产品品牌及独立的价格政策、渠道政策，进行资源的整体管控和独立采购。

(6)独立建立分公司的当地分销渠道。

(7)产品的独立运营和统一发售,实现与 B2C 平台无缝对接。

(8)集团整体的财务数据管控和各分公司实体的独立财务体系。

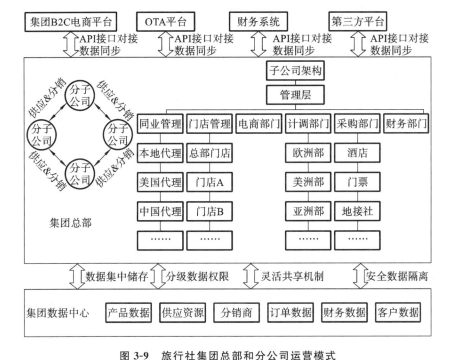

图 3-9　旅行社集团总部和分公司运营模式

第三节　旅行社网络营销

一、旅行社网络营销的优势

(一)降低旅行社的营销成本

旅行社的传统营销方式必须依靠大量的销售人员和各地的中间商,主要借助各片区门店和传统的纸质媒体或广播电视媒体,需要投入大量的广告费用和人力成本。旅游电子商务省去了许多中间环节,通过网络平台直接将生产者和消费者连接起来,这样可避免由于中间商的利润需求而导致终端价值的提高。旅行社只需要置办相关的电脑等硬件设施,便可通过互联网开展在线营销,需开辟更多的实体店面,节省了房屋租金、人工劳务、交通运输和办公费用。此外,旅行社与旅游者之间可以通过互联网直接联系，旅行社发布信息更加便利且影响范围更广，不通过中间商的介入还可以节约中间商的佣金和消耗，也不用支付传统媒体所产生的印刷广告费用。与此同时，旅行社通过互联网与游客直接交流，减少了沟通的时间成本，能够更加细致具体地了解游客的需求和建议，减少中间环节的差错，有效提高旅行社的运作效率。通过开展线上消费或点评积分等活动还可发挥游客的传播效应和口碑效应。

（二）突破时空限制实现实时互动

互联网的信息流动超越了时间和空间的限制，旅行社在线营销，在工作时间和地点的选择上更加灵活，游客的消费选择也能突破时空限制，人们可以随时随地查询自己需要的信息或实现交易互动，旅行社的营销活动可以在任何一个时间段完成，也可以在相隔很远的距离中发送，提升旅行社的市场时空范围。

互联网的信息流动使人们曾经面对面的语言互动逐渐发展为文字、语音和视频的互动。旅行社在开发新产品之前，可以借助网络考察旅游目的地情况，丰富细化线路安排，优化旅游线路产品，并借助网络平台实现与交通、住宿、娱乐和购物等多个环节的实时对接，为旅行社产品营销做好品质基础。而旅游者也可以根据自身的需求实时查找和比较信息，在旅游前与不同的旅行社进行互动，以得到丰富的旅游信息。在旅游过程中，旅行社可以通过网络平台随时发布活动提醒和安全注意事项等，保证随时随地为游客服务，并延续游客在旅游后的服务。快捷便利的在线营销包括市场调研、产品设计、实时服务和后续联络，它能充分发挥互动的价值，为游客提供更贴心的旅游全过程服务，将每一个营销和消费环节的结束变成一个新的开始。

（三）优化旅行社个性化营销服务

关注人、了解人的个性需求，成为旅行社与游客建立新型关系的核心，也是旅行社在新时代背景下长远生存绕不开的主题。而互联网作为一种突破时空限制的信息传输工具，兼具产品设计、渠道拓展、促销优化、在线交易、主客互动等非常强大的营销组合功能，以及市场信息分析与提供等多种功能，旅行社与游客之间的在线信息交流和双向互动，使得旅行社开展一对一的营销活动成为可能，这是推进个性化营销的必然途径。为此，通过在线网络存储建立游客个人信息档案，并与游客展开更为个人化的联系，才能及时地了解旅游市场变化和游客个性化的需求，更加便捷高效地向游客提供个性化的销售和服务。

（四）便于散客成团并推出高质量旅游产品

20世纪90年代以来，散客成为旅游者的主流。伴随着散客潮的出现，求新、求异、突出个性成为旅游的主要诉求。由于散客的居住地分散、旅游时间不同及旅游产品的需求多样化，因而旅行社对散客市场促销有很大的难度，而网络促销可以解决这方面的难题。和网络相连的每一台电脑或手机终端都联接着潜在的散客市场，为旅行社在网上以直播互动招揽散客提供了直接的便利。

旅游产品组合需要通过人的特殊技能，需要创造力、创意和直觉，需要人的敏感性主导的决策才能完成，因此旅行社的产品组合中凝结了旅行社从业人员的智慧和劳动，它并不是各旅游相关企业产品的简单相加。每一条路线的出台，都是旅行社经过反复设计、组装,而最终达到的最佳组合。它保证了在相同条件下旅游者获得最大满足感的要求。对于普通消费者来说,由于旅游知识和信息量的限制,即使可以组合路线,也往往不是最优的。所以,大多数旅游者仍然需要旅行社的服务,网络平台为消费者提供了与旅行社合作进行个性化线路设计的最佳方式。

二、旅行社网络营销策略

(一)搜索引擎营销

在网络营销体系中,其重要的内容就是搜索引擎营销的应用。用户主要通过网址和搜索引擎获取网站信息。搜索引擎的作用主要是查询网址,为用户发现企业网站尽可能提供方便。对此,旅行社网络营销要实施好搜索引擎策略,可以从以下几方面入手。

1. 优化旅游网站搜索引擎

(1)为每一个网页设置一个相关的标题,增加被用户发现和点击的机会。

(2)贯彻"静动结合"的网页设计理念,将一些重要的、内容相对固定的网页制作为静态网页,解决动态网页先后存储网页内容不一致的问题。

(3)页面中以文字信息为主。

(4)重视外部网站联结的数量和质量。

2. 做好旅游关键词广告

关键词广告是搜索引擎营销的主要形式之一,需要付费,如百度关键词广告。旅行社为自己的网页确定合适的关键词,可以更好地锁定网络营销目标市场。合理恰当的关键词通常与旅行社文化息息相关,容易被用户频繁使用。为关键词选择好的位置也很重要,在网站的页面布局中关键词一般要分布在标题等重要的位置上。

随着旅行社电子商务的发展,当前市场上已经有很多发展比较成熟的网络营销模式,旅行社可以根据自己的业务特点以及未来旅游电子商务的发展趋势来选择适合自身的网络营销手段。

> **知识活页**
>
> **影响网站关键词排名的因素有哪些?**
>
> 对于营销型网站建设来说,网站排名涉及网站流量,而流量决定了客户基数。若想提高营销型网站的推广效果,就要对网站的关键词做好规划和优化,使关键词获得较好的排名。
>
> 一、发布高质量内容
>
> 网页内容的质量至关重要,它们必须提供真正有价值的信息。即使是 Apple 和 eBay 这样的巨头,都曾因低质量网页受到影响。高质量网页内容可以让用户停留更长时间,降低跳出率。要想发布高质量网页内容,除了确保篇幅适中和文笔流畅之外,还需要考虑以下因素。
>
> 1. 了解用户搜索目的
>
> 要想提高网站浏览量,首先需要搞清楚人们搜索的目的。例如,某网

站对其内容进行优化,使内容更符合搜索者的需求后,网站浏览量增加了594%。可以利用如Python、Site Search等多种工具来深入洞察用户的搜索意图,也可以利用一些工具了解到人们如何搜索到网站。

2. 使用合适的关键词

通过深入研究竞争对手和数据挖掘,可以发现搜索量适中、点击率较高的关键词。Blog Hands的创始人Chris Hornack,在改用了更恰当的关键词后,网站浏览量提升了80%。此外,不能只研究单个关键词,而应该将多个关键词整合为一个主题,如考虑长尾关键词、同义词以及类似主题的关键词。

3. 与时俱进

有一些网页或者文章的时效很长,如维基百科的词条在很长一段时间内都不会更新,这种网页或者文章被称为"常青内容"。常青内容不能仅更新日期,而应深挖内容,看有哪些部分需要更新。文章提及的常用信息,如插图、定价等,需要定期更新。同时,每季度应检查网站内容,确定哪些需要更新,哪些可以重定向到其他页面。

二、移动端友好

移动优先索引(Mobile-first Indexing)是指在默认情况下搜索结果中向搜索用户优先显示被搜索网页的移动版本。如果网站没有移动版本,或网站未针对移动端进行优化,会对网站排名产生负面影响。如果网站同时有移动端和电脑端,则仅有移动端的URL会被用于索引和排名。需要注意的是,移动优先索引与移动端可用性(Mobile Usability)是两个不同的概念。现在,越来越多的网站选择响应式网页设计,即可以自动识别屏幕宽度,并做出相应调整的网页。在网站排名过程中,采用响应式设计的网页可以获得更高的名次。在移动设备优先的时代,移动端网页是网站的命脉。要想保持网站活跃,就要遵循一定的规律,并确保网站移动端和电脑端内容完全一致。虽然移动优先索引不需要响应式设计,但优化它可以获得更好的页面体验,进而提高排名。

三、提升页面浏览体验

1. 提升用户体验

用户体验(UX)对搜索引擎优化十分重要。据统计,如果网站内容和布局不吸引人,38%的用户会停止使用该网站。优化用户体验能为网站带来很多好处。Main Street Host通过调整网站内容和布局,页面浏览量增加66%。Ezoic在提升用户体验后,网站收入增加186%。

2. 网站架构

网站架构是用户体验的重要组成部分,对搜索引擎优化有重要影响。好的网站架构不仅可以帮助用户快速找到信息,还能让搜索引擎抓取更多的页面。John Doherty优化了网站架构后,页面平均访问量提升了41%。简而言之,网站应当设计得易于使用,页面和导航应保持简洁明了,确保用户仅需点击3—4次即可找到所需界面。大型网站还可以内置一个搜索框,让用户搜索信息。

3. 网站核心指标

网站核心指标(Core Web Vitals)是评估网站排名的关键要素之一，它从页面加载速度、交互性和视觉稳定性三个维度来全面衡量页面的用户体验。优化网站核心指标可为用户提供更好的体验。

4. 使用 HTTPS

据 Pete J. Meyers 博士所述，某搜索引擎搜索结果的第一页中，有 30% 的网站采用 HTTPS。一些搜索引擎会将网站是否为 HTTPS 纳入排名考量因素中，或者将非 HTTPS 的网站标记为不安全。如果在收到最终警告后仍不调整，网站排名会大幅下降。这类浏览器认为 HTTPS 是必要的。

四、优化页面加载速度

页面加载速度也会被纳入某些浏览器移动端的排名因素里。网站加载的速度越慢，越会失去更多浏览量和收益。对 Amazon 而言，每 1 秒钟延迟会减少 16 亿美元的销售额。英国《每日电讯报》发现，4 秒钟延迟会使页面浏览量减少 11.02%。更快的页面加载速度会提升网站整体体验，因此一些搜索引擎会将其作为移动端的排名因素。

五、优化站内页面

站内页面优化与页面体验密切相关，多年来一直影响着网站可见性和搜索界面的名次。Mockingbird 仅通过更新网站标题标签这一简单举措，便成功将网站的自然流量提升 62%；通过清理元数据和内部链接结构，使网站的自然流量增加 48%。优化网站可以使搜索引擎和用户更快地找到网站中的优质内容。以下是常见的优化站内页面方式。

1. 修改元数据

元数据(Metadata)包括标题标签、页面描述等，用户可以在搜索界面看到信息。有时，一些浏览器会自动抓取这些信息作为网站介绍，并放入搜索界面。应为网站选择最恰当的标题和描述，即使它们不一定被使用。除了标题标签和页面描述外，还有多种其他元数据类型。简单地改动某个元数据就可能会增加 300% 的点击量，因此要适当修改元数据。

2. 添加 Schema Markup

Schema Markup 作为网站的隐藏信息，有助于向搜索引擎提供更多的关于网站内容的细节。举例来说，对于一个电影网站，Schema Markup 可以标记哪一部分是"题材"，哪一部分是"导演姓名"，哪一部分是"电影名称"等。自 2011 年创建以来，Schema Markup 已经能提供超过 600 种网站标记。Rotten Tomatoes 发现，带有 Schema Markup 标记的网页的点击率提高了 25%。The Food Network 发现，带有 Schema Markup 标记的网页的点击率提高了 35%。Schema Markup 可以让网站搜索界面呈现更丰富的内容。

3. 精选摘要

精选摘要(Featured Snippets)是从页面中直接提取，并呈现在搜索结果中的片段。如果想让网站入选精选摘要,则需要了解什么是RankBrain算法,以及每个精选摘要背后的搜索意图,如果网站恰好满足人们的搜索意图,则搜索引擎会在精选摘要中放上网站内容。

六、内部链接结构

好的内部链接结构帮助用户和搜索引擎更快找到所需信息。Corey Morris 提出五种构建内部链接结构的方法:提升用户体验、管理链接流向、设计上下文和层次结构、利用独特的内容来建立强大品牌、优先索引特定页面。总的来说,内部链接策略应首先以用户为中心,再考虑如何将流量吸引到重要页面。

七、相关且权威的反向链接

如果想获得良好的排名,反向链接的质量十分重要。由于每个行业都是独特的,不同行业都有各种建立反向链接的机会。

八、本地因素

一些浏览器的本地因素可被拆成三个因素:相关性、距离和知名度。

1. 相关性

相关性是指企业性质与用户搜索的相关程度。商业信息,如包括企业名称、地址以及电话号码等,都需要相互关联并保持一致。将这些信息补充完整,有助于搜索引擎了解业务,并建立与搜索者的相关性。

2. 距离

距离是指企业与搜索者之间的物理距离。企业与搜索者越近,就更有可能出现在搜索结果中。

3. 知名度

知名度除了与线下业务的受欢迎程度有关,还与企业网站、文章、评分等线上因素有关。更多的评论和高评分可以提高企业的本地排名。

资料来源 https://www.zhihu.com/question/626944429/answer/3281870978.

(二)服务营销

目前,激烈的市场竞争已经在很大程度上压缩了价格空间,旅行社之间采取传统的"价格战"并不是明智之选,这就要求旅行社转变思路,树立服务至上的营销理念,不断加强旅行社在互联网时代下的服务管理。旅行社的服务是企业为了使客户感到满意,并为了与其保持长期友好的互惠合作关系而建立客户忠诚的一系列活动。网络的发展一方面提升了旅行社服务的作用,另一方面也为服务的实现提供了更为有利的条件,旅行社可以利用网络完成客户服务的部分职能。

1. 建立客户服务中心,提高服务的即时性

客户服务中心是一种基于计算机网络集成技术,即充分利用通信网和计算机网等多项功能集成,并与企业连为一体的一个完整的综合信息服务系统。旅行社利用客户

服务中心能有效、高速地为用户提供多种更为优质全面的服务。旅行社客户服务中心中的呼叫中心可以提高旅行社内部员工的工作效率,通过呼叫中心系统的实时服务获得更多的商机,从而赢得更多的利润,增加旅行社知名度。通过电话回访等手段,旅行社既能树立良好的企业形象,又能提供完善的旅行服务,对旅行社保持原有的客户群、降低客户流失率和扩大新的客户群都会起到很好的作用。

2. 建立电子论坛或聊天室,为用户提供交流平台

在论坛或聊天室建立初期,旅行社可以设立专门的议题,通过一定的物质奖励吸引访问者围绕议题畅所欲言,并安排资深的旅游界人士担任论坛主持人,引导和规范讨论活动开展的方向与内容。这些参与者的言论,可以使旅行社业务人员从中获得有助于改进服务质量、制订营销策略的信息。

(三)网络宣传和促销

1. 利用电子邮件开展宣传和促销

通过电子邮件营销,旅行社可以和客户建立紧密的在线关系。旅行社可以投其所好,向客户发送定制化邮件,介绍旅行社的产品与服务。电子邮件可以包含全信息内容,也可以提供链接地址,让客户点击地址去查看旅行社网站的相关网页。这种颇有针对性的主动式营销能迎合客户的需求,旅行社与客户之间的关系可以潜移默化地得到改善。例如,旅行社可以开展许可电子邮件营销,即在推广其产品或服务的时候,事先征得客户的"许可",得到潜在客户许可之后,通过电子邮件向客户发送旅游产品服务信息。

2. 利用自身网站或在线旅游服务商开展宣传和促销

旅行社也可以通过自己的网站或者在线旅游服务商发布旅游产品、服务信息,包括旅游出团线路信息、地接单项服务信息等。例如,上海龙科信息技术有限公司为黑龙江省各市的旅游景区、景点、酒店、旅行社搭建了公益性旅游信息共享商务平台,旅行社可以在该平台上发布自己的旅行产品信息。

3. 利用网络媒体开展宣传和促销

网络广告是实施现代营销媒体战略的一个重要部分。随着网络广告市场快速增长,网络广告发挥的效用越来越重要,网络媒体以传播过程中的双向性、丰富的媒介资源和较强的时效性正在向主流媒体的方向迈进,目前,我国网络媒体的受众已经超过了传统媒体的受众。众多国际级的广告公司都成立了专门的"网络媒体分部",以开拓网络广告市场。

> **知识活页**
>
> **广西第五季旅游公司——旅行社电商领导企业**
>
> 广西第五季旅游有限公司(简称:第五季)创建于2006年,原为桂林国旅电商旅游部。随着业务的快速发展,2019年,广西第五季旅游有限公司正式成立。第五季现拥有员工近200人,是一家提供出境旅游、入境旅游、境内旅游、高端定制旅游等旅游服务的电子商务旅游公司。

第五季拥有Top China Travel(TCT)和第5季旅游两大品牌。其中,TCT是针对全球外国游客自主开发运营的英语、法语、西班牙、德语、意大利等多语种入境旅游交易平台。TCT以高品质的服务获得来自世界各国游客的高度赞誉,在中国入境旅游市场享有极高声誉。自2014年起,TCT连续多年获得全球旅游点评网TripAdvisor颁发的"卓越奖"。TCT网站首页如图3-10所示。同时,第五季在飞猪、携程、去哪儿、马蜂窝等旅游平台开通了第5季旅游专营店,如图3-11所示。第5季旅游专营店为游客提供多元、专业、便利、快捷、实惠的旅游服务,成为飞猪核心商家、飞猪全球优秀合作伙伴和马蜂窝平台最佳合作伙伴。此外,为了给旅游消费者带来更好的增值服务体验,第五季积极拓展私域流量管理,打造会员专属的第五季旅游自营平台。

图3-10　第五季的TCT网站首页

图3-11　飞猪平台的第5季旅游专营店

(四)数据库营销和个性化营销

数据显示,2022年全国旅游及相关产业增加值为44672亿元,占国内生产总值(GDP)3.71%。从内部结构看,旅游业增加值为39708亿元,占旅游及相关产业增加值88.9%。旅游相关产业增加值为4964亿元,分别占旅游及相关产业增加值11.1%,比2021年提高0.6个百分点。从增长速度看,旅游相关产业保持正增长,增速为4.3%(资料来源:https://www.gov.cn/lianbo/bumen/202312/content_6923262.htm)。这一方面反映出中国旅游业和国民经济发展的并进,另一方面也体现了旅游业为内需拉动经济提供动力。旅游业对GDP的贡献不仅在于其行业本身,实际上,现代旅游业综合性强、关联度大、产业链长,已突破了传统旅游业的范围,广泛涉及并交叉渗透到许多相关行业和产业中。据统计,旅游业每收入1元,可带动相关产业增加4.3元的收入。在发达国家,旅游消费支出每增加一个单位,工业产值可增长2.71倍,国民收入增长1.36倍,投资增长0.25倍。旅游业能够影响、带动和促进与之相关联的多个行业的发展,增加就业。研究表明,旅游从业者每增加1人,可增加4.2个相关行业就业机会。

旅游成为衡量现代生活水平的重要指标,成为人民幸福生活的刚需。据调查,旅游业被列为"五大幸福产业"之首。随着旅游市场渐趋饱和,旅行社的数量急剧增多,各种广告的影响力不断减弱,旅行社之间竞争激烈,且行业中互相模仿彼此成功的产品和通过折扣促进销售的做法,严重削弱了某些产品的品牌忠诚度。

国外许多旅行社为提升营销水平,纷纷推行数据库营销,面对互联网客户提出的不同旅游需求,旅行社可及时做出反馈,为客户"度身定做"旅游产品,并提供签证、机票、客房、接送、导游等一系列的配套服务。

1. 社交网络营销

社交网络已经成为人们生活中不可分割的一部分,旅行社应加强社交网络营销,通过微博、微信等社交媒体吸引更多的关注者,与其形成更丰富的互动,既可以加强旅行社与客户(或潜在客户)的情感联系,又可以在合适时机进行产品推广,还可以收集客户的意见以改进产品。总之,社交网络营销可以贯穿在游览前、游览中和游览后的全过程,同时,社交网络营销应注重信息的有效性和回应的及时准确性,以提升用户体验。

知识活页

旅游从业者如何做好微信电商?[1][2]

1. 微信公众号开店方法

(1)建立旅行社的微信公众号,发布优质游记(如旅游照片、旅游攻略)等,吸引客户关注公众号成为粉丝。

(2)粉丝达到一定数量后,可在公众号发布的文章和公众号的菜单中嵌入小程序商城。

---

[1] 知乎.旅行社电子商务怎么操作的?[EB/OL].(2020-11-28)[2021-07-20]. https://www.zhihu.com/question/19942474.

[2] 品橙旅游.接受现实吧,社交电商成为"救命稻草"[EB/OL].(2020-02-18)[2021-7-23]. https://baijiahao.baidu.com/s?id=1658857336854770781&wfr=spider&for=pc.

(3)将旅行社的旅行产品图文并茂地放到小程序商城中销售,客户进入旅行社的小程序就可以直接在线支付下单。

(4)在小程序商城利用商城系统提供的营销工具,开展邀请好友砍价、多人拼团购买、秒杀、会员积分兑换礼品、幸运抽奖等网络营销活动,这些活动可以帮助旅行社获取到大量优质的流量,完成从产品推广到销售的闭环。

2. 微信平台销售策略

1)采用互联网的思维来经营项目

互联网思维就是用户思维,即根据客户的需求来提供商品和服务。社交电商需要学会具备用户思维,更多地去关注客户及客户的需求,把客户做成用户。

2)快速的反应能力和执行力

社交电商销售的旅游产品中,城市周边酒店度假套餐、周边游的门票、餐饮票券、行装的户外用品颇受欢迎,但是这类旅游产品消费频率不高。因此,经营者要对市场有快速的反应能力,抓住客户需求,持续地拓展业务范围。

3)确保产品质量

社交电商市场对旅游产品的质量要求区别于一般微商产品,其核心要素是供应链环节,供应商确定货源、产品品质、消费便利性等环节非常重要,所以要严格控制供应链质量。

4)提升转化率

旅游产品提升转化率是社交电商盈利的核心要素。策划旅游产品,目的是要在最适合的时间、最适合的地点让游客看到最美丽的风景。相应地,运营微信的社交电商,也要营造最适合购物的场景。例如,社交电商在微信朋友圈里面发送商品链接,每天不能超过5条;可以在上午9点左右、中午12点至下午2点、晚上9点至12点这三个时间段,有节奏地发送一些商品链接。

5)裂变分销模式

通常情况下,微商的客户群可分为两类:第一类是普通的纯零售消费客户,第二类是有潜质发展为代理商的消费客户。一般初级代理接触最多的是普通零售客户,在产品质量好、有市场生存空间的情况下,如果代理引导得当,很多零售型客户也会逐渐转变为代理客户。实际上,社交电商平台的做法也是如此,一方面是流量获取十分关键,另一方面是不断裂变的分销模式。

2. FAQ服务

FAQ服务是指常见问题解答。一方面,客户遇到这类问题无须费时费力地专门写信或发送电子邮件咨询,他们可直接在网上询问得到解答;另一方面,旅行社能够节省大量人力去处理此类问题。FAQ页面应合理设计,既能满足客户信息需求,又要控制信息暴露度。

3. 电子论坛服务

旅行社可以为客户搭建电子论坛,让他们可以自由地在这个空间发表评论,电子论坛是旅行社获得客户对本企业产品、服务等全方位真实评价的渠道。旅行社应经常参与讨论,通过客户反馈信息准确了解其消费心理及决策过程,这有助于旅行社提高服务水平、获取客户信息和捕捉商机。

4. 邮件服务

邮件服务是比较常见的营销方式,其主要优势是方便、快捷、经济,且无时空限制,旅行社可用它来加强与客户之间的联系,及时了解并满足客户的需求。电子邮件服务不是随意向潜在客户发送产品信息,而是基于事先征得客户许可的"软营销"方式。其基本思路是:通过为客户提供某些有价值的信息,从而收集客户的电子邮件地址(邮件列表),在发送定制信息的同时,对自己的网站、产品或服务进行宣传。也可以通过向第三方购买电子邮件地址与第三方合作等方式开展电子邮件营销,或者委托专业的电子邮件营销服务公司。

三、旅行社网络营销与传统营销的整合

(一)有机整合网络营销与传统营销的缘由

网络营销与传统营销整合的必要性在于网络营销是网络发展到一定阶段的产物,它区别于传统营销的营销理念和策略,凭借互联网特性对旅行社传统经营方式进行了变革,但这并不等于说网络营销完全取代了传统营销,而是对网络营销与传统营销进行了一定的整合。

互联网可以成为一种有效的沟通方式,让旅行社与客户建立直接、双向的沟通通道,但不同旅游消费者有不同的个人偏好和习惯,有些更愿意选择传统方式进行沟通。网络营销市场作为新兴的虚拟市场,覆盖的群体只是整个市场中的一部分旅游者,还有一部分旅游者不能或者不愿意使用互联网,而传统的营销策略和手段则可以覆盖这部分群体。

(二)有机整合网络营销与传统营销的途径

1. 有机结合传统工具与网络工具

在营销活动中,旅行社对促销方面销售投入的资源巨大,各个旅行社都会尽力使所制定的促销策略发挥最大的效益。广告是旅行社进行促销活动的首选,在传统营销活动中,广告载体通常面向广大旅游者,广告的主题也主要针对广大旅游者的需求共性。这种广告方式虽然有其优点,但在个性化需求越来越强烈的今天,它的效果也越来越差。而网上广告不同于此。一个有效的广告方案应该将网上广告和传统广告方式结合起来。传统的广告形式可以树立企业形象,提高产品知名度,使广告具有广度效应。网上广告则可以使产品深入消费者的印象,使广告具有深度效应。传统的销售促进策略、公共关系策略也可以在网上使用。将网络面向个性化对象的优点和传统工具面向共同需求对象的特点结合起来,运用到各个促销策略中,则可以让现有的促销措施更有效率。

2. 有机结合不同的定价策略

旅行社通常会在较长时期内按照旅游产品的种类在某一特定区域使用一种价格策略,这种定价方式虽然具有方便、易于管理、能使企业保持稳定状态等许多优点,但是不

能够快速适应市场变化,也不符合以旅游者为中心的营销原则。网络营销则可以克服这一缺点。由于网上旅游消费者需求信息和市场环境容易掌握,旅行社可以根据市场供求状况、竞争状况及其他因素,在计算收益的基础上,设立自动调价系统,自动进行价格调整。同时,旅行社可以建立与客户直接在网上协商价格的议价系统,使价格具有灵活性和多样性。网上定价模式能够对市场做出即时响应,但难以管理。在旅行社实际的价格策略制定中,可以采取将两者结合的方式,如以某一时间段作为单位,每个单位时间根据各种因素调整一次价格,又或是在内部圈定的价格范围内接受旅游消费者的定价。这样,价格策略既具有较大的灵活性,又具有一定的稳定性。

3. 利用网络整合旅游服务

旅游产品的核心是服务。在服务方面,如售后服务,主要是以收集游客反馈意见的形式体现出来。在旅行社的传统服务体系中,信息反馈零散,导致了售后服务成本过高。利用网络则能克服这些缺点。网上信息收集易于统一管理、时效快,将它和传统售后服务体系结合起来使用,可以取得更好的效果。因此,旅行社要做到在线服务与离线服务相结合。

本章小结

旅游电子商务的出现,更好地将旅游和互联网相结合,充分发挥旅行社中间商的作用,使旅行社凭借熟练的业务知识和技能介入网络,开展电子商务。旅行社电子商务是以旅游信息库、电子化商务银行为基础,利用先进的电子手段运作旅行社管理信息系统及采购和分销系统的商务体系。旅行社电子商务的组成要素包括网络信息系统、旅行企业和旅游者、电子支付结算体系认证机构。

旅行社电子商务在行前服务阶段,强化以信息服务为主的咨询与销售;在实地旅游服务阶段,强化以信息化手段为支持的个性增值服务;在旅游活动结束后,强化与游客的交流和再营销。

旅行社的供应链管理具体业务包括:与交通部门的供应商管理;与酒店的供应商管理;与餐饮部门的供应商管理;与参观游览部门的供应商管理;与购物商店的供应商管理;与娱乐部门的供应商管理;与保险公司的供应商管理;与相关旅行社的供应商管理。

旅行社的主要业务流程可以看作信息处理流程;每项业务活动都有信息源、信息的处理加工和信息的储存,通过信息的标准化实现信息的共享,通过信息流来驱动客流、物流、资金流。

旅行社信息化业务流程的效用包括:专业化分工、规范化流程、规模化经营、集约化管理、计算机化操作、全局化控制和一体化运作等。

旅行社网络营销的优势包括:降低旅行社的营销成本、突破时空限制实现实时互动、优化旅行社个性化营销服务、便于散客成团并推出高质量的旅游产品等。

旅行社网络营销策略包括:搜索引擎营销、服务营销、网络宣传和促销、数据库营销和个性化营销等。

讨论与思考

1. 旅行社电子商务特征有哪些?
2. 旅行社供应链管理涉及的供应商资源有哪些?
3. 试分析旅行社业务流程的价值链与资金资源、信息资源和人力资源的关系。
4. 旅行社的网络营销的优势有哪些?
5. 举例说明旅行社的网络营销策略。

在线答题

案例分析

OTA集体打破沉寂——线下旅游门店"战火重燃"

随着2023年6月16日同程旅行(简称:同程)宣布正式启动线下门店加盟计划,OTA的旅游门店即将集中回归。这意味着沉寂了3年多的旅游企业线下客户争夺战将全面重启。

1. 布局线下门店——OTA加速拥抱旅游新零售

2023年6月16日,同程召开发布会,宣布正式启动线下门店加盟计划。同程将通过线下加盟门店网络满足更多线下客户需求,实现线上线下服务场景互补和融合。对于加盟商来说,同程从品牌、技术、产品、流量、激励等方面提供全方位支持,帮助合作伙伴取得更好的业绩。以同程旅行上海中环内加盟店为例,签约周期3年,平台给予门店0.8%的激励额。假设签约额为1000万元,第一年完成指标任务,将给予8万元的激励金。完成3年任务,给予24万元的激励金。例如,签约额为600万元,如能完成签约额,加盟店回本周期在半年左右。目前,同程首批线下加盟门店正陆续在上海、江苏、浙江等省市落地。在京津、华南、广深、成渝等地,同程也正在根据当地市场制定政策,目标是年底前招募1000家加盟店。

在同程宣布正式启动线下门店加盟计划之前,携程、途牛也在加速线下门店回归。2023年4月,携程线下近200家新门店同时开业。自2023年1月开始,携程3个月之内签约超过1300家门店。为了更好地服务于加盟商,携程集结了商拓、培训、运营等部门对门店开展培训,提升加盟者职业技能。同时,以补贴、奖励的形式不定期举办促销周,促进门店交易额增长。截至2023年6月,途牛线下已恢复的门店覆盖了全国48个城市,还有一部分门店在陆续恢复中。

2. 传统旅行社门店陆续恢复

据不完全统计,2019年全国旅游门店数量大概有5万家,2022年底不到2万家。2023年以来,传统旅行社门店也在陆续恢复和扩张中。

2023年2月上旬,北京和平天下国际旅行社的线下门店恢复了100家左右,约占2019年线下门店总数的50%;康辉旅行社恢复的门店数量则为2019年的70%左右,其中40%的门店处于活跃状态。2023年第一季度,广之旅以"合伙人"方式在广东省内及华中区域铺设的线下渠道终端集中开业,省内新拓展开业门店超30家,门店总数近60家。湖北广之旅加速门店扩张,2023年第一季度门店数量已达40家。2023年3月28

日,春秋旅游上海闵行区莘浜路营业部新店正式开业。这是3年来,春秋旅游第一家新开业的线下门店。为了迎接旅游市场的复苏,春秋旅游其他新门店也在筹备中。2023年4月18日,众信万柳华联店、青年路店一同开业。众信门店计划于2023年4月增开至20家左右,逐步覆盖北京主要核心商圈、购物中心、社区及高端写字楼。此外,中青旅遨游网也快速启动线下零售端渠道振兴计划。遨游网在2023年3月发布"最强合伙人门店招募政策",截至2023年5月,已签约超过20余家门店。目前,已选定北京的望京、太阳宫、公主坟、朝阳门、首地大峡谷、亚运村等多个商圈开设门店。

3. 发挥自身优势与时俱进,传统旅行社华美转身

中国的旅游市场纵深广阔,一方面,在三四线城市,"跟团游"依旧热度不减;另一方面,针对定制游、小众游、始发地成团和远途旅行等项目,传统旅行社在经验积淀、资源渠道等方面仍然占据优势。此外,线下旅行社与线上旅游平台的交融正在开始,二者不再是非此即彼的关系,不少网络平台开展线下布局,传统旅行社拥抱网络与电商也是自然的选择。目前,旅行社业界还发展了"旅游拼多多",以应对旅游淡季。

以"90后"为代表的年轻游客喜欢跟团游模式。常规跟团游无法满足"90后"行程自由化、体验深度化、喜欢同类扎堆等要求。为确保年龄相仿的队员游玩节奏达到一致,该类产品主要针对年轻群体,推荐出游人群年龄范围在18—40岁。线路产品可以尽可能地去满足年轻人个性化、碎片化的深度体验需求。比如,景点至少安排一个网红或者小众目的地;必含至少一项特色体验活动,如骑行、徒步、潜水、民俗、文化探索、网红打卡、新奇类项目等。在有些目的地,除了导游之外,增设领队玩家。领队玩家凭借多年资深的游玩经验,给旅游者带来专业的户外运动讲解,或者带来地道的人文介绍。针对"90后"的跟团游应该是私密性较强、有很大自由度、有品质、性价比高的项目。比如,安排舒适有格调的酒店、小而美的咖啡馆、店铺和餐厅等。

在互联网红利逐渐消退、企业获客成本渐高的背景之下,开设线下门店已成为OTA平台们的共识。依托"看得见,摸得着"的线下门店,平台可以提供线上无法提供的服务体验,触及来自县镇市场的用户和老年群体,在获取流量增量的同时丰富生态布局。

传统旅行社深耕线下门店领域多年,相较于OTA更具先发优势。目前,OTA线下门店直营模式由平台自负盈亏,运营成本较高;加盟运营模式的压力较轻,扩张速度更快,但随着加盟体系逐渐庞大,企业品牌的管控难度增加。这也意味着,无论是直营,还是加盟,都面临挑战。对于线下门店经营,无论是传统旅行社,还是OTA,都有很多成功和失败的案例。线下门店能否成功,核心在于传统旅行社、OTA能否为其提供长期稳定、丰富的供应链资源和产品,以及持续稳定的优质服务。

资料来源

1. https://baijiahao.baidu.com/s?id=1653161383480915064&wfr=spider&for=pc.

2. https://baijiahao.baidu.com/s?id=1769102043919246573&wfr=spider&for=pc.

思考题:

1. "90后"年轻人在传统旅行社参团,旅行社应如何把握这项业务拓展带来的新机会?
2. 在新零售的浪潮之下,旅行社如何将线上线下相结合,实现全渠道流量变现?
3. 旅行社如何应对OTA的后向一体化战略?

实验三 旅游产品宣传图片制作

一、实验目标

掌握旅游产品图片的制作方法。

二、实验内容

对旅游商品、文创产品和土特产等旅游产品进行拍摄、图片处理和文案排版制作等技能操作。

三、知识准备

(一)图片收集和处理

1.图片收集方法

1)实地拍摄

在拍摄产品图片时,需要选择合适的拍摄设备,掌握一定的拍摄技巧,并按照步骤拍摄。

拍摄设备包括手机、相机、无人机等。

手机:使用手机拍摄图片具有拍摄方便、操作智能、编辑便捷和互动性强的优势。

相机:常见的相机有单反相机、微单相机、运动相机和全景相机等。

无人机:常用于拍摄全景、俯瞰等画面,具有高清晰、大比例尺、小面积等优点。

2)图片搜索

登录图片搜索网站,输入关键词进行图片搜索和下载,并将其运用到营销过程中。

2.图片处理工具

1)Photoshop

Photoshop 是一款全球领先的数码影像处理软件,主要处理以像素所构成的数字图像,具有众多编修和绘图工具,可以有效地进行图片编辑工作。同时,Photoshop 是一款高效、实用的图片编辑器,适用于在 Android 终端上编辑图片,它提供了图片攫取、校正、旋转、调整、饱和、对比和曝光等功能,操作简单方便。

2)美图秀秀

美图秀秀是一款功能强大的免费影像处理软件,它不仅可以拍照和修图,还能够实现智能美颜。同时,美图秀秀还提供了滤镜、涂鸦、贴纸、文字、马赛克等丰富多样的处理效果,满足用户的各种需求,特别适合处理用于微博、微信等社交平台营销的商品图片。

3)光影魔术手

光影魔术手是一款针对图像画质进行改善及效果处理的软件,它拥有强大的批量

微课视频

处理功能,可以满足用户摄影作品后期处理、图片快速美容、数码照片冲印整理等需要。

4) Snapseed

Snapseed 是一款功能强大的图片处理软件,它提供了多种图片处理工具,如修复、画笔、结构、HDR 和透视等,它支持打开 JPG 和 RAW 图片文件,能够直接编辑颜色和纹理。此外,它还可以应用局部滤镜,让用户对图片中特定区域的颜色进行微调,以达到最佳效果。

(二)电商产品拍摄技巧

1. 商品拍摄基本原则

商品拍摄基本原则包括商品清晰干净、商品色差较小、商品大小适中、背景色和谐简单、多角度和细节拍摄、灯光自然、风格统一等。

2. 光的运用

布光方法包括正面两侧布光、两侧45°布光、单侧45°不均衡布光、前后交叉布光、后方布光。要注意光质、光照方向、光比、光型等。

光质就是光线的性质,可以分为直射光、散射光和反射光。

根据光线照射的方向,可以将光位分为顺光、逆光、侧光、顶光、底光。

光比指商品亮部与暗部受光强弱的差别。拍摄时,调节光比的方式有两种:调节主光与辅光的强度、调节主灯和辅灯与商品的距离。

光型可以分为主光、辅光、轮廓光、装饰光、背景光。

3. 图片色调

画面的整体色调十分重要,色彩缤纷的画面给人活泼、热闹的感觉;色调统一的画面给人平静、稳定的感觉;暖色调的画面给人温暖的感觉;冷色调的画面给人清爽、冰凉和宁静的感觉;暗色调的画面给人庄严、神秘、深厚的感觉;亮色调的画面则给人轻松、明亮的感觉。

(三)网页文案写作

网页文案涵盖了文字、图片、动图、视频等多种创意表现形式。它不仅是网站的重要组成部分,而且是目前主流的宣传手段之一。优质的文案不仅能够吸引并留住用户,而且能够有效提升网站在搜索引擎中的排名。

1. 电商产品文案分类

电商产品文案可以分为主图文案、详情页文案、营销推广文案。

1) 主图文案

主图文案是展示产品形象的文案,一般出现在电商平台的搜索结果页面,以及一些站外活动结果页面,是用户了解产品信息的首要途径。

2) 详情页文案

详情页文案是详细介绍产品相关信息的文案,用户在购买产品时,会通过详情页文案中的图片和文字对产品进行详细了解,并决定是否购买。其页面框架内容的规划也有一定的规律可循,主要是激发用户兴趣、展示产品卖点、展示产品品质、打消用户疑虑、营造购物紧迫感。

3)营销推广文案

营销推广文案的主要作用是利用文案推广产品,快速提高产品或品牌的知名度,并产生一定的经济效益,包括宣传文案和促销文案。宣传文案能产生很大的影响力,主要目的是让用户了解、进而认可品牌和产品。促销文案旨在推动产品销量,是在特定时限内运用打折、优惠等营销手段制作的文案,这种文案非常特殊且功能性很强。

2.电商产品文案写作技巧

(1)使用图文搭配。

(2)体现产品价值。

(3)紧贴自身定位。

(4)增强文案感染力。

(5)利用逻辑引导用户。

四、实验步骤

(一)拍摄商品图片

任意选择一款旅游商品、文创产品或土特产,用手机、相机等设备拍摄商品图片。如图 3-12 所示为手机普通拍照模式拍摄、图 3-13 所示为手机专业拍照模式拍摄。

图 3-12　手机普通拍照模式拍摄

图 3-13　手机专业拍照模式拍摄

(二)将所摄图片用修图软件进行处理

(1)将所摄图片运用修图软件的裁剪功能修成合适的尺寸,如图 3-14 所示。

(2)将图片进行光效调节,如图 3-15 所示。

图3-14 裁剪界面

图3-15 光效界面

(3)将图片进行色彩调节,如图3-16所示。
(4)将图片进行细节调节,如图3-17所示。

图3-16 色彩界面

图3-17 细节界面

(5)将图片配以简单的文本字样,如图3-18所示。
(6)将处理好的图片进行保存,如图3-19所示。

图 3-18 字体界面

图 3-19 成图保存

(三)将制作好的商品图片配以文案说明,进行图文排版设计

(1)任选一款图文编辑器,在编辑器中选择合适的文本样式,复制或导入设计好的文本内容,如图 3-20 所示。

图 3-20　135 编辑器文本样式

(2)点击样式中图片部位上传本地相册里的图片,如图 3-21 所示。

(3)将制作好的文案点击"保存同步",设置图文标题、摘要、封面图片等内容,如图 3-22 所示。

图 3-21　135 编辑器图片上传路径

图 3-22　135 编辑器"保存同步"界面

（4）点击"生成长图"导出下载文案内容，如图 3-23 所示。

图 3-23　135 编辑器导出下载界面

第四章
旅游景区电子商务

学习引导

旅游景区电子商务是以景区为核心,通过先进的信息技术整合景区门票、酒店、餐饮、娱乐、交通、观光车、演出表演等各方面相关资源,为旅游者提供全方位高质量的个性化旅游服务。旅游景区电子商务分为第一方电子商务模式、第三方电子商务模式和地方性旅游服务网站模式。旅游景区电子商务可实现景区规模效益、提高运营效率和满足游客个性化需求。旅游景区电子商务的营销模式包括第一方电子商务模式、第三方电子商务模式、地方性旅游服务网站模式和其他网络营销推广模式,即搜索引擎营销、网络视频推广和社会性网络服务营销。智慧景区的"智慧"主要体现为旅游服务的智慧、旅游管理的智慧和旅游营销的智慧。基于旅游电子商务的智慧景区服务系统在结构上可分为三个层次:大数据中心、平台支撑和服务应用。

学习目标

1. 了解旅游景区电子商务的概念、国内外旅游景区电子商务发展概况。
2. 熟悉旅游景区电子商务三种模式的适用范围及优劣势。
3. 掌握旅游景区网络营销方法。
4. 熟悉智慧景区服务系统的三个层次及功能。
5. 思考我国景区智慧化建设与电子商务融合发展的提升策略。

素养目标

1. 启发学生深刻理解中华优秀传统文化是中国特色社会主义植根的文化沃土,以及运用数字技术进行中华文脉传承与发展的方法路径。
2. 指导学生分析数字技术对文化遗产保护和传承的作用,掌握旅游企业实现中华优秀传统文化创新展示的具体措施,以及运用数字技术创新发展文化产业的实施路径。

思维导图

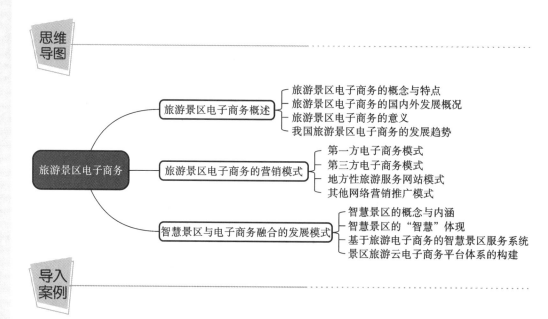

导入案例

"网红打卡"时代,旅游景区如何开启营销新模式?

永兴坊——一碗酒"摔"出来的抖音网红景区!西安永兴坊是中国首个"非遗文化"主题特色街区,街区内建有长安城 108 坊微缩景观、杨贵妃皮影、方言文化墙、陕西八大怪街景墙等历史人文景观。但让它迅速闻名于全国的,不是它历史人文景区的身份,而是 5 元一碗的摔碗酒!随着摔碗酒将永兴坊带火后,它也成为永兴坊这一网红景区的特色所在,如图 4-1 所示。摔碗酒独具特色的表达方式、易模仿性和可传播性,是它能成为当地特色产品并走红的主要因素。摔碗酒的走红,除了它作为特色产品自身的优势外,短视频平台的兴起也对其推广起到了极大的作用。2020 年国庆黄金周,永兴坊接待游客 56.7 万人次。但也不过短短三四年时间,这个曾经万人空巷、游客排队两小时只为摔一碗的盛况却跌下神坛。如今,摔碗酒已难现当年盛况,这又是为何呢?

图 4-1 永兴坊景区摔碗酒产品

解析:

互联网经济的发展给传统旅游业带来了巨大的影响与改变。内容丰富的 App、精美照片、爆点小视频等迅速出现在人们的手机里。各大 OTA 和职业旅游达人的深度合作，旅游达人拍摄的旅游照片、撰写的旅游攻略，成为"80后"和"90后""00后"等年轻人出游选择旅游目的地的重要参考。横空出世的抖音短视频的发展更是如火如荼，带火了一众景区。同时，"网红"的更新换代速度很快，一旦新鲜感过去之后，新的"网红"诞生并取而代之。那么，在互联网经济时代，景区应如何把握新型营销宣传方式？

第一节　旅游景区电子商务概述

一、旅游景区电子商务的概念与特点

(一)旅游景区电子商务的概念

对旅游景区概念的界定，国内多依据国家标准《景区质量等级的评定与划分》中关于旅游景区的定义，即旅游景区是以旅游及其相关活动为主要功能或主要功能之一的空间或地域，具有参观游览、休闲度假、康乐健身等功能，是具备相应旅游服务设施并提供相应旅游服务的独立管理区。该管理区应有统一的经营管理机构和明确的地域范围，包括风景区、文博院馆、寺庙观堂、旅游度假区、自然保护区、主题公园、森林公园、地质公园、游乐园、动物园、植物园及工业、农业、经贸、科教、军事、体育、文化艺术等多种类型。

旅游景区电子商务是旅游电子商务的重要组成部分，是以景区为核心，通过先进的信息技术整合景区门票、酒店、餐饮、娱乐、交通、观光车、演出表演等各方面相关资源，为旅游者提供饮食、住宿、出行、游玩、购物、娱乐等全方位高质量的个性化旅游服务。随着互联网的飞速发展，近年来，移动网络、多媒体终端、VR、AR等新技术的发展应用不断丰富和扩展了旅游景区电子商务的形式和应用领域。

旅游景区网络营销是景区借助在线旅游电商平台将各种景区旅游资源和服务对外推销的一种营销活动，具体包括：景区产品信息在网上传递与接收，产品订购、付款，客户服务等各类网上销售活动；利用网络开展景区品牌宣传、市场调查分析、财务核算及旅游产品开发设计等内容。旅游景区网络营销可以突破时空限制，降低成本，为景区提供全方位的展示机会，增加客流量，实现景区与游客的双向互动式交流。

(二)旅游景区电子商务的特点

1. 产品展示性

旅游景区可以利用多媒体的特征优势，全方位展示产品、服务和旅游项目。例如，旅游景区的全景图片、VR视频，有助于游客全面认识景区，激发消费欲望。

2. 突破时空性

旅游景区电子商务可以改变传统营销受时间和空间限制的局面，使得旅游景区可以在任何时间对全球范围内的游客展开营销活动，有利于旅游景区开发远程市场。

3. 成本低廉性

旅游景区电子商务可以拓展其营销渠道,缩短营销进程,有效降低传统营销的推销成本,提升景区对外宣传的效果。

4. 双向互动性

旅游景区电子商务可以实现旅游企业和旅游者之间的双向互动交流,打破原有信息不对称的局面,使得旅游者在选择旅游企业服务时处于主动的地位,并拥有更大的选择权。例如,旅游者可以通过与旅游景区的网络联系,了解当地的气候条件、客房的折扣率以及景区举办的各种活动日程等,从而帮助旅游者选择最佳出行时间,提高旅游体验。

二、旅游景区电子商务的国内外发展概况

(一)国外发展概况

早在20世纪90年代中后期,欧美诸多旅游发达国家就已经开始在旅游景区的营销与分销方面利用互联网为旅游者提供更为便捷的服务,进而实现旅游产品上游供应商、游客和电子商务运营商的共赢。

美国在1996年就开始在旅游景区实施电子商务,并于1998年获得了快速发展。根据美国旅游协会(TIA)报告,为旅游相关的目的而使用网络的旅行者数量在1996—1998年实现了第一轮飞速增长,两年内该群体人数从290万上升到700万,上升了141%。经过多年的发展,美国景区电子商务所需要的各种基础设施和资源都已齐全和完善,景区自建网站和旅游OTA网站数量众多,市场相对成熟,已经进入稳定的增长期。欧洲起步比美国晚几年,但紧跟美国旅游市场的步伐,其在线业务份额也日益增多。日本互联网普及率位居全球前列,电子商务的发展在亚洲处于领先地位,虽然起步比欧美晚,但也已形成了一定的规模。

(二)国内发展概况

我国旅游景区电子商务起步于1999年,以景区网站的形式开展营销和销售。但是同航空公司、旅游饭店、旅行社等旅游业其他部分相比,旅游景区电子商务的发展比较滞后。航空公司和酒店受到国外旅游业的影响较大,新技术产业化应用速度较快,旅游景区则显得保守和谨慎。虽然我国旅游景区电子商务起步较晚,但是随着移动互联网的普及与国家的大力推动,我国旅游景区电子商务也已经步入快速发展时期。各大景区(如5A级景区)都开展了电子商务网站建设,并取得了较好的成效。很多旅游景区改变了传统的管理模式,走向了办公自动化、营销网络化、服务手段多样化、游客安全监控科技化、指挥调度科学化的科技发展道路。近年来,在"互联网+"、智慧景区建设的背景下,旅游景区电子商务发展势头良好。

目前,我国旅游景区电子商务主要是通过OTA、景区网站等网络渠道销售门票以及景区内的其他旅游产品,其次是以广告等形式通过网站、OTA、自媒体等开展营销和促销。由于各旅游景区的旅游资源、经营主体、组织机构不同,因此存在多种类型的旅游景区电子商务。

> **知识活页**
>
> **景区网站的主要功能**
>
> 1. 产品管理功能
>
>   产品一般包括景区介绍、景区活动、景区门票、景区交通、景区购物、景区餐饮等,因为产品不同,所以每个产品具体的管理功能细节也不一样。
>
> 2. 内容管理功能
>
>   内容管理至少包括攻略、新闻、景点三部分内容,内容不同于产品,这里的内容主要是指围绕着产品来建设的内容,最好是支持内容的自定义分类。
>
> 3. 插件管理功能
>
>   网站需要各种插件来开展网络营销,所以网站必须具备插件扩展管理功能。
>
> 4. 会员管理功能
>
>   作为电商网站,会员管理功能是必备的,因为旅游企业需要沉淀更多的老客户来降低其整体的营销成本。
>
> 5. 订单管理功能
>
>   景区网站需要引导游客在网站上完成交易,这样才能节省更多的运营成本,因此景区网站需要有在线预订、在线支付、订单管理功能。
>
> 6. 服务扩展功能
>
>   在网络推广越来越多样化的今天,景区网站需要一些周边产品的支持,如景区与其他景区、酒店、餐饮、租车等旅游产品供应商联盟,合作形成一个集"食、住、行、游、购、娱"的旅游产品营销平台体系,共同推广、互相支持、数据共享、合作共赢。

三、旅游景区电子商务的发展意义

(一)促进旅游资源整合,实现景区规模效益

旅游景区的发展会促进大量相关旅游企业的发展,如酒店、民宿、旅行社、旅游交通等。要使景区得到健康有序的发展,必须依靠旅游业实力的整体提升。通过开展旅游电子商务,可以有效缓解旅游信息不对称,增加市场透明度,整合旅游资源,树立旅游业服务品牌,最终实现产业链的整合和优化。

(二)降低景区运营成本,提高运营效率

在交通通信方面,旅游景区为了拓展业务、增进与协作企业的联合发展,其业务人员必须与各地业务相关者保持密切的联系,通过便捷的互联网沟通渠道可以顺畅地进

行交流,节约了旅游景区开支;在收集与传播信息方面,旅游景区需要收集各类信息,如旅游者需求动向、其他旅游企业情况、旅游热点问题等,同时也需要将旅游景区信息传播出去,如服务信息、营销信息等,促进旅游景区市场交易效率的提高。电子商务为此提供了先进的平台,不但提高了信息传输的通达性,还具有传统媒体无法具有的交互性和多媒体性,可实现实时传送声音、图像、文字等信息,以及直接为信息发布方和接收方架设沟通桥梁。

(三)满足游客个性化需求,提高旅游自由度

旅游者在旅游景区进行传统旅游活动时,往往会因为跟团游的导游服务质量差、旅游行为受到约束等问题而对景区印象大打折扣,使旅游者利益受损。当前个性化的旅游消费正逐步替代传统的团队旅游,旅游景区电子商务可以为散客旅游者提供旅游景区预览和决策参考信息。旅游者可以通过互联网提供的可视的、可查询的、可实时更新的信息搜寻自己需要的旅游产品。旅游景区可以在与潜在旅游者交流沟通的基础上,根据旅游者个人偏好和要求设计旅游产品,提供个性化的旅游方案,使旅游者获得更大程度的满足,这也可以为旅游景区赢得更多的利润空间。

四、我国旅游景区电子商务的发展趋势

(一)商务模式将继续创新

电子商务的生命力源于持续的创新,旅游景区电子商务也需要不断地改变观念和更新模式。随着信息技术的发展以及我国旅游者消费模式向着休闲旅游、度假旅游的转变,人们对旅游景区电子商务模式的要求也会越来越高,这也将导致新的电子商务模式的诞生并不断发展,出现百家争鸣、百花齐放的局面。旅游景区电子商务符合我国旅游业发展的国情,未来我国旅游形势将继续向好,旅游景区电子商务将迎来新的发展契机。

(二)规模化经营将成为主要趋势

旅游业以互联网为平台开展电子商务具有天然的优势,使旅游电子商务网站通过品牌化、规模化竞争逐步站稳脚跟。那些知名度低、规模较小的网站会因缺乏资源优势而无法在竞争中长期立足,因此优胜劣汰无可避免。在这种形势下,大型旅游景区将会在电子商务领域投入更多资金,扩展网站功能,增大业务覆盖面,增加服务内容;中小型旅游景区除借助第三方中间商外,还可以利用互联网的优势形成景区联盟,化竞争为合作,追求双赢模式下的平均利润,以维持生存与发展。

(三)网站功能整合程度提高

目前,大多数旅游景区电子商务服务网站侧重于服务信息发布和网络营销。随着旅游电子商务的发展成熟,旅游景区电子商务的服务内容也将得到扩展,实现集线路预订、团队组合、网上交易、服务监控、投诉管理于一体的一站式服务。在服务范围方面,利用网络整合资源优势,旅游景区可推出"小而精"的旅游特色服务,满足旅游者个性化需求,弥补传统经营模式下偏重大团队、服务内容陈旧的缺陷。

(四)移动自媒体将成为主要营销渠道

随着互联网的飞速发展,自媒体渐渐成为一种十分广泛的传播方式。在这种背景下,旅游景区需要对景区形象进行科学的定位与设计,发挥公众传媒的优势,针对不同对象(如不同类型的旅游者、中间商、媒体、特殊兴趣团体)有效传播信息。旅游景区可利用自媒体建立可持续的电子商务营销体系,以提高景区的曝光率。自媒体与电子商务网站的联动可减少中间环节、降低营销成本,方便游客预订景区门票。

慎思笃行

数字谱写江右新篇——滕王阁·江右文化数字体验馆

2023年6月1日,由江西中文传媒数字出版有限公司、滕王阁管理处和新华智云科技有限公司共同打造的全国首座传承江右文化的数字化展馆——滕王阁(5A景区)·江右文化数字体验馆正式对民众开放。

该馆以江右文化为核心、以滕王阁为载体、以文化数字化为特色,依托数字文化操作系统,生动呈现江右文化神韵。

江右是江西在历史上的别称。江右文化是综合的文化概念,可用"文章节义"四字总结。江右文化数字体验馆位于江西省滕王阁景区内,共三层楼。一楼展陈内容以江西的地理、人文为主,二楼主要围绕江西历史名人的"文章节义"展开,三楼则是供研学使用的江右讲堂。江右文化数字体验馆的布局如下。

1. 穿越古今,展示江右地理人文之要义

走进馆内,一幅十几米长的数字长卷徐徐展开,这是馆内重点打造的数字版江右文化展示图——壮游江右数字图卷,如图4-2所示。该长卷融合了江右文化数据平台、元宇宙入画等技术和功能,将庐陵文化、豫章文化等极具代表性的江右文化,通过可视化的方式呈现出来。游客点击眼前的小屏,即可玩转数据星谱,串联江右文化故事。游客还可以通过扫脸,进入眼前的画卷中,与江右先贤进行"对话",并扫码带走一份独一无二的数字藏品。

图4-2 壮游江右数字图卷

"翰林多吉水，朝士半江西"，这是明朝时期江右文脉昌盛的真实写照，而铸就江右文化辉煌的因素，离不开江右书院。通过江右文化数据平台可以发现，江右书院历史从五代十国延续到清代，在其中四个朝代里江西书院数量居全国第一，同时在唐代和清代是全国第二，其中白鹿洞书院更被誉为"天下书院之首"。正得益于此，历代朝廷馆阁里涌现了大量江西籍官员，留下了数不胜数的著名文化诗篇。"江右书院甲天下""进士冠华夏，朝士半江西"等形容了江西书院在全国书院发展中的独特地位。

"江右先贤时空行迹图"依托江右文化数据平台，提取了生于江西、行于江西的20919个历代人物，挖掘了他们在江西期间创作125175首诗词作品，并运用数字化技术，将这些数据中的诗文、人物、事件、地点等节点数据进行关联，勾勒出江右先贤的足迹，追慕其文章节义。游客通过点击、滑动，还可以发现一些有意思的数据故事。

2. 创新玩法，体验先贤"文章节义"之精神

"文章节义"，即文章好、骨头硬。文章与节义并重是历代中国文人遵循的人生信条和追求的人生目标，这一点在江西尤为突出。江右文化数字体验馆二楼围绕的正是"文章节义"四字。二楼展项重点突出王勃、辛弃疾、王阳明、文天祥、欧阳修等文学大家，并为其分别打造了专属的数字体验项目。

以《滕王阁序》为主题的王勃数字剧场，打造了一个半圆形半封闭体验空间，空间内壁上刻有著名的《滕王阁序》。游客选择心仪的道具走进空间，踩下按钮，即可开启一段沉浸式体验旅程。利用算法变速、视频自动生成等数字技术，游客体验完即可扫码带走个人专属短视频。

空间外围的弧形墙上，以图文的形式呈现了爱国主义政治家和文学家文天祥在公元1279年发生的事情、所作的诗文和他的爱国情操，如图4-3所示。公元1279年，是文天祥个人的悲壮时刻，却是中国爱国主义历史的高光时刻。

图 4-3　图文并茂展现爱国主义者文天祥的事迹

在我国北方方言、吴方言、闽方言、粤方言、客家方言、湘方言、赣方言七大方言中，赣语的使用人口并非最多，却是分布面积最广的。从分布面积看，赣语当属中国南方第一大方言。南昌方言属赣语方言的一种，它保留了唐宋时期的发音，被誉为"唐宋语言活化石"。"赣音袅袅"是用南昌方言读诗的互动展项，游客站在话筒前，用南昌方言朗读古诗后，可扫码带走朗读视频，如图4-4所示。这有助于保护和传承江西的方言文化。

图 4-4 "赣音袅袅"互动展项

南宋著名爱国词人辛弃疾在江西生活了 27 年,他的足迹踏遍南昌、上饶、赣州等地。他还是著名的军事家,是南宋史上武力值非常高的文化人。辛弃疾 22 岁就带领 50 人夜闯 5 万敌军大营,手擒叛徒,"一战封神"。"跟着辛弃疾打长拳"展项展现了辛弃疾打拳场景,游客可以通过提示动作,与辛弃疾一同打拳,如图 4-5 所示。

图 4-5 "跟着辛弃疾打长拳"展项

"天地立心"展项概括性地展现了王阳明在赣州、南昌、九江等地立德、立功、立言之作为,游客通过现有文物、场景实现互动,在互动场景中体会立德、立功、立言之精神,如图 4-6 所示。

文学大家欧阳修和江西诗派开山之祖黄庭坚都对江右文学的兴盛做出了杰出贡献。"挑战诗人"展项利用数字技术,结合史料,刻画出欧阳修和黄庭坚的数字人物形象。游客站在展项前,只需举起左右手,便能跨越古今,与文学大家开启一场诗歌大战,如图 4-7 所示。

江西诗派是中国诗歌史上影响最大、延续时间最长的诗歌流派,涉及人员之多,持续时间之长,在中国文学史上史无前例。"再赴雅集 AI 写诗"展项以人机互动的形式展现了"AI 写诗"的能力,游客通过互动设备的小程序,输入几个汉字,即可获得一首藏头诗,并能通过视频、海报的形式带走和分享,如图 4-8 所示。

图 4-6 "天地立心"展项

图 4-7 "挑战诗人"展项

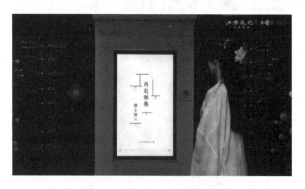

图 4-8 "再赴雅集 AI 写诗"展项

  为进一步提升游客在滕王阁景区的数字体验,滕王阁主阁有"洪武设宴""时来风送""穿越豫章""临川入梦"等多款数字互动展项。位于滕王阁主阁一楼的"洪武设宴"展项,运用数字投影等设备,生动再现了元朝末年朱元璋与陈友谅的一场战略决战,如图4-9所示。此次大战奠定了朱元璋平定江南的基础,并为统一全国创造了有利条件,对中国历史产生深远影响。游客还可以扫描石碑前的二维码了解详情。

图4-9 "洪武设宴"展项

此外,江右文化数字体验馆三楼设置了研学公共空间——江右讲堂。讲堂将不定期邀请专家学者、社会人士在此开设江右文化研究讲座和其他研学项目。

资料来源 https://www.sohu.com/a/682384941_121123872.

【知行合一】

思考:

滕王阁·江右文化数字体验馆凭借数字技术,使游客可以沉浸式体验江右文化。试分析数字技术对中华文脉传承的作用,以及运用数字技术创新发展文化产业的实施路径。

第二节 旅游景区电子商务的营销模式

按照旅游景区电子商务网站的控制主体及所提供的业务内容,可以将旅游景区电子商务分为由销售方控制的第一方电子商务模式、由中介方控制的第三方电子商务模式和由旅游目的地政府主导创建的地方性旅游服务网站模式三大类。同时,旅游景区还可使用其他网络营销推广模式。

一、第一方电子商务模式

第一方电子商务模式是指由商品或服务提供者控制交易网站的电子商务模式。旅游景区通过自建、联盟等方式凭借强大的影响力建立网站平台,处于整个系统的核心位置;旅游者和旅游企业可通过旅游景区网站获取旅游信息,进行电子贸易,政府起到宏观调控和监管作用。第一方电子商务模式可以归纳为以下三种。

(一)旅游景区自建模式

旅游景区自建模式主要是景区依托自身丰富的旅游资源为旅游者提供相关的服务信息。一般包括景区文字影像简介、在线地图查阅、电子门票交易、网上虚拟旅游、旅游线路设计等内容;网站设计上突出当地文化特色和景区特色,主要起到宣传促销的作用,为旅游景区扩大客源、提高知名度、降低业务成本提供便捷有效的手段,如峨眉山旅游网、桂林龙脊梯田景区网就属于这种模式。该模式比较适合大型旅游景区,原因在于网站本身的建设和维护成本较高,前期网站设计与策划、后期网站推广都需要较多的费用,对中小旅游景区来说难以支付,且众多小规模网站知名度也较低,难以通过电子商务获得效益。

案例介绍

故宫博物院电子商务网站

故宫博物院成立于1925年10月10日,是建立在明清两朝皇宫基础上的综合性国家博物馆,是世界文化遗产。故宫博物院既是明清故宫(紫禁城)建筑群与宫廷史迹的保护管理机构,也是以明清皇室旧藏文物为基础的中国古代文化艺术品的收藏、研究和展示机构。故宫博物院是世界上规模最大、保存最完整的木结构宫殿建筑群,拥有绝无仅有的独特藏品,院藏文物体系完备、涵盖古今、品质精良、品类丰富,现有藏品总量已达186万余件(套),以明清宫廷文物类藏品、古建类藏品、图书类藏品为主。

故宫博物院网站开通于2001年7月16日。网站的建立是具有100多年历史的故宫博物院迈向数字时代的标志。2017年5月,全新改版的故宫博物院网站上线运行,建立初衷是为观众、中国传统文化爱好者、历史文化和博物馆专业人员服务,网站包含导览、展览、教育、探索、学术、文创等板块。故宫博物院数字与信息部负责网站工作,网站所采用的影像绝大部分由数字与信息部的摄影组拍摄。其中,数字传媒组负责网站内容的编辑工作;网络运维组承担计算机系统维护。截至2024年3月,故宫博物院网站访问人数超过3亿人次。

故宫博物院网站有"数字多宝阁""数字文物库""故宫出版""故宫游戏""名画记""全景故宫"等栏目,网站以数字化呈现建筑、藏品、历史文化、古籍的方式进行网上宣传,开展"历史之遇——中国与西亚古代文明交流展"等系列主题活动,提供网上销售业务,包括大门票、故宫文创产品、珍宝馆、钟表馆门票等,如图4-10所示。

图4-10　故宫博物院网上销售页面

2023年12月,在2023T-EDGE全球创新大会上,中国文物学会会长、故宫博物院学术委员会主任单霁翔在发表演讲时表示,故宫博物院建成的数字故宫社区已成为全世界博物馆中非常好的数字平台之一,集公众教育、文化展示、资讯传播、学术交流、电子商务等于一体,数字故宫社区逐步从资源数据化走向了数据场景化,从场景网络化走向网络智能化。

资料来源 通过公开资料整理。

解析:

故宫博物院网站成为人们了解故宫、亲近中华传统文化的最佳捷径,也成为故宫旅游宣传推广的重要渠道。近年来,文创产品越来越受到旅游消费者的欢迎,其中,以故宫的文创产品销售最为火爆。故宫博物院网站将线下"网红打卡"的文创产品在网上进行销售。"数字故宫"小程序使观众可以便捷地触达故宫、了解故宫、走近故宫。科技将旧日的古物转化为新时代的文化力量,通过"数字故宫"传达出中华优秀传统文化在时下重新焕发的无限魅力。

(二)旅游景区联盟模式

这种模式指由多个旅游景区共同出资,筹建一个景区联盟电子商务平台。这一平台初期以提供相关旅游景区的服务为主,逐步发展为集提供旅游服务信息、社区旅游计划、增值服务等多种服务于一体的"一站式"服务平台。随着旅游景区联盟的发展与影响力的扩大,景区联盟电子商务平台不仅可以吸引更多的旅游者,而且还会吸引众多旅游景区的加盟,如东北旅游景区联盟,如图4-11所示。这些加盟的旅游景区通过联盟模式这一平台,可以降低分销成本和分享客源,而且随着加盟旅游景区的不断增加,各旅游景区还可以从增值服务中获取额外收益,如收取广告费用及向其他相关产业延伸。该模式起点较高,特别是在初期阶段,筹建平台的旅游景区要有一定的知名度和经济实力。

图4-11 东北旅游景区联盟网站

(三)区域联合模式

这种模式是将某个区域内的旅游景区进行整合,并对在此基础上建立起来的电子商务平台进行统一的宣传管理。主要是面向旅游者全面开展旅游景区门票、餐饮、酒店、旅游线路等在线预订的电子商务平台。同时也可以扩展业务，为旅行社和酒店、航空公司等旅游业客户提供网络宣传、网络销售、网络支付等一系列的业务服务。例如，阿坝旅游网是一个集"食、住、行、游、购、娱"为一体的区域网络服务平台。

案例介绍

阿坝旅游网——O2O 线上线下一体化区域网络服务平台

阿坝旅游网由阿坝州文化旅游发展有限责任公司承建，该公司成立于 2002 年，属于国有企业，隶属于州委州政府。按照阿坝州政府制定的建设"国家生态建设示范区""国家全域旅游示范区"发展战略，秉承"让游客认识阿坝、了解阿坝、走进阿坝"的服务宗旨，以"互联网＋旅游"为发展契机，建立以大数据为核心的智慧旅游新模式。通过旅游资源整合，网站建立了 O2O 线上线下一体化服务体系，形成集网络宣传营销、电子商务交易、景区智慧化建设为一体的综合旅游服务平台——阿坝旅游网。企业 2016 年被评选为"四川省电子商务龙头企业""四川省电子商务示范企业"；2017 年被评选为"国家级电子商务示范企业"；2020 年被评选为"四川电子商务企业 50 强"；2023 年被评为"阿坝州推进全域旅游工作先进单位"。

阿坝旅游网提供旅游景区介绍、精彩活动信息、新闻公告、旅游攻略、乡村旅游、票务预订、酒店预订、自驾游和周边游等信息。景区介绍中展示了九寨沟县、红原县、若尔盖县、黑水县等 13 个县的 105 个景区，如图 4-12 所示。

图 4-12　阿坝旅游网展示阿坝州 105 个景区

点击每个景区，都会展示"景区介绍""景区亮点""交通门票""景区导览图""交通信息""旅游攻略"等栏目，如图 4-13 所示。

阿坝旅游网提供阿坝州的景区门票销售和酒店预订服务，如图 4-14 和图 4-15 所示。游客可以在网上查询和预订实时景区门票、演出门票、景区开放时间、注意事项，以及网上酒店预订及价格查询服务。

图 4-13　阿坝旅游网的景区详细介绍

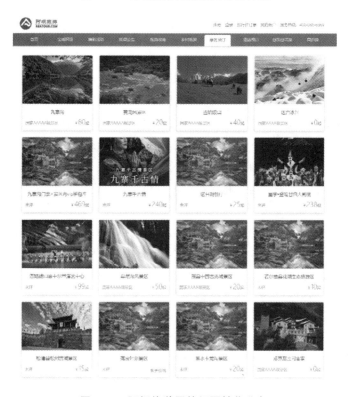

图 4-14　阿坝旅游网的门票销售业务

图 4-15 阿坝旅游网的酒店预订业务

解析：

由企业主导建设的集"食、住、行、游、购、娱"为一体的电子商务网站，以旅游主要吸引物——旅游景区为核心，整合区域旅游资源，开展网络宣传、网络销售、网络支付等一系列的业务服务，可有效节约运营成本、提高旅游服务质量、提高游客满意度。

二、第三方电子商务模式

采用该模式的是由第三方建立运营的在线旅游服务网站，即 OTA，如去哪儿网、携程旅行网等，如图 4-16 所示。这些在线旅游服务商通过自身的营销宣传来扩大品牌知名度，获得市场的认可，网站平台利用对市场的影响力对景区开展电子商务活动。这种模式有效地实现了资源优化，平台运营商和客户可以获得相对优惠的价格政策。一般来讲，平台商为了获得更多的流量和扩大市场占有率会将这种优惠直接转移给通过平台预订产品的游客。另外，对于中小景区来说，不用投入大量的资金建设电子商务系统，只需依托这些平台就能完成在线销售，就能为景区带来大批高、中、低端自助游客。

三、地方性旅游服务网站模式

地方性旅游服务网站主要是指由旅游目的地政府主导创建的非营利性旅游电子商务平台。目前，这类网站比较多，大多省市都已建立，将其作为旅游目的地的旅游网络宣传窗口。这一模式由于采用政府主导的形式，可以集中资源和力量进行旅游企业信息化解决方案的研发，再向全行业推广，发挥技术上的专业化优势并形成规模效益。旅游景区可借助网站系统和电子商务平台进行网上宣传、咨询服务，以信息服务起步，逐步向网上交易、结算服务等深层业务拓展。

图 4-16 携程旅行网的旅游景区预订页面

运用这一模式开展电子商务,特别是中小型旅游景区可以集约利用资源,降低旅游景区经营成本,更有效地实现旅游景区运营效率的提高,如山东省文化和旅游厅建立的好客山东网、贵州省旅游局主办的贵州旅游平台网、北京市文化和旅游局建设的北京旅游网、张家界市人民政府提供的张家界市旅游官方网站和天津市文化和旅游局建立的天津旅游资讯网等。

北京旅游网——全面介绍城市旅游资源[①]

北京市文化和旅游局的信息中心建设运营的公益性网站——北京旅游网,其建立初衷是有效地服务社会各界,成为传播旅游文化的舞台、联系旅游企业的纽带、服务各国游客的窗口。北京旅游网于 2010 年开通,全面介绍北京丰富的旅游资源,网站设立了"文化北京""畅游北京""旅游手册""特色主题游""北京周边""视觉北京""环游号"等栏目。网站全面翔实地介绍了北京的景区、线路、酒店、北京老字号、北京礼物、开放日、虚拟旅游、自助导游、旅游业信用信息、旅行社和一日游等信息,向游客提供公益性旅游资源信息,服务游客,宣传旅游企业,如图 4-17 所示。

北京旅游网向世界展示北京的旅游环境,多角度地展示北京深厚的历史文化,为海内外旅游者提供最新、最权威、最准确的北京旅游信息,推动北京市从旅游大市向旅游强市转变。

---

① http://www.visitbeijing.com.cn/.

图 4-17　北京旅游网

解析：

政府建立地方性旅游景区推广网站，不仅整合了旅游资源，全面展示了旅游目的地"食、住、行、游、购、娱"等方面的旅游活动，提高了旅游目的地宣传效果，还有效地解决了因为前期网站设计与策划成本高、后期推广维护费用高而导致的单独景区难以建立旅游网站的难题。

四、其他网络营销推广模式

（一）搜索引擎营销

搜索引擎营销是根据网络用户使用搜索引擎的方式，利用网络用户检索信息的机会尽可能地将企业营销信息传递给目标用户。据 CNNIC 统计，截至 2021 年 6 月，我国搜索引擎用户规模达 7.95 亿，占网民整体的 78.7%。作为网民获取信息的最主要渠道，搜索引擎营销方法包括竞价排名、付费搜索引擎广告、关键词广告、搜索引擎优化（搜索引擎自然排名）、地址栏搜索、网站链接策略等。

搜索引擎营销的核心工作是扩大搜索引擎在营销业务中的比重，对网站进行搜索优化，让企业的目标客户更容易看到企业的营销信息，并使之成为企业的最终客户。目前，国内网络搜索引擎主要有百度、搜狗、360 等。

搜索引擎营销策略有免费搜索引擎推广方法和付费搜索引擎广告两种。免费搜索引擎推广方法有分类目录、基于自然检索结果的搜索引擎优化排名等；付费搜索引擎广告则包括关键词广告及其优化和效果管理、搜索结果页面位次排名等。搜索引擎营销对旅游景区的市场营销有着重要意义。

（二）网络视频推广

所谓网络视频，一是指使用电脑或移动终端，利用 QQ、微信等即时通信工具，进行可视化聊天；二是指视频网站提供的在线视频播放服务。我国网络视频发展迅速，网络视频网站的受访频率越来越高，这些视频网站对促进旅游景区营销信息的传播具有很高的价值。

当前的网络视频主要有视频点播与视频分享两种模式,根据网络视频承载主体的不同可分为门户网站、媒体机构和商业机构三类。旅游景区可通过在各类视频网站,包括短视频平台等投放旅游宣传片,将旅游景区的产品与服务传递给众多的网民,达到更加直观的宣传效果,吸引更多的游客前往。

> **知识活页**
>
> **超 4 亿用户在抖音关注旅游——复苏、迭代、重构**
>
> 抖音(Tik Tok)是由今日头条推出的一款短视频分享软件,于 2016 年 9 月上线,是一个面向全年龄的音乐短视频社区平台。抖音应用人工智能技术为用户创造多样的玩法,用户可以通过这款软件选择歌曲,拍摄音乐短视频,形成自己的作品并分享给平台上的用户。2023 年 6 月,凯度信息咨询公司发布了"2023 年凯度 Brand Z 最具价值全球品牌排行榜",抖音以 443.49 亿美元的品牌价值位列第 45 位。
>
> 1. 抖音旅游行业概览
>
> 《2023 抖音旅游行业白皮书》显示,2023 年第一季度,抖音的"旅行"相关内容发布人数占平台全行业比重第二位,对比同期,提升 7.3%。随着抖音旅游内容的不断增长,也吸引了如景点、酒店住宿、航空公司、OTA、旅行社等旅游企业相继入驻抖音平台。截至 2023 年 3 月底,各类型旅游企业账号数量持续增长,酒店住宿、商旅票务代理和旅游景点账号数量的同比增速分别为 64.5%、46.0% 和 35.5%,各类型旅游企业平均增速超过 20%,如图 4-18 所示。
>
>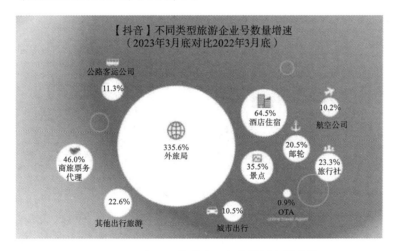
>
> 图 4-18 2023 年 3 月旅游企业号数量同比增长情况
>
> 在抖音平台的旅游兴趣用户中,女性用户占比 55%。在年龄分布上,"80 后"到"90 初"的用户人数最多,其次是"70 后"到"80 初"的用户群体。2023 年第一季度抖音各行业内容发布人数同期增长比例如图 4-19 所示。

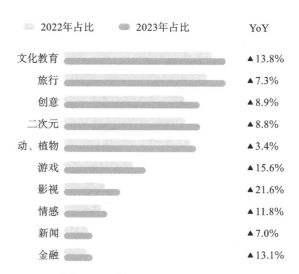

图 4-19 2023 年第一季度抖音各行业内容发布人数同比增长情况

2. 媒体平台在旅游行业的作用

抖音平台是旅游内容生产和传播的重要渠道之一。2023 年第一季度,抖音平台旅游相关内容指标均有不同程度增长,意味着消费者旅游需求增加以及对旅游关注度上升。抖音的旅游内容分享量同比增长 62%。抖音为人们提供了便捷的旅游内容分享渠道,视频代替文字和图片,成为分享的主要方式。2023 年第一季度抖音旅游相关内容指标同比增长情况如图 4-20 所示。

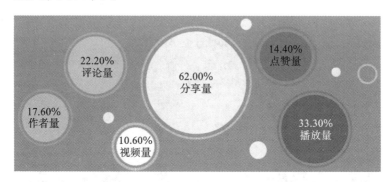

图 4-20 2023 年第一季度抖音旅游相关内容指标同比增长情况

人们的旅游体验在不断升级,整个旅游行业也在迭代发展。目前,是一个"复合化"和"跨界融合"的旅游时代。旅游产品将体育、艺术、美食、康养等元素融入其中,创造出更加丰富多样的旅游体验。抖音短视频和直播等新媒体为旅游内容传播提供了高效便捷的途径。同时,抖音平台上拥有超过 4 亿的旅游兴趣用户,这些用户对旅游内容具有浓厚兴趣,成为旅游企业在抖音平台开展经营的宝贵资产。旅游企业通过在抖音平台上提供有吸引力的旅游内容,可以吸引更多的用户关注和参与。2023年第一季度抖音旅游兴趣用户"百大兴趣"标签示意图如图4-21所示。

图4-21　2023年第一季度抖音旅游兴趣用户"百大兴趣"标签示意图

3.旅游行为导向与达人影响

传统上,人们在选择旅游目的地和安排行程时主要依赖于旅行社或者自己独立探索。然而,随着社交媒体和OTA的兴起,越来越多的旅游达人开始通过分享自己的旅行经历、心得和建议来吸引关注和引导他人。这些旅游达人通常拥有丰富的旅行经验和独特视角,他们可以提供有价值的旅游攻略、景点推荐、美食介绍以及旅行技巧,成为其他旅游者的可靠导航。

截至2023年3月31日,抖音旅游达人超3.8万人,同比增长30%。这些旅游达人类型多样,包括旅行风景、环球旅行、旅行机构、旅行攻略等,其中增速最快的是环球旅行,增速高达93.5%。2023年3月抖音旅游不同类型达人数量同比增长情况如图4-22所示。

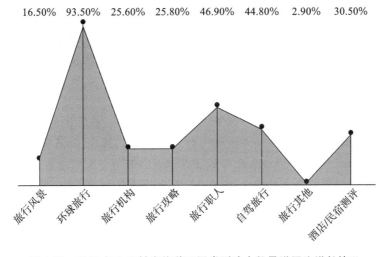

图4-22　2023年3月抖音旅游不同类型达人数量增同比增长情况

在抖音平台上,用户的出游行为链路得到了显著的缩短和整合。以往,用户在一个平台上浏览旅游内容,然后切换到另一个平台上购买。这种割裂的体验影响用户购买的流畅性和便利性。目前，抖音平台能够将用户的各个出游环节有机连接在一起。旅游用户在抖音的决策流程如图4-23所示。

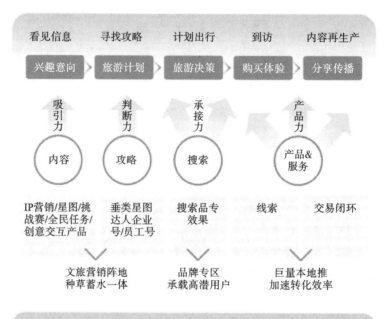

图 4-23 旅游用户在抖音的决策流程

4. 多元业态与消费新动向

从 2023 年抖音的乐园打卡和播放量数据中发现，主题乐园成为抖音热门旅游吸引物。特别是国际知名的主题乐园，如迪士尼和环球影城的入驻，成为抖音节假日打卡热门之地。当然，国内的主题乐园也在不断寻求差异化经营，力求让乐园与众不同，例如，成都欢乐谷和长隆度假区等本土主题乐园都具有成功经验。

此外，露营也成为一项受欢迎的旅游方式。在过去的几年中，露营风潮迅猛，催生了众多与露营相关的经济产业。然而，在消费者的旅游需求释放后，2024 年年初露营的热度开始逐渐下滑，人们更加理性地对待露营活动，注重品质的提升，例如，露营地的风景和安全性。

根据抖音对 2023 年 3 月一线和新一线城市夜间打卡量的统计数据，排名前三的城市分别是广州、深圳和上海，一线城市的夜间活力高于新一线城市。从区域来看，成渝城市群的夜间打卡量高于其他城市群，这表明西部城市的夜间消费活力正在逐渐崛起，展现出巨大的潜力。2023 年 3 月，地区夜间消费高峰 7 小时打卡量均值如图 4-24 所示。

按地区夜间消费高峰（16:00—22:00）7小时打卡量均值			
①	川渝：	成都、重庆	51923
②	珠三角：	东莞、佛山、广州、深圳	46766
③	长三角：	杭州、合肥、南京、宁波、苏州、上海	33606
④	京津冀：	天津、北京	29716

按地区（新一线）夜间消费高峰（16:00—22:00）7小时打卡量均值			
①	川渝：	成都、重庆	51923
②	珠三角：	东莞、佛山	37990
③	长三角：	杭州、合肥、南京、宁波、苏州	29619
④	京津冀：	天津	21240

图 4-24　2023 年 3 月按地区夜间消费高峰 7 小时打卡量均值

这些数据反映出一线城市在夜间消费方面的活力较高，同时也揭示了西部城市夜间经济潜力。了解这些趋势和数据可以为旅游行业和城市管理者提供重要决策参考，帮助他们了解消费需求，并开发更具吸引力的夜间旅游和娱乐项目，推动城市旅游发展。

2023 年 4 月，成都欢乐谷在抖音上进行了一场国潮风格主题活动，活动主话题播放量突破 2 亿次。欢乐谷也受到了线下游客的喜爱和追捧。成都欢乐谷通过在抖音平台活动成功吸引了大量的消费者关注和参与。

资料来源　https://baijiahao.baidu.com/s?id=1768662406746455017&wfr=spider&for=pc

解析：

2023 年，中国旅游业无论是供给端还是需求端，都迎来了全面复苏。2023 年第一季度，抖音平台"旅行"相关内容发布人数占平台全行业比重第二位。超 4 亿旅游兴趣用户在抖音观看旅游内容，用户对旅游内容的互动指标也逐步增长，中国居民出游意愿提升，微度假和跨省游持续增温。旅游企业应紧跟市场变革的步伐，精准把握行业趋势，为旅游消费者提供有价值的服务。

(三)社会性网络服务营销

社会性网络服务(Social Networking Services, SNS)是指帮助人们建立社交网络的互联网应用服务。SNS营销是随着网络社区化而兴起的营销方式。SNS社区在中国的发展时间不长但成长迅速,SNS现在已经成为备受广大用户欢迎的一种网络交际模式,如网络聊天、交友、视频分享、博客、播客、网络社区、音乐共享、贴吧,以及国外的推特(Twitter)、脸书(Facebook,后更名为"元宇宙",Meta)等。SNS营销推广就是利用SNS网站的分享和共享功能,通过"病毒式"传播手段,将企业的产品推广到更多的人群中。

提升品牌知名度和扩大品牌影响力是SNS营销推广重要的营销价值之一。一般来说,知名SNS媒体都拥有数量庞大的用户群,这些用户里蕴含着众多潜在客户。旅游景区通过与这些知名SNS媒体进行合作,可快速提升自己的品牌知名度和扩大自己的品牌影响力。除此之外,SNS营销推广还有助于旅游景区管理者倾听来自消费者的声音,了解消费者的需求及意见,进行有针对性的改进,更好地满足消费者的需求,提升消费者对旅游景区产品与服务的满意度与忠诚度。因此,旅游景区需要思考如何运用SNS营销推广策略,抓住SNS的巨大商机,实现营销推广新的突破。

> **知识活页**
>
> **互联网经济时代如何打造网红景区?**[①]
>
> 网红经济是互联网发展的产物,网红景区通过网红群体或组织进行景区宣传,运用短视频和网络直播等多种媒体迅速打开景点知名度。"打卡"对中国年轻人而言并不陌生,年轻一代对于一座城市的认知,已经从官方打造的城市地标,转变成为由艺术家、设计师或者文化商业品牌所带来的独特的文化、城市生活和艺术体验。
>
> 1. 网红营销可以为景区带来什么
> (1)高速传播:用最短的时间、最短的路径抵达最多的目标客户。
> (2)流量爆发:在KOL的影响下,流量呈现指数级增长。
> (3)品牌形象提升:促使景区形象年轻化,助力品牌形象优化。
> (4)收入渠道拓宽:网红带货逻辑,增加景区特色产品销售渠道。
>
> 2. 如何打造网红景区
> 无论是视频还是评论,都呈现出高品质和"真善美"的价值观。一千个平庸景区的宣传方式抵不过一个优质"网红"的传播效果,景区优质内容借助社交互动数据精准触达目标客群,才能使目的地营销具有效果。
>
> 永兴坊的"摔碗酒"、重庆的"轻轨穿楼"、厦门鼓浪屿的"土耳其冰激凌"、山东济南宽厚里的"连音社"和张家界的天门山等,这些网红景点的快速传播具有一定的偶然性、阶段性和营销性。网络热度并不能让一个景区长红不衰,一个景区的发展成熟,绝不能仅仅靠营销和宣传,而必须

---

① https://zhuanlan.zhihu.com/p/137721020。

要让旅游产品、后续服务和管理都跟上，包括文化主题、景观价值、优质的基础设施及服务水平、市场吸引力等，从而延长"网红"属性的存续时间。

1）培育粉丝社群，善用营销渠道

营销人员应传递出更多具有体验价值的旅游信息，用市场喜爱的形式内容包装设计宣传资料，以寻求与顾客建立情感连接。同时，要活用抖音、微信、微博等新媒体传播渠道，精心策划创意营销活动，通过IP运营、热点营销，再加之文化赋能创造更多与潜在和现实游客互动体验的机会。景区IP是具有穿透力的特色主题，利用成熟IP打造IP运营链，选取热点事件引发关注，有效利用城市独有资源。

2）搭建共创平台，重视"草根"力量

事实上，抖音绝大部分的创意和智慧都来自民间，不仅仅局限于明星宣传，也会将"草根"力量加入旅游营销，实现营销话语权的转移。例如，丹寨万达旅游小镇全球招聘"轮值镇长"，吸引网红参与，让网红成为代言人，并通过他们的影响力带动粉丝互动，让古法造纸、蜡染等地方文化遗产通过图片、视频进行分享，产生良好的推广效应。

3）网红景区打造——"旅游＋文化＋互联网"

在文旅融合的时代背景下，景区不仅要善于运用自媒体与网络直播手段，还要在精准营销的同时深挖景区的文化内涵。

(1)善用自媒体打造精准营销系统。

善于运用自媒体与网络直播手段，是现阶段网红发展的要求。移动视频在现阶段网红发展中承担重要角色，短视频或直播显然更受到粉丝的关注。未来网红产业的创意策划、内容制作以及分发都将发生重大变革：专业创意团队、组织化生产、标准化作业，以及跨平台、多渠道内容分发，使网红触及用户更加广泛，快速生产成为可能，且避免了创意的枯竭和风格的单一。在专业机构崛起、团队运作成为主流的情况下，景区仅靠游客或粉丝的有意无意地传播而走红，具有随意性与不确定性，因此必须进行精准营销。

(2)善用网红品牌打造旅游目的地。

景区在借助外力进行专业化运作的同时，特别要重视那些营销网红，他们横跨公关、社交、新媒体和内容营销，产生巨大品牌传播影响力。运用网红人群作为品牌代言人，需要考虑网红人群形象与旅游目的地形象吻合。可见，景区要善于利用网红品牌进行营销模式变革，通过"场景化＋规模化"产生品牌效应，将口碑营销、品牌营销和体验营销等营销方式引入营销模式之中。

(3)善用内容营销打造文化个性。

网红经济根植于内容产业，网红生命力取决于内容本身。特色产品以及有文化含量的产品只有具备传播高附加值与文化底蕴，才能维持旺盛、长久生命力。否则,刻意打造并无丰富内容的景区,很快就会因为游客、粉丝的失望而成为昙花一现的败笔。新奇特的景区容易成为网红景区,背后都有历史文化或创意的支撑。被网络视频热捧的重庆洪崖洞夜景和西安永兴坊"摔碗酒"习俗,就得益于当地独特的建筑格局和文化习俗。挖掘景区文化个性,要运用文化旅游、遗产旅游的思路,特别是要重视挖掘当地物质文化遗产与非物质文化遗产中具有鲜明个性的内容。

(4)善用全域旅游打造持久吸引力。

打造网红景区实际上是一场全员公关与全员营销:以全域旅游为导向,进行旅游品牌形象设计、旅游产品规划及要素包装、旅游目的地全域化氛围营造;突破区域局限,推动功能互补、特色突出、彼此融合的跨区域旅游线路,把休闲旅游、遗产旅游、红色旅游、康体旅游等主题串联起来,将整体旅游品牌打造成为网红品牌。

经济欠发达地区,旅游起步晚、基础设施比较薄弱的网红景区,更应实施全域旅游发展战略,完善基础设施与配套设施,提升服务质量,做到名实相符。此外,还要加强旅游购物管理,规范旅行社经营行为,建立健全旅游综合监管机制,为发展网红景区全方位保驾护航。

第三节 智慧景区与电子商务融合的发展模式

一、智慧景区的概念与内涵

(一)智慧景区的概念

智慧景区是基于新一代信息技术,为满足游客个性化需求,提供高品质、高满意度服务,而在旅游景区内对各种资源和信息进行的系统化、集约化管理变革。经过近几年的应用实践,本书认为:智慧景区是指利用云计算、互联网、物联网、遥感、3D、GIS、VR、AR等新技术,将景区的经营管理与服务高度智能化,使景区的旅游管理和服务高度在线化和数据化,实现景区、资源、游客、当地居民的和谐统一。因此,智慧景区使旅游服务的满意度持续提升,促使景区的经营和发展更加健康与和谐。景区能够通过智能网络对景区地理事物、自然资源、旅游者行为、景区工作人员行迹、景区基础设施和服务设施进行全面、透彻、及时的感知,对景区资源、景区工作人员和游客行踪实现可视化管理,并优化再造景区业务流程和智能化运营管理,从而提高对旅游者的服务质量。

(二)智慧景区的内涵

广义的智慧景区是指科学管理理论同现代信息技术高度集成,并与外界通过网络互联互通,实现人与自然和谐发展的低碳智能运营景区。这样的景区能够更有效地保护生态环境,为游客提供更优质的服务,为社会创造更大的休闲价值。狭义的智慧景区是指数字景区的完善和升级,只能够实现可视化管理和智能化运营,考虑较多的是管理效率;而广义的智慧景区能对环境、社会、经济三大方面进行更透彻的感知、更广泛的互联互通和更深入的智能化发展,考虑更多的是管理效益和服务效益。因此,狭义的智慧景区强调的是技术因素及应用,广义的智慧景区不仅强调技术因素,更强调管理、服务与环境生态因素,追求的是社会整体利益。

二、智慧景区的"智慧"体现

智慧景区的"智慧"主要体现在旅游服务的智慧、旅游管理的智慧和旅游营销的智慧三大方面。

(一)旅游服务的智慧

智慧景区从游客出发,通过信息技术提升旅游体验和旅游品质。游客在旅游信息获取、旅游计划决策、旅游产品预订支付、享受旅游和回顾评价旅游的整个过程中都能感受到智慧景区带来的全新服务体验。

智慧景区通过科学的信息组织和呈现形式让游客方便快捷地获取旅游信息,帮助游客更好地安排旅游计划并形成旅游决策。

智慧景区通过基于物联网、无线技术、定位和监控技术实现信息的传递和实时交换,让游客的旅游过程更顺畅,提升旅游的舒适度和满意度,为游客带来更好的旅游安全保障和旅游品质保障。

智慧景区推动传统的旅游消费方式向现代的旅游消费方式转变,并引导游客产生新的旅游习惯,创造新的旅游文化。

(二)旅游管理的智慧

智慧景区将实现传统旅游管理方式向现代旅游管理方式转变。通过信息技术,可以及时准确地掌握游客的旅游活动信息和旅游企业的经营信息,实现旅游业监管从传统的被动处理、事后管理向过程管理及实时管理转变。

智慧景区将通过与公安、交通、工商、卫生、质监等部门形成信息共享和协作联动,结合旅游信息数据形成旅游预测预警机制,以提高应急管理能力,保障旅游安全。智慧景区还将通过以上机制,实现对旅游投诉以及旅游质量问题的有效处理,以维护旅游市场秩序。

智慧景区依托信息技术主动获取游客信息,形成游客数据积累和分析体系,全面了解游客的需求变化、意见建议及旅游企业的相关信息,实现科学决策和科学管理。

智慧景区还鼓励和支持旅游企业广泛运用信息技术,改善经营流程,提高管理水平,提升产品和服务竞争力,增强游客、旅游资源、旅游企业和旅游主管部门之间的互动,高效整合旅游资源,推动旅游业整体发展。

(三)旅游营销的智慧

智慧景区通过旅游舆情监控和数据分析挖掘旅游热点和游客兴趣点,引导旅游企业策划相应的旅游产品,制定对应的营销主题,从而推动旅游业的产品创新和营销创新。智慧景区通过量化分析和判断营销渠道,筛选效果明显、可以长期合作的营销渠道。智慧景区还充分利用新媒体传播特性,吸引游客主动参与旅游的传播和营销,并通过积累游客数据和旅游产品消费数据,逐步形成自媒体营销平台。

黄果树——智慧景区与电子商务的融合发展

黄果树风景名胜区自2012年开始智慧景区建设,截至2024年3月,在智慧景区建设方面,已建成了智慧景区运营管理指挥调度中心、智能可视化系统、免费Wi-Fi全覆盖、可视化决策平台和产业数字化平台。在电子商务方面,已建成官方门户网站、微信公众平台、自媒体平台官方账号和电子门票服务系统,游客在游览前、游览中和游览后遇到的大部分问题可以在线上平台得到解决。

一、智慧景区建设现状

1. 智慧景区运营管理指挥调度中心

黄果树智慧景区运营管理指挥调度中心整合了景区的物联感知设备和业务管理系统,不仅实现了智慧运营的日常监督管控,还可以智慧调度应对紧急指挥和工作调度,更集成了观光车调度、监控调度及大数据分析与决策功能。依托指挥调度中心的数据分析,根据游客的年龄、来源地、性别、结构组成,利用大数据后台生成游客画像,制定景区的整体营销战略和推广策略,为游客提供定制化的旅游服务。在景区智慧指挥调度中心的智慧管理显示屏上,景区地理标志、自然资源、游客行为、景区工作人员行踪清晰可见,方便景区工作人员监管和调度。

2. 智能可视化系统

智能可视化是一套集游客分流、安防、车辆管理、视频监控、救助系统、平安城市等子系统为一体的管理系统。240余个摄像探头实现了景区全方位、全方面的覆盖。每个探头捕捉的画面,通过景区高速网络及时传输到集团公司数据中心。数据中心对数据进行分类存储并映射到指挥中心屏幕上,为旺季现场指挥、车辆调度、游客分流起到了全面的辅助作用。

3. 免费Wi-Fi全覆盖

景区免费Wi-Fi是2014年的建设项目,解决了游客在景区上网难的问题,特别是在旅游旺季,景区人多,移动网络速度非常慢。全面覆盖的免费网络为游客在景区内上网提供了便利,随时随地就可以发送朋友圈、短视频等,充分运用消费者自媒体优势,加速黄果树景区的宣传与推广。

4. 可视化决策平台

黄果树智慧景区可视化分析决策平台,通过对黄果树景区的景观资源、游客及票务情况、景区基础设施和服务设施等进行全面、透彻、及时感知,实现对全景区实时监控。它可以直观、充分地展现黄果树景区整体态势,为景区管理者提高景区运行效益以及园区管理效率,提供数据决策支撑。科技感十足的景区三维可视化效果、丰富直观的数据分析展现形式、重点区域的监控视频矩阵、景区全体系的数据融合,使得整个景区态势一览无余。

5. 产业数字化平台

2021年,黄果树景区与华为云达成了合作协议。2022年6月,合作成果——"黄果树产业数字化平台"上线了,借助华为云服务,通过服务场景化、应用实例化实现应用架构的全面升级。同时,"黄果树溜达"小程序上线,游客可一键订购门票、旅游套餐、酒店、向导服务、文旅商品,方便了深度游的用户。

二、旅游电子商务系统

1. 建立官方门户网站

游客外出旅游前大多先在网上查询相关信息并安排行程。黄果树景区建立了官网,打开网站,游客可以根据需求查询相关信息(见图4-25)。主页有七个模块,分别是首页、新闻资讯、精彩活动、走进黄果树、玩转黄果树、互动社区、预订中心。

图4-25 黄果树官方网站页面

在黄果树官方网站,黄果树景区内的各种美图在首页自动循环翻转。新闻资讯模块可以看到景区动态、景区公告和世界旅游三个部分,其中,景区公告实时更新。精彩活动模块主要是景区举办的一些活动,如黄果树瀑布节和黄果树啤酒节,还有坝陵河低空跳伞赛、旅游标准化和"四创"专栏。走进黄果树模块分为自然黄果树、人文黄果树、体验黄果树、美图欣赏、视频欣赏,游客在这里不仅看到黄果树的自然美景,也可以了解黄果树周边民族风俗,比如布依族的六月六、丧葬习俗、蜡染等,还有屯堡特色餐饮、庙会、服饰,以及滑石哨布依民俗村悠久的历史、黄果树奇石馆各种有特色的石头、黄果树景区内各种地质地理、名人与黄果树的渊源。玩转黄果树模块是交通指南,游客输入出发地,相应的飞机、火车、汽车交通方式会弹出来。此外,该模块还有主题游、自驾指南、旅游攻略、景区内酒店详情介绍、美食推荐、特色小吃介绍、休闲娱乐场所介绍。互动社区模块是黄果树景区官方微博和游客问题解答。预订中心模块和飞猪平台对接,接入黄果树旅游旗舰店。

2. 官方微信公众号与微信小程序

官方微信公众号是"黄果树景区"(见图 4-26)。公众号分为瀑布之声、门票预约、在线客服三个模块。此外,官方公告也在第一时间在小程序更新。瀑布之声分为工作动态、职工风采和集团讲习所三个部分。工作动态和集团讲习所是链接到门户网站的内容。门票预约模块可以预约贵州省景区门票、酒店和各种旅游产品,以及预订黄果树景区直通车和订单查询。在线客服模块可进入到景区自助导览小程序和快行漫游微商城,以及常见问题解答。

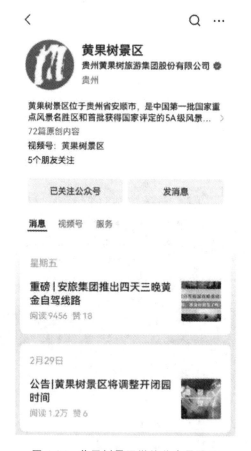

图 4-26 黄果树景区微信公众号页面

黄果树有微信小程序"云赏紫云旅游导览"(见图 4-27)。在这里,游客可以实现自助导览、预约门票和景区内的酒店、拍照花草识别,还能看到景区公告。此外,在景区概览模块,可以看到陡坡塘、天星桥、黄果树瀑布三个景区各景点的 AR 全景、景点介绍、视频欣赏、语音和文字讲解。

图 4-27 "云赏紫云旅游导览"微信小程序页面

在景区售票处门口,工作人员引导未购票的游客扫码进入微信小程序"快行漫游商城"(见图 4-28)模块线上购票,将人工售票窗口留给特殊人群使用,避免了游客拥挤,特别是在旅游旺季游客不用长时间排队购票。此外,小程序还设有酒店、跟团游、自由行、限时特价、美食、攻略、多彩贵州、私人定制、新闻中心、活动中心、旅游商品、租车、景区导览模块。

3. 自媒体平台开通官方账号

景区建立了新浪微博"安顺黄果树景区"官方账号(见图 4-29)。景区通过微博展示公告、景区相关政策、景区活动大事记,日常也会分享和转发黄果树景区的美景图片、视频和旅游攻略。同时,除了宣传黄果树的美景,还经常参与宣传社会正能量。

抖音账号"安顺黄果树景区"(见图 4-30)操作简单,一键登录即可浏览和分享,根据用户浏览视频停留时间计算用户喜欢的类型,然后会给用户做同类型的视频推荐,无论是年轻人还是老年人都能在这里找到喜欢的视频推荐。"安顺黄果树景区"的抖音账号第一条视频发布于 2020 年 7 月,截至 2024 年 3 月,共发布视频 220 条,开设了云游天龙屯堡景区、"食"在黄果树、"住"在黄果树、"云游黄果树景区"等 9 个模块,获赞 25.6 万,粉丝 4.3 万。点击"查看门店"链接,用户可以预订门票,至今已有 10.1 万条评价。

快手也是当今较受欢迎的短视频平台。快手账号"安顺黄果树景区"(见图 4-31)的第一条视频发布于 2020 年 5 月,截至 2024 年 3 月,单视频点赞最多 6500 次。景区在快手平台以视频分享、景区宣传为主,不能预约购票。

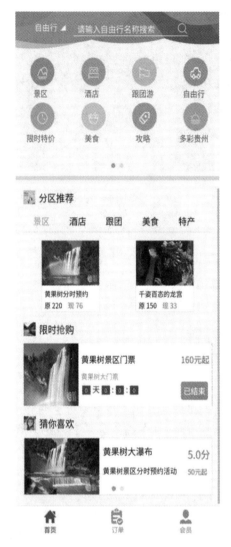

图 4-28 "快行漫游商城"微信小程序页面

图 4-29 "安顺黄果树景区" 新浪微博页面

图 4-30 "安顺黄果树景区"抖音页面

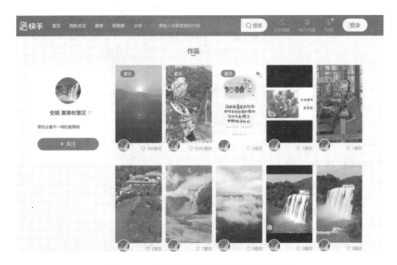

图 4-31 "安顺黄果树景区"快手页面

4. 门票电子化

黄果树景区完成了线上业务与国内主流OTA平台的无缝对接,实现了景区门票电子化(见图4-32)。游客线上购票后,凭身份证和人脸识别进入景区和乘坐景区观光车,身份证只需刷一次,之后人脸识别就可进入各个景点。电子门票确保了游客快速进入景区,有效减少了游客排队等待的时间。

图4-32　黄果树景区门票的携程购买页面

自2019年起,景区实行实名制分时预约售票和电子检票。这解决了景区旅游高峰期的入园拥堵问题,获得了游客一致好评。同时,系统能精准监测人流量,制定应对方案,降低运营成本。

资料来源　http://www.cbdio.com/BigData/2022-11/15/content_6171036.htm.

解析:

黄果树风景名胜区可以从以下几方面持续提高智慧景区与电子商务融合发展。一是让自媒体平台账号"活起来",成为黄果树景区活招牌。微博、抖音、快手自媒体平台上的短视频应进一步丰富内容,不局限于自然旅游资源、人文旅游资源和景区公告的宣传,还可以通过形象大使拍摄情景剧、短片、美食分享等,提高热度、吸引游客驻足、增加视频曝光率。二是在景区内推出 AR 导航。景区规划面积 163 平方千米，全程游览时间 5 个小时。为提高游览效率，景区可以和地图软件合作，推出景区内的 AR 导航，为游客提供精准定位和人性化智能语音播报。三是增加景区内智能显示屏数量及信息量。景区在各个重要节点设置智能显示屏来同步景区信息，可以促进游客自我调节，合理安排行程。

三、基于旅游电子商务的智慧景区服务系统

智慧景区旅游电子商务平台主要分为旅游管理、旅游营销和旅游服务三大功能模块。这三大体系中，旅游管理与旅游营销是景区建设的基础，是实现景区精细化服务的基本前提与重要保障，旅游服务是景区建设的最终目的。从某种意义上说，只有服务于游客的信息化应用才是智慧旅游景区。

基于旅游电子商务的智慧景区服务系统在结构上可分为三个层次：一是大数据中心，主要包括数据仓库和数据挖掘；二是平台支撑，主要有智慧景区服务系统平台和数据接口；三是服务应用，主要有网站、移动终端应用、论坛及其他形式。

(一)大数据中心

大数据中心是整个系统的数据基础，主要功能有数据仓库和数据挖掘。智慧化管理的各个层面的应用都是建立在对基础数据掌握和应用的基础之上。根据目前智慧景区建设的现状来看，多数景区已经能够根据规范来规划自己的大数据中心建设，这些景区之间的主要区别仅在于数据汇聚的来源多寡和数据资源的详细程度。

目前，景区能够获得并存储的数据主要有自身 GIS 地理空间数据、游客出入闸机数据、票务系统数据、景区游客分布数据。在电子商务平台上，能应用的数据主要有票务系统数据、游客查询数据、游客比例构成等。

数据挖掘是在数据仓库中，从不同来源的系统数据中提取潜在的有价值的信息，通过抽取、转换和装载，合并到新的数据整合仓库，为营销、决策、管理等多个系统提供数据支持。对于景区自身来讲，整合自有数据中心的数据和电子商务平台的数据，能够对其进行基础的数据分析和基础的游客喜好统计等。通过一定时间的数据积累，能够掌握一定时间内游客趋势变化情况、游客来源情况、游客需求等方面的内容，在一定程度上达到优化景区管理、满足游客个性化服务的目的。

(二)平台支撑

智慧景区服务系统的主体是一个电子商务服务和景区数据对接的系统平台，其主要优点为能够整合游客、景区、旅行社等各个方面的票务、旅游资源等信息，提供交流和销售的渠道，使游客获得实时且高质量的旅游信息，使景区能够获得一个稳定的销售渠道。

服务平台作为系统支撑，提供了整个服务系统的运维，通过技术对接、数据输入等不同的数据交换手段，从数据仓库获得信息资源，实现票务预订、产品销售、酒店预订等业务的推广。

服务平台通常采用面向服务架构，实现数据库信息共享，通过数据梳理和数据清

洗，整合各应用系统的数据，实现平台和各业务系统无缝对接，提升运营效率。其网络结构主要依托互联网，并通过其他手段对接景区局域网、小型专网等网络。

游客可以通过电脑、手机和其他移动终端访问电子商务平台及拓展应用，如微门户、微信小程序等，根据自己的喜好获取相关信息；平台可以根据用户请求调用数据仓库中的信息，反馈给游客并提供相应的服务。同时，还可以根据游客的访问情况，汇总到大数据中心，为数据挖掘提供数据支持。

（三）服务应用

旅游阶段可以划分为游览前、游览中和游览后。针对各个阶段的特点，服务应用的建设可以考虑如下内容。

1.游览前的服务应用

1）景区旅游信息

通过旅游电子商务平台，景区能够展示的旅游信息有游客量、客源信息、旅游行程、数字化地图、天气、GIS地理信息、旅游线路、游客服务设施等。

2）电子商务信息

它涵盖"食、住、行、游、购、娱"各环节景区能够提供给游客的支付方式、支付情况、配合电子商务所提供的服务。目前，如携程、飞猪等电子商务服务商，已经形成了完整的电子商务支付体系，景区可以结合自身实际，自由选择自建系统或直接与第三方平台合作，构建符合自身需求的服务应用。

2.游览中的服务应用

游览中的服务应用主要包括移动端的数字地图导览和语音导览服务、客服咨询服务系统、电子票务系统。电子票务系统包括通过旅游电子商务平台预订景区门票、酒店住宿、交通票等，并且通过二维码扫描等实现自动检票过闸、酒店快捷入住等功能。

在以往的智慧景区建设中，不少景区通过在园区内设置二维码，通过扫码方式实现景点介绍，随着移动App的发展，逐渐出现了景区App自助导览。景区在智慧建设中，逐渐将导览和咨询系统相对接，积累出成熟的移动终端应用经验。

目前，部分设备服务商已整合出成熟的系统，能够通过接口和景区数据库及电子商务平台进行对接，实现凭二维码等方式直接入园。景区的数据中心可以将游客的入园信息通过闸机的管理系统及电子商务平台的票务系统采集到自己的数据仓库，或者利用第三方平台的用户数据分析，提供用户画像、客源地分析等分析报告。

3.游览后的服务应用

1）客户反馈分析

客户反馈分析是指通过电子商务平台和第三方平台的口碑评价分析等机制，对景区管理进行决策分析，提高运营能力。

2）客户体验发布

客户体验发布是指通过平台的交流互动渠道，如平台论坛、微博、微信及第三方旅游攻略网站，为游客提供一个相互交流体验的场所，旅游电商可以广泛地收集游客的意见并进行相应的营销宣传。目前，携程、途牛、去哪儿等综合类的旅游电商都针对移动终端推出了旅游网站和App，通过这类旅游网站和App进行旅游信息查询及写点评、游记等。

四、景区旅游云电子商务平台体系的构建

(一)景区旅游云电子商务平台的特征

云计算是基于互联网相关服务的增加、使用和交付模式,通常涉及通过互联网来提供动态易扩展且经常是虚拟化的资源。云计算按照服务类型大致可以分为三类:基础设施即服务(Infrastructure as a Service,IaaS)、平台即服务(Platform as a Service,PaaS)、软件即服务(Software as a Service,SaaS)。旅游云平台提供的是一个海量旅游信息处理、信息交互和服务的平台,用户不用考虑终端的运算能力、存储能力、负载能力等问题,这些工作都将由云平台来完成,以实现资源共享和网络协同工作,从而极大地提高网络资源的利用率和平台运行效率,这些都直接影响着用户体验。基于旅游云构建的电子商务平台具有如下主要特征。

1. 虚拟化

云计算将传统的计算、网络和存储资源通过提供虚拟化、容错和并行处理的软件,将其转化成可以弹性伸缩的服务。

2. 弹性伸缩

云计算运用网络整合众多的计算机资源,形成技术存储模式,实现多种功能,包括并行计算、网格计算、分布式计算、分布式存储等。

3. 提高工作效率

与原有的工作站单独计算的模式相比,云计算模式能在很短的时间内完成,实现效率的提升。

4. 资源使用计量

云计算的服务是可计量的,付费标准是根据用户的用量收费。在存储和网络宽带技术中,已广泛使用了这种即付即用的方式。

5. 按需自助服务

云计算具有规模大、用户多、安全可靠性高的特点,用户可按需进行自助服务。

6. 经济性

在达到同样性能的前提下,组建一个超级计算机所消耗的资金很多,而云计算通过采用大量商用计算机组成机群的方式,所需要的费用与之相比要少得多。

(二)景区旅游云电子商务平台的总体架构

1. 总体架构设计

智慧景区旅游云电子商务平台,主要由企业资源管理、零售业务处理、移动业务处理、核心订单处理、旅行社业务处理五个子系统组成,实现旅游产品的在线交易和旅游规划、资源、业务的一体化管理,如图 4-33 所示。该平台一方面通过提供多种服务方式,满足游客全程动态旅游信息服务需求,增强游客体验,提高游客满意度、舒适度,提升旅游景区的品牌形象;另一方面,可整合旅游信息资源,拓展景区周边中小企业的营销渠道,延伸旅游产业链,从而提高经济效益。

2. 旅游云电子商务平台系统架构

基于旅游云的景区电子商务管理平台是由景区门禁系统、餐饮住宿系统、投诉处理

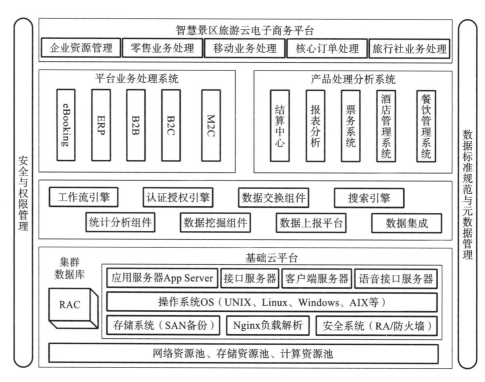

图 4-33 智慧景区旅游云电子商务平台总体架构

系统、旅游咨询系统、交通管理系统、景区监控系统、营销系统及其他应用系统集成构建，如图 4-34 所示。根据系统平台所采集集成的数据，为景区经营管理制定相应的营销流程、销售流程、服务流程，然后实施整个活动，最后将活动中产生的数据、信息记录到数据仓库中，并且可以直接运用到电子商务平台服务中。

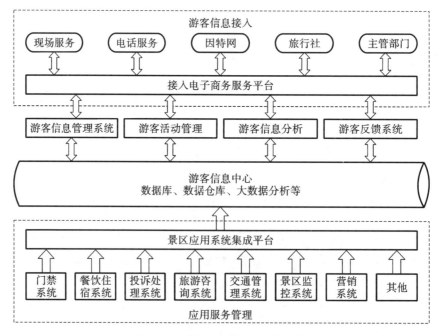

图 4-34 旅游云电子商务系统架构

(三)景区旅游云电子商务平台的关键技术

1. 旅游云电子商务平台大数据采集技术

旅游云电子商务平台大数据采集技术主要是通过手工数据采集或动态数据采集方式,将组织所需的数据从下级统一采集到组织统一数据库中,并为组织的核心业务系统(旅游云电子商务平台)提供统一、集中的存储服务。统一布局,避免各个业务系统重复建设存储系统,并将多个专业系统的数据经过抽取进行整合,存储到整合数据库中,通过整合加工完成数据的统一管理,为更深入的数据分析及数据共享提供支持。

2. 旅游云电子商务平台数据信息存储备份技术

基于旅游云的存储备份系统是由存储设备、网络设备、集群中间件、虚拟服务器、业务管理、公用访问接口及相应协议标准等多个部件协同作用共同组成的复杂系统。各部分以存储设备为核心,通过应用软件来对外提供数据存储服务。根据各部分逻辑功能的不同,基于云存储的在线备份系统由存储资源层、资源配置层、运行管理层、业务接口层四部分组成。数据安全通过层间加密和认证保证,达到数据不可抵赖性、可用性、完整性和保密性。

3. 旅游云电子商务平台数据接口规范

这是指依托旅游景区一体化基础旅游云架构,建设采用SaaS模式、面向互联网和移动终端、开放的旅游开发平台。它可以确定旅游数据模型,确定数据采集规范,包括"食、住、行、游、购、娱"等数据采集规范;规范旅游云端数据信息存储、备份规范,解决互联网及终端服务平台的无缝接入关键技术,实现目的地景区资源移动互联网和移动终端的集成应用;和原有互联网数据系统互联互通,目的地一体化营销服务平台对接和支撑,多媒体信息移动平台展示、消息推送、移动导航在旅游业整合应用,多平台终端系统数据同步和标准兼容技术,移动设备和PC设备的移动订单业务流转处理,基于位置兴趣点搜索技术等。

4. 旅游云电子商务平台数据分析可视化技术

旅游云电子商务平台数据分析可视化技术是指对数据库中的周期数据及信息交换提供的在线数据进行深加工处理。信息分析提供了统一的商业智能软件工具,不但支持综合信息平台的决策功能开发,也是其他信息系统的决策功能的统一开发平台。通过可视化技术,可将组织关键指标数据在平台上清晰直观地展示出来,并能根据指标、时间、组织结构(管理职能)生成三类报表,还可以在查询时任意组合指标,生成满足不同要求的报表,形成智慧旅游景区信息展示的窗口,以满足游客及相关人员的信息查询与共享需求。

> **本章小结**
>
> 旅游景区电子商务是旅游电子商务的重要组成部分,是以景区为核心,通过先进的信息技术整合景区门票、酒店、餐饮、娱乐、交通、观光车、演出表演等各方面相关资源,为旅游者提供饮食、住宿、出行、游玩、购物、娱乐等全方位高质量的个性化旅游服务。
>
> 按照旅游景区电子商务网站的控制主体及所提供的业务内容,可以将旅

游景区电子商务分为由销售方控制的第一方电子商务模式、由中介方控制的第三方电子商务模式和由旅游目的地政府主导创建的地方性旅游服务网站模式三大类。

旅游景区电子商务的发展意义：促进旅游资源整合，实现景区规模效益；降低景区运营成本，提高运营效率；满足游客个性化需求，提高旅游自由度。

我国旅游景区电子商务的发展趋势：商务模式将会继续创新；规模化经营将成为主要趋势；网站功能整合程度提高；移动自媒体将成为主要营销渠道。

旅游景区电子商务的营销模式：第一方电子商务模式、第三方电子商务模式、地方性旅游服务网站模式和其他网络营销推广模式。其中，其他网络推广营销模式包括搜索引擎营销、网络视频推广和社会性网络服务营销。

智慧景区的"智慧"主要体现在旅游服务的智慧、旅游管理的智慧和旅游营销的智慧三大方面。

基于旅游电子商务的智慧景区服务系统在结构上可分为三个层次：一是大数据中心，主要包括数据仓库和数据挖掘；二是平台支撑，主要有智慧景区服务系统平台和数据接口；三是服务应用，主要有网站、移动终端应用、论坛及其他形式。

讨论与思考

1. 试比较第一方电子商务模式、第三方电子商务模式和地方性旅游服务网站模式的优劣势。
2. 列举你知道的景区旅游电子商务模式，结合某一具体旅游景区，详细介绍其使用的2—3种电子商务模式。
3. "网红打卡"时代，旅游景区如何运用新型网络营销推广模式？
4. 旅游景区智慧化建设的主要目标是什么？
5. 试分析景区智慧化建设与电子商务融合发展的原理及实施措施。

 案例分析

从"爆红"到"长红"——新阳村乡村旅游抖音营销破圈之路

新阳村位于黑龙江省鸡西市城子河区长青乡，素有"靠山吃山，靠水吃水"之称。长期以来，该村以煤矿为主要经济来源。然而，随着煤矿资源的逐渐枯竭，村民们面临着生计困境和生态环境恶化的现实。为了摆脱困境，班主任带领村民探索乡村旅游发展。经过多年的努力，他们建立了以农业观光、果蔬采摘为主的旅游项目，并打造了多条旅游路线，丰富了游客体验。然而，尽管举办了葡萄采摘节等活动，但游客数量并未持续增加,这成为困扰着村民和村主任的难题。

为解决这一难题,村里的大学生小吴回乡创业,提出利用抖音等新媒体平台进行宣传推广,并得到了村主任的支持。同时,村委会还邀请了专业的咨询团队,与村主任一起分析了乡村旅游发展中的困境,并提出针对性的解决方案,包括加强营销宣传等。

在专家的指导下,村主任迅速组织了抖音营销团队。小吴负责平台搭建和内容策划,村主任则担任出镜主人公。团队决定以党建引领作为首要内容,真实且充满正能量地展现新阳村的乡村风貌和旅游项目。虽然团队发布了多条视频,但一直没有引起太大反响。然而,一条关于新阳村星空露营的视频在抖音上突然火了起来,成为鸡西市的热点话题,吸引了大量粉丝和游客的关注。随着视频的爆火,新阳村迎来了大量游客,旅游收入明显增加。在与专业团队合作后,新阳村抖音账号开始树立品牌特色,重点呈现乡村旅游资源,同时结合时事热点创作系列故事,形成鲜明的品牌特色,如图4-35所示。

图4-35　新阳村村主任用抖音短视频宣传新阳湖

团队意识到视频质量比数量更重要,以草根创作方式展示新阳村的风景、土特产、风土人情、传统文化等内容,赢得了粉丝的共鸣和对田园生活的向往。此外,借助抖音平台,新阳村开通了抖音小店,销售本地农产品,为村民提供了新的销售渠道,也为乡村经济带来了质的提升。村主任发现,与网络红人合作可以增加新阳村的曝光度。团队开始利用抖音平台的话题流量来蹭热度,不断提升视频质量。团队积极回复粉丝评论和私信,参与话题讨论,并与粉丝进行互动,增进粉丝对新阳村的认同和支持。

这一系列的努力和探索,使得新阳村在乡村振兴中逐渐找到了出路。抖音营销团队的建立和运作为新阳村带来了客流量的稳步增长和旅游收入的明显提升,为村民提供了更多的就业机会和经济来源。同时,新阳村的品牌形象也得到了树立和提升,吸引了更多的游客和投资者,为乡村振兴注入了新的活力和希望。

新阳村通过抖音等新媒体平台进行营销宣传,开展电子商务活动,实现了乡村振兴的目标。其开展的乡村旅游景区电子商务在推广景区形象、增加游客消费、提升品牌价值等方面起到了重要作用,也为其他乡村发展旅游提供了可借鉴的经验和启示。归纳来说,主要体现在以下几个方面。

一是新媒体平台的利用。通过抖音等新媒体平台进行宣传推广,展示了村庄的风土人情、自然风光和旅游资源,吸引了大量粉丝和游客的关注。这些平台为景区提供了一个广阔的宣传舞台,让更多人了解和关注新阳村。

二是电子商务的开展。开通了抖音小店,销售本地农产品,为村民提供了新的销售渠道。这不仅为村民提供了更多的就业机会和经济来源,也为乡村经济带来了质的提升。通过电子商务,景区可以将本地特色产品推向更广阔的市场,提高销售额和收入。

三是品牌形象的树立。在抖音等平台上树立了品牌形象,重点展示了乡村旅游资源和特色文化,形成了独特的品牌特色。这有助于提升景区的知名度和美誉度,吸引更多游客前来参观和消费。

四是互动与粉丝关系的维护。抖音营销团队积极回复粉丝评论和私信,参与话题讨论,并与粉丝进行互动,增进了粉丝对景区的认同和支持。通过建立良好的粉丝关系,景区可以提高游客的忠诚度和顾客回头率,实现长期稳定的客流量和收入增长。

思考题:

1. 试分析新阳村可采取哪些措施完善电子商务服务体系,以提升旅游服务品质和游客体验。

2. 借鉴电子商务最佳实践,试讨论新阳村可采取哪些措施持续拓展农产品销售渠道。

3. 试讨论新阳村可利用哪些数字媒体推广其乡村旅游品牌形象和知名度。

实验四 短视频营销与视频制作

一、实验目标

掌握短视频营销方法与视频制作方法。

二、实验内容

短视频营销与视频制作训练。

三、知识准备

(一)短视频营销的特点和方法

在4G、5G技术普及以后,以抖音、快手为代表的短视频平台不断涌现,短视频的内容形式得到了极大的丰富。短视频低成本、轻量化、碎片化、即时性、社交性、细分性等特点,也使得短视频的传播效果不断提升。相较于图文,短视频更具形象性和可读性,也更容易激起消费者的购买欲望,这种天然的强娱乐性和话题性,能够快速吸引流量。

短视频营销是随着互联网以及短视频的发展而产生的一种新兴的营销模式,通常是以短视频平台为核心,以短视频的内容、创意等为导向,通过对短视频内容进行精心策划,以实现品牌塑造、商品营销等目的的一种营销形式。

1. 短视频营销的特点

(1)传播度高。一则优秀的短视频在经过初期的发酵后,往往可以在非常短的时间内实现非常高效的传播,具有十分明显的营销效果。

(2)互动性强。短视频具有互动性强的特点,可以实现用户与用户、商家与用户之间的多向互动。

(3)社交属性强。个体使用社交网络的动机主要包括自我展示以及获取归属感两大方面。用户可以通过评论、点赞、分享等方式与发布者形成社交链条,还可以通过关注、粉丝、好友等功能,建立用户之间的社交关系。

(4)营销数据可视化。短视频发布后,商家可以明确地了解播放量、点赞量、评论数量,以及粉丝增长情况。

(5)用户精准。短视频内容的垂直化倾向愈发明显。垂直化的生产内容,能够更加凸显自己的特点,有辨识度,让用户更容易记住,如打造 IP。

2. 短视频营销的方法

(1)选择合适的短视频平台。了解各个短视频平台的优势和劣势,选择适合自己的短视频平台,才能精准地找到目标用户群,精准开展短视频营销活动。

(2)用优质内容引流。包括明确目标受众、打造爆款内容、优化标题与封面、与其他视频号或头部品牌合作与联动、定期更新与维护。

(3)与电商结合。短视频营销的最终目的是销售和流量变现,而要实现这一目标,就需要将短视频营销与电商结合起来,创建便利的购物渠道,将短视频带来的流量引导至电商购物页面,实现流量的实际转化。

(二)短视频的拍摄

1. 拍摄流程

拍摄流程包括构思选题、撰写脚本、拍摄素材和后期制作。

2. 拍摄要求

(1)保持画面水平。确保取景的水平线和垂直线与取景器或液晶屏的边框保持平行。

(2)保持画面稳定。只有保证了视频拍摄的稳定性,才能获得更好的后期效果。

(3)把握拍摄时间。通过分镜头拍摄同一个动作或同一个场景的不同镜头,组成完整视频,能够从多方面直观地展示商品,提高视频的吸引力。

(4)寻找独特视角。这是制作好视频的关键,以此达到构建环境的目的。

3. 镜头语言

(1)景别。景别主要指摄像机与商品或模特之间距离的远近,反映在画面上为商品或模特的大小。景别一般分为远景、全景、中景、近景与特写。

(2)运镜。运镜是指镜头自身的运动,常见的运镜方式包括固定镜头、推镜头、拉镜头、跟镜头、摇镜头和移动镜头。

(3)构图。构图包括居中构图、三分法构图、对角线构图、对称式构图、框架构图、三角构图、引导线构图、镜面构图、螺旋构图。

4. 拍摄技巧

(1)多重角度,指不同人称视角切换。

(2)景别组合。同一画面,不同景别组合呈现,可以增加画面的层次感。
(3)巧用转场,可以让视频更加动感。
(4)现场收音,指用声音突出画面,常用于环境音。

(三)短视频的后期制作

1. 视频处理工具

1)剪映

剪映是一款全能的视频剪辑 App,具备视频拍摄和剪辑功能,自带多种视频特效和模板,让用户能够轻松地完成手机拍摄、剪辑和发布短视频等相关操作。

2)Adobe Premiere Pro

Adobe Premiere Pro(简称 Pr)是 Adobe 公司开发并推出的一款常用的视频编辑软件,其编辑画面质量较高、兼容性较好,并且能够与 Adobe 公司推出的其他软件相互协作,是视频编辑爱好者和专业人士常用的视频编辑工具。

3)会声会影

会声会影是一款功能强大的视频编辑软件,既能够满足家庭及个人的剪辑需求,也适用于专业级剪辑,适合大部分用户使用。

4)爱剪辑

爱剪辑不但具有操作简单、功能强大、速度快、画质好、稳定性高、特效多等特点,而且拥有去水印、添加特效、添加字幕、添加素材、添加转场动画、叠加贴图等功能。

5)万兴喵影

万兴喵影是一款功能丰富且便捷易用的视频编辑软件,它不仅提供了剪辑、分割、合并、裁剪、拼接等基础剪辑功能,还有片段编辑、视频变速、画中画、视频字幕、贴纸元素、转场效果、视频滤镜等特色功能。

6)达芬奇

达芬奇(DaVinci Resolve)是一款集剪辑、调色、视觉特效、动态图形和音频后期制作等功能于一体的视频处理软件,相比 Pr 更全面。它可以在多个平台上使用,包括 Mac、Windows 和 Linux。

2. 视频剪辑方法

1)标准剪辑

标准剪辑是指直接将视频素材按照时间顺序拼接组合。

2)J Cut

J Cut 是一种声音先入的剪辑手法,即下一视频画面中的音效在画面出现前响起,适合用于给视频画面引入新元素。

3)L Cut

L Cut 是指上一视频画面的音效一直延续到下一视频画面中的剪辑手法。

4)匹配剪辑

匹配剪辑是指连接的两个视频画面通常动作一致或构图一致的剪辑手法。

5)跳跃剪辑

跳跃剪辑是指两个视频画面中场景不变,但其他事物发生变化的剪辑手法,通常用来表现时间的流逝。

6）动作剪辑

动作剪辑是指当人物角色或拍摄主体仍在运动时切换视频画面的剪辑手法。

7）交叉剪辑

交叉剪辑是指不同的两个场景中来回切换的剪辑手法。

8）蒙太奇

蒙太奇是指在描述一个主题时，将一连串相关或不相关的视频画面组接在一起，以产生暗喻的效果。

3. 视频转场方法

1）技巧转场

技巧转场是指用一些光学技巧表现时间的流逝或地点的变换。在视频剪辑中，常用的技巧转场有淡入、淡出、叠和划。

2）无技巧转场

无技巧转场，通常以前后视频画面在内容或意义上的相似性为依据转换场景。无技巧转场主要有利用动作的相似性转场、利用声音的相似性转场、利用具体内容的相似性转场、利用心理内容的相似性转场、空镜头转场、特写转场和遮挡镜头转场。

4. 视频音频处理

1）噪声处理

视频中的噪声会严重影响用户的听觉感受，所以，在剪辑视频时应消除视频素材中的噪声。

2）添加音效

音效是一种由声音制造出来的效果，能够增加一些场景的真实感并烘托气氛，在不同视频的场景中添加不同的音效会更加突出视频要表达的效果。

3）背景音乐

背景音乐通常根据视频的内容主题、整体节奏选择，以契合视频画面氛围与节奏，提高用户观看视频的舒适度。

5. 字幕制作

在制作字幕的过程中，需要保证字幕的准确性，避免出现错别字误导用户，造成负面影响。添加字幕的位置也需要谨慎考虑，一般来说，应避开视频标题、水印等出现的位置，以免相互遮挡。竖屏视频可以将字幕设置在画面的1/4处，横屏视频可以将字幕设置在画面上方或下方。

6. 视频的封面和结尾

1）视频封面

视频封面通常有视频和图片两种方式，要求包括：时长（针对视频）在3秒以内，画面清晰完整，且没有压缩变形的情况，画面重点突出，画面和文字相符合，不偏离主题，文字清晰，字体规范，不能遮挡视频画面的主体。

2）视频结尾

视频结尾通常包括没有片尾、使用普通片尾和使用影视片尾三种方式。没有片尾，指视频播放结束后便立即重新播放；使用普通片尾，即呈现一张请求用户点赞、收藏、关注的圆形图片；使用影视片尾，即类似于影视剧的滚动字幕。

四、实验步骤

（一）软件选取

选择一款视频剪辑处理软件，将之前拍摄或收集的旅游商品、文创产品或土特产的照片或视频进行短视频制作。

（1）在处理器首页点击"开始创作"进入操作界面，如图4-36所示。

（2）在相册中选取相关照片或视频，如图4-37所示。

图4-36　"剪映"首页

图4-37　选取照片界面

（3）点击三角形播放键从头试看视频，如图4-38所示。

（4）选择需要调整顺序的部分前后移动进行换位，如图4-39所示。

图4-38　播放界面

图4-39　移动拉条界面

(二)给视频添加音频

(1)点击软件下方"音频",界面会跳转至音乐库,如图 4-40 所示。
(2)也可以在搜索栏中输入关键词搜索匹配的音频,如图 4-41 所示。
(3)选取好合适的音频后,回到操作界面播放视频、音频,如图 4-42 所示。

图 4-40 音乐库界面　　图 4-41 搜索音乐界面　　图 4-42 播放视频、音频界面

(4)使视频场景的切换音频踩点,可以通过缩短或拉长"分割线"来对准时间轴,如图 4-43 所示。
(5)使视频开头音频淡入、结尾音频淡出,点击音频"淡入淡出"并且设定时长,如图 4-44 所示。

图 4-43 音频踩点界面　　图 4-44 音频设置界面

(三)转场技巧

(1)切换下一场景,可以运用转场效果,软件自带素材库,设置转场模式和设定速度时长,如图 4-45 所示。

(2)转场模式设置后,回到播放页面,选择的切换部位会有图标显示,如图 4-46 所示。

图 4-45　转场模式界面

图 4-46　转场图标

(四)设置视频封面

(1)点击"设置封面",选择自定义或相册导入,如图 4-47 所示。

(2)设置成功后,点击"保存"生成封面,如图 4-48 所示。

图 4-47　封面设置界面

图 4-48　封面生成界面

(五)导出、保存视频

(1)将制作完成的视频导出或上传,如图 4-49 所示。

(2)完成的视频保存在本地相册并在软件首页显示,如图 4-50 所示。

图 4-49　导出视频界面

图 4-50　视频保存完成界面

第五章
酒店电子商务

学习引导

酒店电子商务是指通过现代网络信息技术实现酒店商务活动各环节电子化的过程,其具有时空性、聚合性、个性化和经济性等特点。酒店分销策略是通过各种渠道销售客房以获取利润的行动,通常是直接渠道和间接渠道结合使用。酒店电子商务网络营销是以互联网为基础,利用数字化信息和网络媒体的交互性来达成酒店营销目标的一种酒店网络营销方式,是酒店电子商务的核心内容。酒店电子商务主营业务模式包括多维度单售酒店业务模式、"酒店+机票"模式和"酒店+联票"模式。酒店电子商务网络推广策略主要有酒店自建网站推广、搜索引擎推广、社会化媒体推广、微信推广、电子邮件推广和"病毒式"推广。

学习目标

1. 了解酒店电子商务的概念、特点和发展现状。
2. 了解酒店电子商务网络营销的概念、功能和特点。
3. 熟悉酒店的分销渠道和分销策略制定的原则与方法。
4. 掌握酒店电子商务网络营销的主营业务模式和推广策略。
5. 探索如何将新媒体应用于酒店电子商务网络营销的推广。

素养目标

1. 理解国家创新战略对旅游产业发展的引领推动作用,坚定中国特色社会主义道路自信和理论自信。
2. 领悟中国式现代化发展理论为我国酒店业实现数字化转型和高质量发展指明了方向,探索和思考传统酒店数字化转型发展的方法和措施。

第五章 酒店电子商务

思维导图

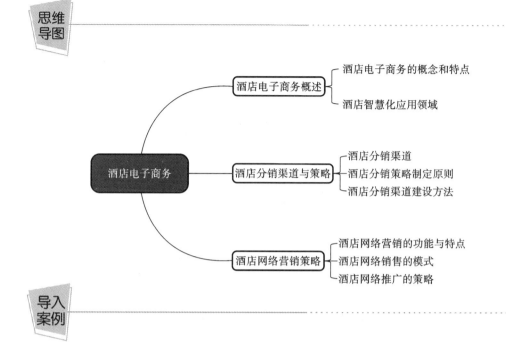

导入案例

"互联网+"重构酒店行业产业链[①]

目前,互联网对酒店的渗透主要体现在行业整体链条的销售环节。酒店传统的客流来源主要是由企业客户、旅行社团客、散客等构成。随着互联网及移动终端的应用和普及,酒店在线预订成为主流,酒店从依托优势地段保证客源变为通过互联网进行流量导入来招揽客流,改变了传统的酒店行业产业链,如图5-1所示。

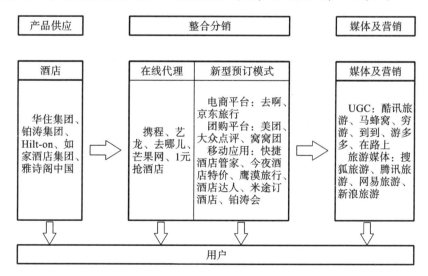

图5-1 酒店互联网产业链

成熟的互联网销售渠道给酒店行业带来了巨大的生机。比如,携程、去哪儿等提

---

① 前瞻产业研究院《2021—2026年中国酒店行业发展前景与投资战略规划分析报告》。

供的在线旅游服务平台,美团、大众点评等的团购预订模式,马蜂窝、穷游等媒体营销UGC,还有腾讯旅游、网易旅游等旅游媒体的助力,都让酒店行业的销售渠道日益多元化。而移动互联网的快速发展也催生了酒店行业O2O的巨大机会,很多酒店集团都开始采用移动端直销渠道,如掌上如家、铂涛会等。

解析:

随着现代网络信息技术在酒店行业的应用,以及互联网与移动终端的发展与普及,酒店从内部管理到外部销售都将发生质的变化,这给酒店带来了机遇与挑战。那么,酒店行业应如何通过电子商务改善其内部经营管理与市场营销呢?

第一节 酒店电子商务概述

一、酒店电子商务的概念和特点

(一)酒店电子商务的概念

酒店电子商务是指通过现代网络信息技术实现酒店商务活动各环节电子化的过程,包括通过网络发布、交流酒店基本信息和商务信息,以电子手段进行酒店宣传、促销、开展酒店服务、进行电子交易,也包括酒店内部流程的电子化及管理信息系统的应用等,是电子商务在酒店行业中的具体体现。例如,7天连锁酒店是我国第一家开拓酒店电子商务的经济型酒店,成立伊始,7天连锁酒店就把企业核心竞争力的方向锁定在电子商务上。7天连锁酒店的创始人郑南雁是计算机专业出身,曾创办电脑软件公司和任职携程旅行网,并于2005年创办了7天连锁酒店。自创办伊始,郑南雁就与其团队建立了IT电子信息技术平台,并不断创新,使之演变成为酒店的核心竞争力。目前,我国经济型连锁酒店纷纷建立了电子商务网站,如城市便捷酒店、锦江之星、如家酒店、汉庭酒店、格林豪泰酒店等。

从技术基础角度来看,酒店电子商务是采用数字化电子方式进行酒店信息数据交换和开展商务活动。从应用层次来看,酒店电子商务可分为两个层次:一是面向市场,以市场活动为中心,包括促成酒店交易实现的各种商业行为,如网上发布信息、网上公关促销、市场调研、网络洽谈、网上咨询、网上交易、网上支付、售后服务等;二是利用信息技术整合管理酒店内部资源、优化酒店内部管理与外部联通的流程,实现酒店信息化管理,即酒店管理信息系统。酒店电子商务一方面最大限度地优化订房模式,满足来自不同渠道的消费者的定房需求,另一方面酒店管理信息系统涵盖了酒店管理的方方面面,如中央预订系统、物料计划管理系统、电务管理系统、中央报表系统等。

(二)酒店电子商务的特点

酒店电子商务不仅指酒店电子交易,而且还包括应用现代网络信息技术手段进行商业性信息发布、传递、交流酒店信息的活动。酒店电子商务是将信息技术和手段应用在酒店经营管理与市场营销各环节,其运营成本低、用户范围广、无时空和地域国界的限制。因此,酒店电子商务具有以下特点。

1. 时空性

网络无国界,互联网用户遍及全球,使信息可以在世界各地传播与共享。酒店行业可以利用网络的许多增值服务,如全球分销系统使酒店预订信息或相关信息能与世界各地的客户共享,突破了地域时空的限制。酒店在线预订功能可以提供24小时不间断的服务,使酒店产品可以随时随地地在线销售,各酒店可以向世界各地的客户提供酒店销售信息与预订服务。

2. 聚合性

传统酒店面向游客的产品和服务是提供住宿即可。但是,采用电子商务的酒店可利用互联网推广方式将酒店信息资源、服务资源、客户资源集中起来,同时连接整合旅游业的上下游产业,如集合金融服务机构、旅游营销机构、航空公司等企业形成一个巨大的产业链条。酒店网络平台实现了酒店的供求消息、信息更新、在线预订功能的整合聚集效应,酒店和客户之间可以充分利用B2C的交易方式进行买卖。

3. 个性化

旅游业的电子化发展,出现了各种新兴旅游方式,由传统的观光旅游到旅游文化体验的转换,旅客的组团方式也向个性化的自助游方式转变。酒店行业作为旅游发展的三大支柱产业之一,对于其满足散客、大客户的多种预订需求也提出了更高的要求。电子商务的高效率在线预订功能可以适应这种多样化的预订需求。

4. 经济性

区别于传统的实体经济,网络经济是因采用电子商务模式而出现的一种新型虚拟经济。著名的网络经济法则——Metcalfe法则指出,互联网的价值等于节点数的平方,在互联网中,当用户的数量增加时,用户之间的交易机会将以成倍的速度增加,网络总的交易机会相当于互联网节点数目的平方,每一位新的用户将会给其他网络用户带来额外价值。如今,电子商务运用于旅游酒店,为全球的旅游者和旅游企业所使用,信息资源会随着网络节点的增加而被广泛利用,共享的人也越来越多,体现出酒店电子商务发展的巨大潜力。

> **知识活页**
>
> **中国在线酒店预订市场渗透率存在增量空间**[①]
>
> 《2021中国酒店业发展报告》显示,截至2021年1月1日,全国住宿业设施总数为44.7万家,酒店业的设施和客房数分别占我国住宿业的62%和95%。餐饮业务在近年来的发展更是不言而喻。Econsultancy发布的《2021年网络消费者趋势报告》中指出,疫情加速了消费者在线消费习惯的改变,我国约有61%的消费者进行在线购物。

---

① 前瞻产业研究院《2021—2026年中国酒店行业发展前景与投资战略规划分析报告》。

从在线住宿预订行业渗透率来看,渗透率呈逐年递增态势,如图5-2所示。数据显示,2019年中国在线住宿预订行业渗透率为40.50%。相较于机票/火车票市场80%—90%的渗透率,目前中国在线住宿预订行业渗透率还是相对较低,在线酒店预订市场提升空间广阔。

在2020年6月酒店集团应用App月活跃用户规模Top 10榜单中,酒店独立App端用户规模差距较大。首旅如家以152.46万人月活跃位居榜首,居于第二名的华住酒店月活跃为82.76万人,第三名格林酒店为63.39万人,如表5-1所示。

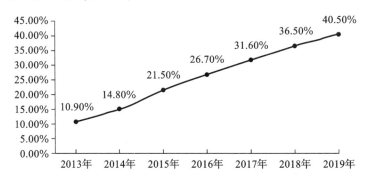

图5-2　2013—2019年中国在线住宿预订行业渗透率

表5-1　2020年6月酒店集团应用Top 5榜单

排　　名	应用名称	月活跃用户规模/万人
1	首旅如家	152.46
2	华住酒店	82.76
3	格林酒店	63.39
4	锦江酒店	37.76
5	东星会	13.06

二、酒店智慧化应用领域

大数据时代的到来,开启了酒店运营智慧化。数字技术将为酒店宾客提供各种潜在、预先或超前的技术应用。智慧酒店拥有一套完善的智能化体系,它将渗透与融合在酒店各个经营管理环节和服务全流程中,以提升消费者的良好体验并实现低碳运营。智慧酒店的建设与发展最终体现在酒店的智慧服务、智慧经营、智慧控制三个应用领域中。

(一)智慧酒店客户服务系统

智慧服务是以人工智能和移动信息技术为基础的酒店服务模式,涉及酒店前台、房务、餐饮、宴会及酒吧等经营领域。目前,主要有酒店移动端和智能机器人的应用,如迎宾机器人、前台自助机器人、楼层运送物品机器人等。智能机器人的研发与应用,替代了酒店许多重复、低效的人工服务。这既可以降低人工成本,也可以向宾客提供安全、高效的非接触服务体验。

> **知识活页**
>
> ### 无人酒店——非住不可?
>
> 近些年,酒店业一直探索实现"全程无人值守+全方位智能住宿体验"的服务模式。全方位智能住宿模式早已落地,从入住到退房均由客人自助完成,全程无需工作人员协助。此外,还有通过一部手机完成预订、入住和退房的 Xbed 互联网酒店、搭载小米智能产品的隐世 Hutel,以及通过手机 App 预订、控制房内设备的 CitiWow Hotel 等无人酒店模式。无人酒店主要提供以下五种服务。
>
> 1.手机端预订,刷脸办理入住
>
> 在无人酒店,客人在 App 上办理登记后,可以直接在线选房,到店后在大堂凭身份证或刷脸自助办理入住。酒店自动入住终端如图 5-3 所示。
>
>
>
> 图 5-3 酒店自动入住终端
>
> 2.取代传统人工接待,智能机器人服务
>
> 国内已有许多传统酒店开始使用机器人带路和物流配送。在无人酒店中,几乎见不到一个工作人员,取而代之的智能机器人就显得尤为重要,不仅为用户提供引导接待服务,还提供顺畅热情的语音交互服务,给无人酒店增加了一丝温情。酒店物流配送机器人如图 5-4 所示。

图 5-4　酒店智能机器人

智能机器人的作用不止接待、语音互动和带路。当智能机器人带领客人到达客房门口后,它会询问客人是否需要开门,在客人确认后,协助打开房锁。当客人在客房需要加送物品时,通过语音下达指令,机器人便可以送物上门。智能机器人可以满足客人更多的服务需求,从细微之处提升服务品质。

3."各显神通"的智能门锁

随着智能门锁的普及,酒店逐步淘汰实体房卡。目前主流的智能门锁有二维码开锁、刷脸开锁、App 开锁、密码开锁、指纹开锁等多种方式,如图 5-5 所示。

图 5-5　手机二维码门锁

4.智慧客房体验

在客房体验上,无人酒店多配备智慧控制系统。无需房卡取电,进入客房后,灯光、电视、空调、窗帘等设备无需手动操作,通过语音或人体感应自动开启调节。由于技术不同,不同酒店在应用场景上存在差异。例如,在阿里未来酒店,智慧客房的大脑是"天猫精灵"(见图 5-6),通过天猫精灵语音控制房内各个设备,比如客人说"天猫精灵,帮我关上电视",即可关闭电视。而乐易住无人智慧酒店,可以使用人体感应技术智能判断调整房内设备。当客人进入客房时,灯光、电视、空调、窗帘自动打开;当感应到客人进入休息状态时,自动关闭灯光、逐渐减小电视声音、空调自动调节到 26 ℃。

图 5-6　阿里未来酒店智慧客房的"天猫精灵"

5. 手机一键退房,派单清洁客房

与传统酒店退房流程不同,无人酒店不仅入住体验智能,退房也同样高效便捷。客人退房免查房,无需在大堂等待,通过手机即可快速办理退房离店。客人退房后,由系统派单,保洁员工接单后前往客房进行标准化打扫。

资料来源　https://zhuanlan.zhihu.com/p/50075937.

解析:

"无人酒店",是产业变革和技术迭代发展产生的新业态。无人酒店并非概念上的"无人",它的核心是基于大数据、物联网、人工智能等技术,对传统酒店进行优化和革新,实现服务升级和满足用户的消费升级需求。《全国智慧旅游发展报告 2023》指出,超过 50%的游客希望提升旅游服务的智能化水平。提升旅游服务的智能化水平,已成为酒店未来能否脱颖而出的关键所在。但是提供什么和如何提供,是一个需要深入思考的议题。未来,酒店智慧服务在满足住宿这一核心服务基础上,需要将吃、住、行、游、购、娱等资源连接起来,持续提升智能体验效果和创新性,推出更贴近住客需求,让消费者体验更有趣、更便利、更有温度的酒店场景。

(二) 智慧酒店管理系统

智慧经营以各类经营数据分析、计算模型构建为基础,给企业决策和营销提供新的技术环境。从酒店营销流程上分析,智慧经营主要体现在网络营销、客源选择、销售渠道和收益管理等领域。从酒店渠道策略上,智慧经营融入酒店销售渠道策略的制定与实施,例如,直营网站、酒店各种新媒体营销和第三方订房平台。

(三)智慧酒店控制系统

智慧酒店控制系统利用计算机管理、通信、管理等技术,依托客房内智能控制器构建的专用网络,对酒店客房的安防系统、门禁系统、中央空调系统、智能灯光系统等进行智能化管理与控制,实时反映客房状态、宾客需求、服务状况以及设备情况等,协助酒店对客房设备及内部资源进行实时控制分析。智慧控制目前是应用发展空间最大的领域,其技术基础是物联网应用。通过数据采集、分析与反馈控制,实现酒店实时控制,提供符合客人需求的住宿环境。

杭州黄龙饭店的智慧酒店建设

杭州黄龙饭店是一家拥有全方位高科技智能体系的智慧型商务、会议及旅游酒店。黄龙饭店的核心品牌理念是:引领现代奢华体验,以"科技"为品牌战略手段,打造智慧型酒店,创造独特的宾客体验。

2020年以前,黄龙饭店智慧酒店1.0取得了优异的成绩,在内部管理、对客交互和节能减排方面都有较大提升。因此,黄龙饭店想延续酒店的数字基因,推进数字化转型,经过多次论证,黄龙饭店明确了建设智慧酒店2.0的战略目标,并迅速成立了项目小组。

为了尽可能地提高服务质量,最大限度地合理利用人力资源,黄龙饭店和安防领域的领军企业——杭州海康威视数字技术股份有限公司合作研发了视频AI,并将其应用在众多酒店管理和服务的场景中。在打扫客房卫生时,工作人员会佩戴专用的AI探头,视频AI会学习打扫动作以及识别抹布的颜色等。打扫记录实时上传,在打扫过程中如果出现不规范动作或是抹布太脏等情况,AI会预警提醒工作人员。除了戴在服务人员身上用于记录服务行为的AI之外,黄龙饭店还对酒店内原有探头进行了智慧改造。比如在南大堂、西大堂以及会议中心的AI探头可以绘制热力图,根据人员密集程度逐层提示,合理调度现场服务工作人员。

为了更好地处理客户投诉,黄龙饭店和科大讯飞基于黄龙饭店积累了五年的对客服务语音文件的深入分析,共同研发了黄龙饭店的语音AI。语音AI在接到客户的电话后,首先会根据客户说的关键词分析客户的来意,比如预订、投诉、空房、价格等。然后根据识别的结果,语音AI会解决顾客的问题。另外,语音AI还能识别客户在通话中的情绪,如果客户出现情绪过激的情况,语音AI会立刻将电话内容反馈给工作人员,通过人机协同,实现服务闭环,最大限度地提升服务品质。

为进一步通过数字化手段提升内部管理效率,黄龙饭店在每个数字化转型的节点都会产生一定的组织结构调整或是新的数字体系,例如,OTA、电商部门、黄龙会员、官网以及抖音直播等。因为它们在不同的时间段开发投产,各系统之间相对独立。现在到了需要互通的时候,智慧酒店2.0就是这个契机。

黄龙饭店通过与国内领先的酒店数字技术系统方案供应商——杭州绿云科技有限公司的合作,将酒店的饭店管理系统(PMS)和销售终端(POS)全面接入云端,许多设施设备的接口,比如智能电视、信用卡 PGS、早餐核销等也都逐渐互通。

至此,黄龙饭店的智慧酒店 2.0 布局基本完成(见图 5-7),饭店以钉钉作为统一的管理入口。在人力方面,采用钉钉提供的智能人事功能,统一管理员工花名册、组织结构、薪酬、门禁、访客申请、考勤等。在供应链端,黄龙饭店与合泰酒店进行销存打通,通过钉钉手机端请购审批。在运营方面,整体的业务运营依托绿云 PMS 平台展开,采用海康威视的视频 AI 进行产品和服务质检,以科大讯飞的语音 AI 和会员平台作为客户管理的主要工具。对酒店宾客而言,酒店提供高速无线网络、智慧客房导航系统、电视门禁系统、互动服务电视系统、DVD 播放器/电子连接线及插孔、床头音响、床头耳机、四合一多功能一体机,确保入住期间获得便捷、舒适的服务体验。

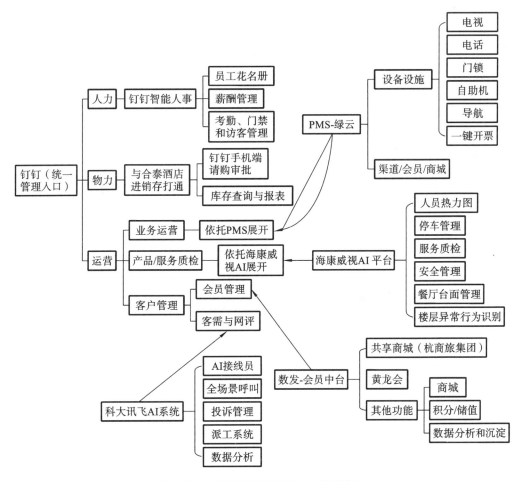

图 5-7　黄龙饭店智慧酒店 2.0 整体布局

资料来源　中国管理案例共享中心案例库:《杭州黄龙饭店的智慧酒店建设之路》(2023 年 7 月)(环球旅讯),https://www.traveldaily.cn/article/179131。

【知行合一】
思考:
1.黄龙饭店智慧酒店建设取得了哪些成就,存在哪些不足?

2. 在我国创新驱动发展战略的指引下,传统酒店应采取哪些具体管理措施,将新的数字化能力转变为企业核心竞争力?

第二节 酒店分销渠道与策略

一、酒店分销渠道

酒店分销策略是通过各种渠道销售客房以获取利润的行动计划。酒店通常会将直接渠道(如酒店网站、微信小程序、App)和间接渠道(如 OTA、抖音、全球分销系统和批发商)结合使用,目标是提高酒店知名度和入住率,满足目标客户群体,以更多地获得正面评价,以及最大限度地提高每间可订客房的营业毛利润和企业盈利能力。酒店应选择合适的渠道组合,以提升企业竞争优势和促进利润增长。

数字技术的发展让旅客在平板电脑和智能手机上便能获得旅行信息和预订选项,酒店也可以接触全球范围内的旅客。从酒店官网的直接预订渠道到一系列间接渠道的使用,酒店可以吸引更多的潜在消费者。

消费者旅行产品购买决策并不是线性的。Expedia 的最新一项研究表明,旅客在实现预订之前平均会进行 43 次的搜索。因此,在制订分销渠道策略时,酒店应确保自己的客房可通过各种直接渠道和间接渠道进行预订。酒店的主要分销渠道有以下七种。

(一)酒店官网

许多情况下,酒店销售渠道是自己或母公司的官网。除了宣传酒店的优势和特色以外,它也是酒店直接向消费者销售客房的唯一线上分销渠道。

当今,超过 50% 的网络流量来自智能手机和平板电脑。要最大限度地提高酒店官网的业绩,酒店设计的网站应具备加载速度快、易于在移动设备上使用,并且可以为旅客提供安全、流畅的预订体验的特点。

酒店还需要确保官网在百度及其他搜索引擎上出现在靠前位置或排名靠前。平均而言,51% 的网站流量来自自然搜索,即用户提出问题并点击进入提供最佳答案的网站。设计酒店的网站以使其排名靠前,这种方式称为搜索引擎优化(Search Engine Optimization,SEO),通常涉及关键词研究、内容创建和优化、技术优化和链接建设。酒店还需要在线上推广方面投入营销资金,以吸引消费者并促使其浏览和关注酒店官网。

(二)OTA

OTA 是连接游客和旅行服务提供商的数字化平台,游客可以在此预订机票、酒店、租车、活动、游轮等。每天,全球有数百万游客通过 OTA 预订商务和休闲旅行。

作为一种分销渠道,OTA 拥有大量主动购买旅行产品的消费者,并且能够吸引特定类型的旅客,提供的用于评估业绩的工具、市场分析和计划可以帮助酒店提高预订量。OTA还为酒店提供了更多参与套餐预订的机会,例如"机票+酒店""租车+酒店"等。一般情况下,OTA的收益方式是从每笔订单中向酒店收取佣金,虽然费用的多少因OTA而异,但通常是客房收益的一定比例。OTA是消费者修改或取消订单的主要联系方,使酒店专注于提升消费者入住期间的住宿体验。

(三)全球分销系统

全球分销渠道(GDS)是一种整合式预订网络,主要供旅行社为其客户实时预订机票、酒店及租车资源。Amadeus、Galileo、Sabre及中国的TravelSky等都是知名的全球分销系统。

作为一种分销渠道,GDS能够实现与多个旅行社系统的连接,酒店可以在一个界面上将房源信息更新到所有网络。这类渠道可以将酒店的房源信息在全球范围内显示,帮助酒店在最后时限售出剩余客房。

一般情况下,GDS会一次性收取设置费,然后从每笔订单中收取一定比例的佣金或固定佣金,费用的多少因GDS不同而有所差别。

(四)批发商

批发商是指以非常低的折扣价批量购买酒店客房晚数,并在加价后将其出售给旅行社和OTA的第三方。大型独立酒店和连锁店通常会通过批发商来最大限度地提高入住人数,确保达到一定的入住率。尽管批发商并不直接与旅客接触,但他们可以帮助酒店吸引其通过其他途径可能无法触达的国际消费者。酒店使用批发商这一渠道,可能产生多次加价(首先是酒店和批发商之间,然后是批发商和旅行社或OTA之间),从而导致房价差异,降低酒店盈利能力,使酒店出现难以控制对线上可售预留房的现象,降低消费者购买和入住体验。

> **知识活页**
>
> **万豪国际签约Expedia——酒店批发业务的优化分销商**
>
> 万豪国际集团签约Expedia,使Expedia成为万豪酒店提供网络批发业务的全球独家优化分销商。
>
> 随着优化分销商模式的推出,万豪正在改变其与第三方旅行提供商之间重新分配公司批发价格和供应情况的方式。通过合作,万豪国际集团利用Expedia行业领先的技术和企业级服务,创建一个单一网关来重新分配万豪国际集团的批发库存。Expedia的B2B部门Expedia Partner Solutions提供的优化分销模式,将解决万豪酒店批发再分销模式的复杂性和低效率问题。这一单一网关解决方案还可为旅行者提供一致且可靠的购物体验,确保通过值得信赖的第三方旅行提供商准确显示酒店特点、房价和费用。
>
> 当今的批发分销格局既分散又复杂。酒店需要浏览错综复杂的第三方分销商和技术标准网络。这一新解决方案通过为全球所有万豪酒店提供单点访问和统一技术,释放了Expedia的技术力量和规模,将使万豪能

够更有效地管理其批发业务。分销商将不再直接从万豪获得房价和库存的访问权限,而是与 Expedia Partner Solutions 签订合同以获得访问权限,前提是此类分销商遵守万豪的分销标准。除了利用 Expedia Partner Solutions 作为万豪国际批发价格的优化分销商之外,直接从万豪获取批发价格的旅游运营商仍可继续开展该业务。对于万豪酒店来说,新的优化分销模式将降低当前再分销市场的成本和复杂性问题,并提升消费者体验。

万豪国际的数字、分销、收入战略和全球销售负责人 Brian King 表示:"在万豪,我们的首要任务是提升消费者服务水平和透明度,同时提高企业和特许经营商的盈利能力。借助 Expedia 的这一创新解决方案,我们可以增强对休闲旅游提供商的服务能力和影响力,解决分销挑战并提高我们世界各地酒店的盈利能力。"

资料来源 https://welcome.expediagroup.com/.

(五)旅游经销商

旅游经销商专注于为旅客打造端到端旅行体验,即从游客预订机票或住宿开始,到旅程本身,以及返回常住地的整个过程,旅游经销商在所有阶段提供无缝体验。为此,旅游经销商通常以折扣价将度假的各个部分(机票、中转、酒店、餐饮、向导和活动)相结合,并将结合后的套餐直接出售给旅客或通过 OTA 和批发商出售给旅客。

旅游经销商通常专门服务于某一国家和地区(如美国)或某一领域(如打高尔夫球、滑雪或潜水)。如果酒店的位置、服务或设施与旅游经销商擅长服务的地区和目标客户需求一致,这一分销渠道将具有优势。

(六)目的地推广机构

目的地推广机构通常是政府机构,包括地区旅游发展委员会和旅游局,负责在旅游目的地推广旅游产品。他们制定并执行营销战略,以提高旅游产品销售额和社区经济发展水平。许多酒店都会自动出现在目的地推广机构建立的网站上,酒店通常可以通过合作来提高房源曝光度。

(七)线下渠道

不要忽略了线下分销渠道。与来自酒店网站的预订类似,线下渠道(如电话或电子邮件)可以让酒店点对点销售产品,了解客户体验,并最大限度地提高酒店的盈利能力。线下渠道的关键是酒店需要持续跟踪这些渠道,积极回复客户的咨询,尤其当酒店具有大规模线下销量时。

二、酒店分销策略制定原则

没有普遍适用的分销策略,最好的方案应是使用多种渠道并思考酒店的业务目标、住宿经济以及目标客户群体。酒店组合使用分销渠道时,应考虑以下关键要素。

(一)明确业务目标

在尝试新的分销渠道之前,酒店应了解当前业绩,并明确酒店新的业务目标。这不仅有助于酒店确定合适的分销渠道组合,还可以评估渠道策略结果是否达到目标。

目标示例:①吸引更多国际旅客(通常提前预订且入住时间较长);②在淡季提高入住率以提高盈利;③降低对单一分销渠道的依赖度;④提高酒店在最后时限售完空房的能力。

(二)关注核心消费者

酒店应了解和关注核心消费者心理。核心消费者即对酒店的盈利有利且优先考虑酒店提供的服务和设施的宾客。酒店关注核心消费者,有助于酒店选择分销渠道并确定其优先顺序。无论酒店的核心住客是享受奢华夏日假期的国际旅客,还是在最后时限使用预算的旅客,酒店都应关注其偏好的预订渠道。事实上,酒店只需了解客户是国内客户还是国外客户,就能帮助其确定努力的方向。来自OTA的市场信息报告有助于酒店寻找和锁定业绩突出的地区与细分市场。

(三)掌握酒店盈利能力

每间客房的营业毛利润(GOPPAR)是一项关键业绩指标,该指标可以帮助酒店评估分销渠道对利润的影响。平均客房收益(RevPAR)可以帮助酒店掌握和管理预留房、房价和收益期情况。而营业毛利润将收益和支出考虑在内,可以反映真实的盈利能力。

通过对各个分销渠道(包括直接预订渠道)的营业毛利润进行比较,考虑包括网站开发、会员计划、直接营销和客服中心的支出,酒店可以更好地了解、最大限度地提高分销渠道组合的盈利能力。

计算酒店营业毛利润,需要从酒店总收益中减去总支出,然后除以酒店的可预订客房数。

$$营业毛利润 = \frac{(总收益 - 总支出)}{可预订客房数}$$

(四)采用具有竞争力的房价

除了寻找合适的分销渠道组合,制订具有竞争力的价格策略也是分销策略的重要组成部分。实时了解市场情况和竞争对手的价格有助于酒店优化自己的价格。

OTA和渠道管理系统提供的工具可以帮助酒店了解不断变化的市场情况。例如,Expedia的"收益优+"是一款免费的收益管理工具,该工具以独特的方式收集实时的市场数据,可预测入住率并提供具有竞争力的价格分析。

(五) 实时数据分析

鉴于创新的动态性和快速变化的消费者偏好,持续监控并优化分销渠道的业绩至关重要。应经常分析在渠道供应商投入的成本及其贡献,关注不同季节、日期、节日或特定市场条件下的业绩变化;及时增加或减少预留房,以保持最佳渠道组合,推动利润增长。

三、酒店分销渠道建设方法

制订好分销策略后,采取以下措施可大幅提高分销渠道的业绩。

(一) 适合的移动设备

目前,来自智能手机和平板电脑的旅行预订量越来越多,因此适合移动设备的网站可提高酒店直接开展业务的能力。除了确保酒店的网站可快速加载且易于使用外,酒店还需要注重优化移动设备预订引擎,以提供流畅且安全的预订体验。

(二) 最大限度地发挥内容的价值

展示有关酒店提供的服务和设施的详细信息,例如,从游泳池、免费早餐到空调和室内娱乐等,并分享大量照片,让消费者可以更好地预想入住场景,从而充分利用和扩大线上销售渠道覆盖范围。此外,酒店应了解如何优化OTA房源,以吸引适合酒店的住客并与之建立联系。

(三) 掌握酒店业绩指标

要提升各分销渠道的业绩,酒店需要熟悉业内普遍使用的核心指标,以评估业绩并与同行竞争企业进行比较。酒店需要了解可以从每种指标中获得哪些信息,以及无法从中获得哪些信息,然后建立酒店的业绩评估机制。

(四) 使用渠道管理系统

如果酒店尚未使用渠道管理系统,就需要权衡节省的时间、超额预订风险以及分销渠道旅客的增多是否能够提高酒店的投资回报率。很多OTA都可以提供此类服务,例如,Expedia Group 的合作伙伴可以在登录状态下访问全球分销系统供应商。

(五) 维护并最大限度地提高线上声誉

酒店在响应式服务和住客体验方面的声誉几乎会出现在整个数字化世界,这会直接影响酒店获得订单的能力。酒店需要制订相应的策略,以最大限度地增加"5星好评"数量,并快速回复住客的反馈,无论是正面反馈还是负面反馈。

知识活页

酒店业销售渠道分化——龙头企业注重直销布局

酒店业的直销主要依靠会员等自有渠道，代销渠道则以OTA为主。目前，我国酒店行业的销售渠道可以分为直销和分销两种。

1. 直销渠道

直销渠道是酒店集团通过会员、中央预订系统、前台散客、协议客户等自有渠道进行销售，例如国内的三大酒店集团——锦江、华住、首旅，均建立了官网并独立开发App、微信小程序等。自有渠道的客户黏性较强，对品牌的忠诚度高，且大量客源与数据的沉淀有利于集团公司内部资源共享和提高运营效率，但是建设投资成本较高，会员培养也需要一定的时间。自有渠道直销更加适合规模较大的连锁酒店集团。

目前，龙头集团发力会员体系建设，注重直销渠道建设。2022年度，酒店集团开业规模稳定推进，市场连锁化程度集聚，规模化趋势加速。据迈点研究院发布的"2022年度中国酒店集团规模60强榜单"，锦江酒店、华住集团、首旅如家酒店集团仍为我国酒店集团前三名。目前，酒店行业市场集中度较高，头部集团的市场主导优势愈加凸显。

大型酒店集团着力会员建设的目的在于提高用户黏性和品牌忠诚度、实现集团内部数据共享，从而提高经营效率、有效控制渠道费用。通过多年的会员培育，龙头企业近年来保持着较高的直销占比。华住集团2022年财报显示，有80%的订单来自中央预订系统，76%的订单来自会员。2017—2023年，万豪国际借助飞猪等阿里巴巴旗下及生态内公司发展的新会员已超1000万人。截至2023年，万豪国际飞猪旗舰店也已积累了超过409万粉丝。

2. 分销渠道

分销渠道主要包括OTA、旅行社、团购等线上线下代销，目前酒店销售普遍使用的OTA有携程、同程、去哪儿网等。OTA可以充分利用互联网的便捷性和流量优势，向酒店输送大量客源，OTA的佣金比例在3%—10%这一区间波动。

OTA作为酒店的下游渠道商，培养消费者在线预订习惯的同时，还助力酒店扩大销售渠道，调整客源结构，是传统意义上酒店的"卖货"渠道。然而，受消费分层、兴趣电商和内容化的影响，在线旅游平台也开启了新一轮混战。

传统在线旅游平台OTA致力于吸引酒店商家库存资源和市场投入。携程率先推出旅游行业垂直大模型"携程问道"，发布为用户提供行前推荐的三大类榜单产品——口碑榜、热点榜、特价榜。以团购发家的美团在夯实下沉市场的同时，发力直播，进一步深化本地业务布局。飞猪宣布与Agoda深化合作，发力海外酒店供应链、全域数字化营销和酒店产品创新。Agoda和其兄弟公司缤客上遍布全球的360多万家酒店、民宿、公寓等优质房源,将以更具优势的价格上线飞猪。同时,双方将通过高效的供应链运营策略和技术方案,为中国出境游客提供更丰富、更具价格竞争力的海外酒店预订选择。此外,Agoda 将借助飞猪的数亿会员群体和创新营销体系,持续强化其服务中国市场的能力。

新渠道"横空出世",不断扩大酒旅业务,多手段吸引酒旅商家入驻:抖音上线日历房功能,并将酒旅业务升级为抖音生活服务一级部门,与到店业务平行;小红书深耕内容变现,高调进军酒旅行业,试图借助"带货笔记"这一形式,吸引更多酒旅商家加大投入。

一边是轻车熟路的"老搭档"OTA 帮忙出货,一边是新兴的品牌短视频崭露头角。对于酒店来说,价格战似乎已经成为过去时。流量、品牌、转换、用户增长、会员运营……酒店行业和电商关注的重点越来越趋同。

解析:

渠道持续分化,酒店龙头更加重视会员建设和自有销售渠道。由于酒店集团会员的高用户黏性和高品牌信任度,以会员体系为主的自有销售渠道对于龙头企业绩效的贡献持续增加。会员用户能够为集团提供更加稳定的复购,因此,大型酒店集团将进一步绑定会员与集团品牌,加大自有渠道建设,提高风险承受能力和与平台的议价能力。

第三节 酒店网络营销策略

一、酒店网络营销的功能与特点

网络营销是酒店电子商务的核心内容,是以互联网为基础,利用数字化信息和网络媒体的交互性来达成酒店营销目标的一种酒店网络营销方式。简单地说,是以互联网平台为核心,以网络用户为中心,以市场需求认知为导向,整合各种网络资源去实现酒店营销目的的一种行为。

酒店网络营销是酒店销售渠道的网络延伸,网上销售渠道建设不仅限于网站自身,还包括建立在综合电子商务平台的网上商店及与其他电子商务网站不同形式的合作等。

(一)酒店网络营销的功能

1. 开拓渠道和推广品牌的功能

酒店的网络营销通过构建企业网站和小程序等手段,利用第三方分销系统或网上专业电子商务平台等作为酒店在互联网上的营销平台,并对它进行一系列的推广运作,树立企业在互联网的品牌形象,达到客户和公众对企业的认知与认可。

2. 整合资源和整体规划营销的功能

酒店可以将网络作为平台,对自己所拥有的众多营销资源进行整体营销规划,通过确立有效的营销策略,将分散的资源进行有机整合,以优势的竞争力达到营销的最佳效果。

3. 销售和预订的功能

酒店可以及时地向客户提供在未来一天或者某一阶段客房的预订情况及房价。客户则可以随时随地根据自己的出行计划或预算安排,结合自己通过网络所查阅到的有关酒店产品或服务的介绍及酒店的预订状况等信息,选择入住酒店与房客类型、在网上选择房间和预约办理入住登记手续。

4. 发布信息的功能

酒店集团利用网络销售渠道发布各种优惠活动的信息,促销信息可以说是无孔不入。有些酒店或者酒店集团甚至会给自己的促销活动设置一个专门的网页,并且通过首页的"促销信息"模块链接或者通过外部的搜索引擎直接引导客户进入该页面,将信息传递给目标人群,包括客户、潜在客户、媒体、合作伙伴等。

5. 增进沟通和完善服务与管理的功能

酒店在网络销售界面中都会设置"联系我们""宾客服务""社区讨论"等模块,公布自己的各种联系方式,对于客户提出的建议或意见,酒店可以更快速应答回复,从而达成双方互动。

(二)酒店网络营销的特点

现代化互联网技术特别是移动网络技术可以让酒店电子商务营销不受时空限制,随时随地满足消费者的消费需求。网络信息技术具有即时性、信息表现方式的多样性及便捷性等特征,因此,与传统的营销模式与营销方式相比,酒店电子商务的网络营销具有市场全球化、产品个性化、价格公开化和渠道直接化的特点。

二、酒店网络销售的模式

(一)多维度单售酒店业务模式

该模式主要是通过不同的平台采取不同营销手段销售酒店产品,其实现方式有两种。第一种是酒店在自己的线上渠道销售。例如,在酒店的小程序、公众号等推出专题宣传,进行特定时段的升降价;在淡季时开展房价折扣优惠,推出连住套餐、提前定购优惠、会员专享等活动;在旺季时,适当调高酒店价格,推出多种房型、组合套餐(会员充值赠送、定购房间赠送自助餐饮)等。第二种是酒店在其他分销平台上进行酒店房价、餐饮的销售。这种销售方式对于酒店而言,虽然增加了酒店的业务业绩,但是在一定程度上造成酒店对于第三方平台的依赖。

国内一些酒店不仅拥有自有的官方网站、手机 App 和小程序及相应的会员销售模式,同时也与同程、美团、去哪儿、高德地图等第三方分销平台合作。但是由于各个平台综合实力不同,导致同一种房型在不同平台价格参差不齐,甚至出现平台销售价格低于酒店官网对高级会员的售价,这影响了酒店自身营销平台的推广建设效果。

知识活页

国外知名酒店预订网站[1]

1. 猫途鹰(Tripadvisor)

Tripadvisor 是世界上较大的旅游网站,该网站提供的服务包括酒店和航班预订、短期出租、餐馆、旅游信息、旅游指南、旅游评论和旅游意见、互动旅游论坛等,并免费向用户提供大部分旅游相关信息,其收入来源主要依靠商业广告。

2. 好定网(Hotels)

Hotels 是亿客行公司(Expedia Inc.)旗下网站,提供在线和电话预订酒店房间服务,网站上包含约 1.9 万个地点的超过 14.5 万家酒店、民宿、公寓和其他类型的商业住宿信息。

3. 缤客网(Booking)

Booking 成立于 1996 年,是一家荷兰在线住宿预订门户网站,该网站由 Priceline 拥有和经营,提供超过 41 种语言服务,每天处理超过 55 万间客房预订服务。

4. Travelocity

Travelocity 是美国第六大旅行社和第二大在线旅游服务商,也是世界上成立较早的在线旅游公司,拥有者为 Sabre Holdings Corporation。根据 Sabre Holdings Corporation 的数据报告,Travelocity 主要业务为各种旅游票务、行程代销,上游是航空公司、酒店等旅游供应商,定位是在网站上提供数百家航空公司、数千家酒店与船务、租车及度假套餐(Last-minutes Vacation Packages)代理服务,本身不提供行程规划服务。由于机票、饭店等价格利润空间高,Travelocity 的线上经营可以省略传统中间代理商的利润,只要通过折让部分佣金降低票价,就可以促使消费者到网站上定购,因而获利空间较大。

5. Priceline

Priceline 是一家在线旅游服务分销商,是全球较大在线酒店预订领导品牌,由美国人 Jay Walker 于 1998 年创立。它帮助用户购买机票和旅游保险、预订住宿、租车及提供旅游指南等信息。它并不是旅游服务的供应商,而是分销商,属于典型的以提取佣金为利润的网络旅游经纪公司。

(二)"酒店+机票"模式

该模式主要方式有两种:一是酒店设立旅游网站或者酒店小程序、App,提供酒店和机票的同时预订;二是酒店在 OTA 分销平台推出自己的组合套餐,平台往往会根据时间

---

[1] http://www.kguowai.com/news/277.html.

和大数据资料进行特色营销,并提供"酒店＋机票"模式的商务套餐,以及自由行服务、签证服务、用车服务和量身定制旅游线路服务等。例如,去哪儿网对"酒店＋机票"模式采取了两种线上营销策略:制定酒店联合定购、分开定购限时关联折扣优惠,如图5-8所示。

图 5-8　去哪儿网的"酒店＋机票"分时定购优惠

这种模式的发展目标建立在高度信息化的基础上,该模式下网站的盈利模型则由网站、各网点、上游的旅游企业(各地分社及合作旅行社、航空票务代理商、目的地酒店)和网民市场构成,其目标市场主要为观光和度假游客。这种模式的网站建设及信息系统的建设成本较大,后期的维护成本也较大,适应于大中型酒店、分销平台向拼团的散客、自助游散客及商旅客人提供旅游产品和服务。

(三)"酒店＋联票"模式

该模式主要方式是第三方平台在其销售网站、官方App、酒店小程序等营销渠道推出的组合套餐。由于OTA平台具有强大的资源、信息、价格优势,其推出的组合套餐不仅没有增加经营成本,反而吸引了许多具有刚性出游需求的线上消费者。例如,美团在五一假日推出了"住宿＋景区门票""住宿＋餐饮""住宿＋交通""住宿＋演出门票"等联票,如图5-9所示。

图 5-9　美团的"酒店＋联票"定购优惠

对于酒店而言,销售业绩是第一位的,但是长期效益更加重要。近年来,"酒店＋联票"模式受欢迎程度显而易见,因此,酒店可以根据自己的规模、特色与经营实力探索建设自己的网络销售推广渠道,逐步摆脱依赖第三方平台销售的局面。

知识活页

2023中国线上酒店住宿业市场现状

中国饭店协会发布的《2023中国酒店业发展报告》《2022中国酒店集团及品牌发展报告》显示,截至2022年12月31日,我国连锁酒店客房总规模将近553万间,同比增长81万余间。

艾普思咨询分析了国内某主流OTA平台上的公开数据,从15个城市按比例随机挑选的1364家酒店样本数据,从酒店数量、酒店类型、客房价格、消费者满意度等多个方面进行解读。

1. 酒店数量

数据显示,2023年1—4月,线上酒店住宿评论量较2022年同期增长129%,较2021年同期增长29%,商旅出行活力恢复明显。15个监测城市中,成都线上酒店住宿门店数量最多,为1.45万家,重庆、北京位列其后,分别为1.39万家、1.14万家。2023年各城市线上酒店住宿门店数量如图5-10所示。

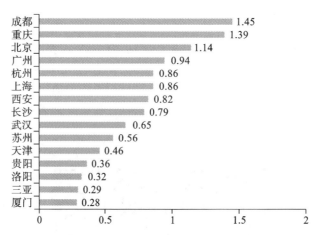

图5-10 2023年各城市线上酒店住宿门店数量(单位:万)

2. 酒店类型

线上酒店住宿分类主要包含酒店、民宿、公寓、酒店公寓、客栈、农家乐、别墅等,其中酒店数量最多,占比42%,是线上住宿市场的主力军。民宿其次,占比34%,也展现出强劲的发展势头。相比之下,客栈、农家乐、别墅等类型数量较少,分别占比2%。2023年线上酒店住宿门店类型分布如图5-11所示。

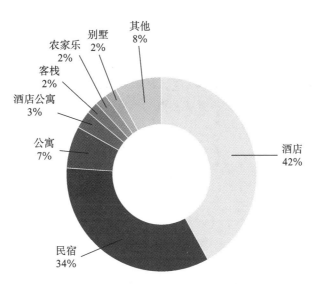

图 5-11 2023 年线上酒店住宿门店类型分布

3. 客房价格

监测城市中,贵阳、洛阳两个城市 400 元以内的平价门店占比超 80%,对"穷游"消费者十分友好;北京、天津 600 元以上的中高端酒店占比超 50%;上海、长沙、成都等城市酒店住宿价格分布相对均衡,各档位预算的消费者均有较多选择。2023 年各城市线上酒店住宿门店价格分布如图 5-12 所示。

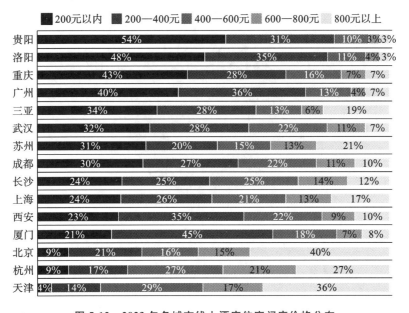

图 5-12 2023 年各城市线上酒店住宿门店价格分布

4.消费者满意度

监测城市中,长沙和成都的酒店门店表现最好,综合评分分别为4.75和4.74,广州各项评分均较低,综合评分仅4.58。从各项评分来看,大部分城市酒店设施评分最低,长沙和成都的住宿环境评分最高,长沙、成都和天津门店卫生最受消费者认可,如图5-13所示。

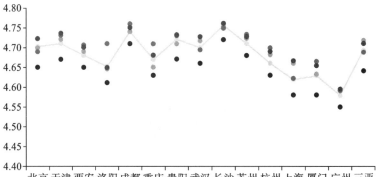

图5-13 各城市酒店综合评分图

中高端酒店满意度评分较高,价格在800元以上酒店评论最多,占比34%;价格在200元以内的酒店评论数最少,占比6%。2023年线上酒店各住宿价格区间评论数占比如图5-14所示。

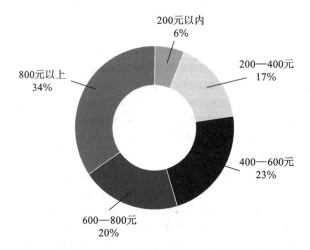

图5-14 2023年线上酒店各住宿价格区间评论数占比

资料来源 https://hea.china.com/article/20230627/062023_1355235.html.

三、酒店网络推广的策略

网络推广的基本目的在于让尽可能多的潜在用户了解并访问网站。通过网站获得有关产品和服务等信息,为最终形成购买决策提供支持。获得在线搜索、酒店预订与口碑网站上的高排名,已经成为各大酒店的主要营销手段。

常用的网络推广工具和资源包括搜索引擎、分类目录、电子邮件、网站链接、在线黄页、分类广告电子书、免费软件、网络广告媒体等。同时根据网站所处的阶段,可以分为网站发布前的推广策略、网站发布初期的推广策略、网站发展期和稳定期的推广策略等。常见的网络推广策略主要有以下六种。

(一)酒店自建网站推广

网站推广是一个系统的综合过程,需要网站本身的质量、网站受众定位、搜索引擎定位、关键词定位,以及相关网站定位等多方面的配合。酒店网站内容可以分为三类:基本信息型、多媒体广告型、电子商务型。酒店网站是酒店开展网络营销的重要场所,因此规划和建设一个有效而又适用的网站对于网络营销非常重要。酒店在网站建设中应遵循以下原则。

1. 系统性原则

一个好的方案可以让网站制作变得更简单。网站建设前应充分了解客户的需求及企业文化等基本情况后,设计出符合企业的方案。互联网经济又称为"眼球经济",因此要达到吸引眼球的目的,就要在页面设计上形成独特的艺术风格,艺术风格要体现酒店的文化、主题、产品和品牌的特征。

2. 完整性原则

网站是企业在互联网上的经营场所,应该为用户提供完整的信息和服务:网站的基本要素合理、完整;网站的内容全面、有效;网站的服务和功能适用、方便;网站建设与网站运营维护衔接并提供支持。

3. 友好性原则

网站的友好性包括三个方面的内容:对用户友好,满足用户需求,获得用户信任;对网络环境友好,适合搜索引擎检索(SEO 优化),便于积累网络营销资源;对经营者友好,网站便于管理维护,提高工作效率。

4. 简单性原则

在保证网站基本要素完整的前提下,尽可能减少不相关的内容、图片和多媒体文件等,访问路径逻辑清晰化,便于用户以尽可能少的点击次数和尽可能短的时间获得需要的信息与服务,增强用户体验。

5. 适应性原则

网站的功能、内容、服务和表现形式等需要适应不断变化的网络营销环境,网站应当随着形势的发展和客观要求的变化及时进行调整和改变,应具有连续性和扩展性。

6. 权威可读性原则

网站是一个展示平台,任何用户的访问都是带有目的性的,因此要求网站内容可读性强、真实、有权威性,实现线上和线下一致性原则。

(二)搜索引擎推广

酒店通过一些知名的搜索引擎推广自己的网站,即利用用户对搜索引擎的依赖和使用习惯,在其检索信息的时候将酒店网站推送给潜在目标客户。搜索引擎营销的基本思想是让用户发现酒店并通过点击进入酒店网站或网页寻求信息,并产生商业价值。

研究显示,依赖搜索引擎搜索过夜的商旅住宿及个人住宿的比例分别是81%和67%,同时,大部分用户在查找资料时,只查看前三页的内容。酒店可选择的搜索引擎有搜狐、新浪、百度等知名的搜索引擎。酒店应提高自身在搜索引擎中的排名,让用户方便进入。酒店商家可通过合理的关键词布局、网站内容规律性更新、友情链接等方法来提高在搜索引擎里的排名。同时也要注意措辞和选择好引擎,并注意定期跟踪营销效果,做出合理的修正或补充。

另外,一些旅游搜索类网站也是酒店进行搜索引擎推广的主要方式,如携程旅行网、去哪儿网等。这些网站不仅能够增加酒店在浏览者面前出现的机会,而且能为酒店企业提供高投资回报率的网络营销服务及精准的效果评估工具。

想要进行良好的搜索引擎推广,就需要确定酒店的目标层次,并根据目标层次采取措施行动,常见层次主要有存在层、表现层、关注层、转化层等。

1. 存在层

存在层的含义就是让网站尽可能多的网页被搜索引擎收录,即增加网页的搜索引擎可见性,这是搜索引擎营销的基础。

2. 表现层

表现层是指让网站不仅能被主要搜索引擎收录,还要获得靠前的排名。如果用户输入主要关键词检索时,网站在搜索结果中的排名靠后,则有必要利用关键词广告、竞价广告等形式作为补充手段来实现这一目标。

3. 关注层

关注层是指提高网站访问量的目标,实现这一目标需要从整体上进行网站优化设计。

4. 转化层

转化层是指能够实现网站的最终收益,转化层是前面三个目标层次的进一步提升,在搜索引擎营销中属于战略层次的目标。

(三)社会化媒体推广

社会化媒体营销是利用社会化网络,如在线社区、百科或者其他互联网协作平台媒体来进行营销推广、公共关系和客户服务的一种方式。微博、抖音是一个基于用户关系的信息分享、传播及获取在线社区,用户可以通过Web、WAP及各种客户端组建个人社区。例如,酒店以微博作为营销平台,在搜狐、腾讯等网站上注册微博,网友和粉丝等都是潜在的酒店营销对象。微博营销常用的方法是"关注+转发"的抽奖活动,通过关注增加了粉丝数量,通过转发加速了信息传播的效果,且营销费用低。酒店通过更新本企业的微博内容,可以向网友传播企业和产品的信息,并与网友进行充分的互动交流,从而树立良好的企业形象和产品形象。

知识活页

小红书优选：揭秘那些极具吸引力、适合进行推广的梦幻酒店

作为年轻人的聚集地，小红书拥有3亿多用户，每时每刻都有用户在小红书上分享各种各样的生活方式，平台上每天有近百亿次流量曝光。同时，围绕用户运营而来的"带货"模式也已经成为主流零售模式。在小红书上做产品内容推广，也成为当下酒店销售推广的重要手段。

QuestMobile数据显示，截至2023年9月，小红书每月用户活跃数量1.99亿，过去一年，小红书用户日均时长为71.1分钟，同比增长了5.5分钟。

一、小红书用户年龄分布

2023年统计数据显示，大部分小红书用户年龄集中在40岁以下，占比80.2%；超过40岁比例较低，为19.8%，如图5-15所示。小红书是一个不断追求热点的新潮平台，用户群体偏年轻，酒店营销应多结合实时热点，以更符合年轻人的需求。

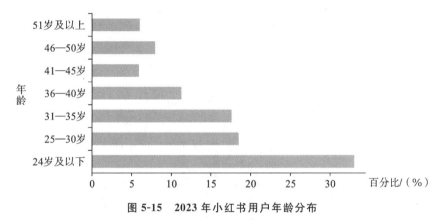

图5-15　2023年小红书用户年龄分布

二、酒店的小红书推广策略

大部分小红书用户，将其视作搜索工具，习惯在旅行前主动搜索目的地的旅行攻略，通过浏览其他用户分享的笔记提前了解玩法、景点和住宿等。在"种草"营销的影响下，会直接去"打卡"体验小红书同款项目。小部分用户在完成体验后，还会将自己的体验也转化为新的笔记分享出来。这部分内容，自然会在之后成为其他用户的参考意见。在这种情况下，不少酒店、民宿等通过在小红书上进行内容运营，发布产品宣传信息，收获了前所未有的流量传播效果，一跃成为小有名气的网红打卡地。然而，并非所有的酒店都适合进行小红书推广，以下是那些更适合在小红书上进行营销推广的酒店类型。

1. 民宿

民宿的推广笔记在小红书上会更常见，如图5-16所示，其中有以下三个原因。

图 5-16 民宿的小红书推广页面

一是民宿进军小红书较早,且坚持在小红书上持续输出营销内容,整体内容体量较大,更容易被看到。

二是民宿作为非标住宿产品,有更多的产品亮点可以在小红书进行宣传推广,叠加运营经验的积累,所以相对而言成功出圈的案例较多。

三是小红书能为民宿带来一定的订单量,对于体量不大的民宿而言,这也是一个重要的分销渠道,所以对小红书的运营重视程度较高。

2. 特色酒店

早在几年前,小红书上的酒店推广还寥寥无几时,自主酒店品牌——香蕉 FUN 酒店 & LIA 力亚酒店的创始人许凯坤及其团队就注意到了"小红书探店"这个商机——他们发现,年轻人在甄选差旅酒店时,常在小红书上选酒店。相较于标准化的酒店产品,他们更倾向于在公司的报销范围内选择看起来更符合其消费偏好的酒店。彼时,连锁酒店很少在小红书上投放广告。在小红书上搜索某城市酒店,排名靠前的大部分是一些设计型小酒店。于是,他们巧妙地利用酒店独特的设计风格,积极邀请博主在小红书上发布"打卡"宣传照,如图5-17所示。在这种推广方式的支持下,香蕉FUN酒店&LIA力亚酒店在华南地区激烈的酒店市场竞争中逆风翻盘,吸引了不少追求个性化、喜欢使用社交媒体的年轻人前来入住。

图5-17 香蕉FUN酒店的小红书推广页面

位于杭州的诗莉莉漫戈塔·天池高空江景酒店,是一家小红书上的网红城市度假酒店。这家酒店充分利用了酒店的高空、江景、无边泳池等"爆款"元素,经常围绕产品举办相关活动,为顾客打造深度定制体验项目,以及免费的周边游玩地图、摄影、下午茶等。诗莉莉集团推出"尖叫服务",客人进店后,前台便会创建一个"360°立体服务群",管家、汤泉调温师、摄影师、主厨等均在群里提供Stayby式服务。为促使到店客人在小红书、朋友圈等平台上主动传播、"种草",为酒店带来免费的宣传裂变,店内还配备了驻店摄影师,提前策划画面脚本,并提供服饰、道具,让客人以最低成本获取精致美图,如图5-18所示。

图 5-18 诗莉莉漫戈塔·天池高空江景酒店的小红书推广页面

资料来源

1. 环球旅讯. 小红书,能否成为突破酒店生意瓶颈的新手段?[EB/OL].(2023-06-05). https://www.traveldaily.cn/article/174108.

2. 数英网. QuestMobile 2023 年新媒体生态洞察:行业用户规模 10.88 亿,用户流转、分流进入新阶段,平台以两大途径谋增长、冲变现[EB/OL].(2023-11-21). https://www.digitaling.com/articles/1005199.html.

解析:

总体上看,在小红书上获取较好宣传效果的酒店,都有一个共同点——产品本身定位差异化。此外,环境舒适、设计感强、适合拍照"打卡"等特点,既满足了年轻人的住宿需求,也满足了其情绪价值需求。

(四)微信推广

微信作为中国较大的社交媒体平台,在 2023 年继续保持着强劲的发展势头。数据显示,截至 2023 年 6 月,微信的用户总数达到 13.27 亿,每月平均拥有 9 亿活跃用户,微信小程序的月活跃用户数达到 11 亿;每天平均 3 亿用户在朋友圈发布内容,4 亿篇公众号被用户阅读。微信的迅速发展以及越来越受广大手机用户的青睐和好评,使企业开始重视微信推广。微信用于营销推广优势在于庞大的客户数量、营销成本低以及可精准定位客户群,这些优势使酒店企业为之心动。酒店的微信推广方式主要有以下七种。

1. 公众号运营

酒店可以通过创建和运营自己的微信公众号来推广产品与服务。公众号可以发布文章、图文信息等内容,吸引用户关注并传播品牌形象和信息。

2. 微信广告投放

微信提供广告投放平台,酒店可以选择在朋友圈、公众号文章、小程序等位置进行广告投放,以实现精准的推广效果。常见的微信广告形式包括图文广告、视频广告、横幅广告等。

3. KOL 合作

酒店可以与影响力较大的微信 KOL(Key Opinion Leader,关键意见领袖)或自媒体合作,通过发布内容、转发推荐等方式,将产品或品牌信息传播给更多的用户,借助其粉丝数量和影响力进行推广。

4. 微信群营销

酒店可以通过创建或参与各类与目标用户相关的微信群,在群内提供有价值的内容、活动和优惠信息,与用户互动,提高转化率。

5. 小程序开发

微信小程序是一种轻量级的应用程序,酒店可以开发自己的小程序,并通过微信推广,将产品、服务或电商平台等直接呈现给用户,提供便捷的购物、预约及服务等功能。使用微信小程序进行网上选房界面如图 5-19 所示。

图 5-19　微信小程序网上选房界面

6. 微信支付营销

利用微信支付的功能,酒店可以开展各种促销活动,如红包、优惠券、积分兑换等,吸引用户参与和消费,并提高品牌忠诚度。

7. 微信活动营销

微信活动营销,即通过举办线上或线下的微信活动,如抽奖、有奖互动、分享赢奖等,鼓励用户参与并分享给好友,扩大酒店品牌知名度和用户群体。

(五)电子邮件推广

电子邮件推广是在用户事先许可的情况下发送个人电子信件的一种推广方式。酒店通过电子邮件,可以把酒店的电子刊物、电子广告等直接发给客户。电子邮件推广是一个针对有效客户进行推广的好办法,但前提是需要掌握电子邮件营销的三要素:客户许可、通过电子邮件传递信息、信息对客户有价值。使用电子邮件推广时必须要得到基于客户的许可,基于客户许可的 E-mail 营销可以消除滥发邮件的弊端,具有减少广告对客户的滋扰、增加潜在客户定位的准确度、增强与客户的关系、提高品牌忠诚度等优势。然而,开展电子邮件营销还面临三个基本问题:向哪些客户发送电子邮件、发送什么内容的电子邮件及如何发送这些电子邮件,这三个基本问题可以归纳为电子邮件营销的三个基础问题。

1. 技术基础

技术基础,即从技术上保证客户加入、退出邮件列表,并实现对客户资料的管理、邮件发送及效果跟踪等功能。

2. 资源基础

资源基础,即在客户自愿加入邮件列表的前提下,获得足够多的客户邮箱地址资源是邮件推广发挥作用的必要条件。

3. 内容基础

内容基础是指电子邮件的内容必须对客户有价值才能引起客户的关注。因此,电子邮件营销应注意在提供有价值信息的前提下才可附带一定数量的商业广告。

总而言之,电子邮件营销方式的关键在于准确寻找目标客户,并在此基础上建立客户数据库。这样酒店才能跟客户建立直接而及时的一对一的联系。同时,这种方法还有利于酒店与酒店将来、现在和过去的客户建立一种持续的联系。

(六)"病毒式"推广

所谓"病毒式"推广,是指通过客户的口碑宣传网络,使得企业的信息像"病毒"一样传播和扩散,利用快速复制的方式向数以千计、数以百万计的受众传播,实现裂变效应,是一种以短片、活动等方式在全球网络社群发动的营销传播活动。美国著名的电子商务顾问 Ralph F. Wilson 博士将一个有效的"病毒式"营销战略归纳如下。

(1)提供有价值的产品或服务。
(2)提供无须努力便可向他人传递信息的方式。
(3)信息传递范围很容易从小规模向很大规模扩散。
(4)利用公共的积极性和行为。
(5)利用现有的通信网络。
(6)利用别人的资源进行信息传播。

虽然一个"病毒式"营销战略不一定要包含所有以上要素,但是包含的要素越多,营销效果可能越好。

微电影是很多上网用户喜欢的内容之一,一则优秀的作品往往会在很多同事和网友中相互传播,在这种传播过程中,浏览者不仅欣赏了画面中的内容,也会注意到该作品所在网站的信息和创作者的个人信息,这样就达到了品牌传播的目的。除此之外,常见的"病毒式"营销的信息载体还有抖音视频、免费电子邮箱、电子书、节日电子贺卡、在线优惠券、免费软件、在线聊天工具等。

> **知识活页**
>
> ### 万豪开启广告宣传的模式——微电影[①]
>
> 万豪旅享家 2021 年春节推送了一组过年的微电影广告。万豪的新闻稿将其微电影广告描述为:片中,辣目洋子又一次大胆突破,一人分饰三角,以真实饱满的实力演技为观众演绎了春节日常中有趣、诙谐的故事。
>
> 对于这一系列微电影广告,万豪国际集团亚太区忠诚计划与合作伙伴副总裁 Julie Purser 是这么说的:"春节对于中国人有着特殊的意义,我们希望在这个全家团圆、辞旧迎新的重要节日里,通过万豪旅享家新春贺岁短片进一步与会员们创造情感共鸣、传递真挚的新年祝福,为新的一年积蓄积极向上的正能量。"
>
> 自此,万豪开启了品牌宣传的微电影之路。2022 年春节,万豪旅享家携手某明星演绎《万式拜年》新春年味小故事。该微电影延续 2021 年妙趣横生的风格,以令人会心一笑的方式在新春之际带来暖心问候,在引发情感共鸣的同时也为消费者带来了旅行灵感。
>
> 2022 年 9 月,万豪旅享家签约新明星,推出极富电影感的宣传片《听旅行说》,将三段关于亲情、爱情和友情的旅行故事巧妙相连,启发大家更好地拥抱日常,诠释"旅行的力量",如图 5-20 所示。2023 年 11 月,万豪旅享家携手某明星以韩剧形式呈现"心之所归,自在此间"品牌宣传短片,讲述了一个人在经历过生活的纷扰后,通过一趟旅行重新发现自我,重建与家人的联结。
>
>
>
> 图 5-20 万豪旅享家 2022 年《听旅行说》微电影图片

[①] https://3g.163.com/dy/article/G2964BVT0511JI3H.html.

微电影凭着更具吸引力、更具亲和力、更具可看性、更具传播力的优势，一经推出便受到了投资商的青睐，并吸引了众多消费者。微电影在宣传上避免了广告这样生硬的宣传方式，而是采用了一种更加柔和的、将品牌信息融入故事情节中的方式，使观众在潜移默化中接受企业品牌。

本章小结

酒店电子商务是指通过现代网络信息技术手段实现酒店商务活动各环节电子化的过程，包括通过网络发布、交流酒店基本信息和商务信息，以电子手段进行酒店宣传、促销、开展酒店服务、进行电子交易，也包括酒店内部流程的电子化及管理信息系统的应用等，是电子商务在酒店行业中的具体体现。

酒店电子商务具有时空性、聚合性、个性化和经济性四个特点。

酒店分销渠道包括酒店官网、OTA、全球分销系统、批发商、旅游经销商、目的地推广机构和线下渠道。

酒店分销策略制定原则包括明确业务目标、关注核心消费者、掌握酒店盈利能力，以及采用有竞争力的房价和实时数据分析。

酒店电子商务网络营销是酒店电子商务的核心内容，是以互联网为基础，利用数字化信息和网络媒体的相互性来达成酒店营销目标的一种酒店网络营销方式。

酒店电子商务主营业务模式有：多维度单售酒店业务模式、"酒店＋机票"模式和"酒店＋联票"模式。

酒店电子商务网络推广策略有：酒店自建网站推广、搜索引擎推广、社会化媒体推广、微信推广、电子邮件推广和"病毒式"推广。

讨论与思考

1. 酒店电子商务系统包括哪些？
2. 举例说明酒店的几种网络销售模式。
3. 从游客的角度分析华住会官网的人性化服务体现在哪些方面。
4. 比较酒店网络销售的代销渠道与直销渠道的优劣势。
5. 选择一家熟悉的酒店，为其设计一系列网络推广策略及相应的产品销售模式。

在线答题

案例分析

数以绩论——金陵数智销服一体化战略突围之路

2023年4月,南京金陵饭店集团有限公司(简称:金陵饭店集团)在国务院国资委首届(国企数字场景创新专业赛)全国总决赛中,凭借"顾客入住全周期应用体验服务场景"荣获用户服务类三等奖。自2020年开始,金陵饭店集团数字转型从 to B 转向 to C,以自建销服一体的"尊享金陵"直销平台为切入点,提升顾客入住体验和酒店营收。2022年,"尊享金陵"直销平台商品交易总额(GMV)突破1亿元,会员数过2000万人,直销对成员酒店营收贡献比超过10%,节约运营成本约2000万元。近4年,金陵饭店集团获得专10余项、软件著作权7项。

金陵饭店集团作为传统服务企业,为什么会选择自建直销平台?直销平台推广过程中遇到了哪些挑战?又是如何化解的?

一、势在必行:登峰"找绩"

金陵饭店集团是江苏省省属国有独资公司,于2002年在南京金陵饭店的基础上成立,是国内酒店集团15强,目前管理酒店数近250家。金陵饭店集团数字转型经历了三个阶段,前两阶段以提升管理效能、降低管控风险为重点(to B),完成了IT基础架构搭建和前后台互联互通。随着数字技术和我国数字经济的快速发展,金陵饭店集团于2019年进入数字转型第三阶段——"登峰计划",重点转向对客服务(to C),强调要做业务,要给下面的酒店带流量,实现产值转化。

除了把握时代趋势,金陵饭店集团"登峰计划"聚焦直销和会员还有另外一个重要原因:在线旅游代理商(OTA)的"卡脖子"。以携程为代表的OTA是酒店重要的散客分销渠道。随着OTA分销占比的增长,"客大欺店"的现象愈演愈烈:不断攀升的高额佣金(达12%—15%)极大地挤占了酒店的利润空间。更严重的是,OTA掌握了流量入口,使得酒店难以接近顾客,导致OTA品牌取代了酒店品牌并完全占据了顾客。冯华东指出:"所有OTA都是流量思维,都是数据驱动业务增长,都是'算法禁锢'。OTA只关注宿前服务,宿中服务缺失,无法形成消费闭环,用户体验差。金陵饭店集团自建直销平台是'数智销服一体',集成了用户宿前、宿中和宿后的全过程服务,以微信小程序触达C端。金陵饭店集团直销平台可以平衡OTA分销,夺回私域流量高地,提升渠道定价话语权,节省佣金。此外,直销平台所有数据由金陵饭店集团保存,保证数据安全;利用这些数据,可以进行精准营销、流程优化、服务改进、智能决策等,提高用户转化率和降低企业运营成本。"

二、行不由径:自主开发

2020年之前,金陵饭店集团信息化、数字化技术开发主要依靠外包。2020年3月,定位于"旅客入住全周期应用体验集成平台"(数智销服一体)的金陵饭店集团直销平台项目正式启动,由冯华东带领技术团队自主开发。自主开发的好处也是显而易见:金陵饭店集团可以独立掌控整个开发过程,不受软件供应商限制,可以更加自由地决定技术方向和功能、确保数据安全、更快地响应业务变化需求。

2020年10月,金陵饭店集团数智销服一体项目在C端微信小程序上线前被正式命名为"尊享金陵"。2021年1月,"尊享金陵"上线试运行,并在持续迭代更新中。冯华东总结说:"'尊享金陵'是真正拥有自有知识产权、独立运营能力和平台化架构,具有强大数字技术(ABCD)支撑的自有直销平台;开发'尊享金陵'是用数字技术改造传统酒店业,真正意义上解决集团酒店板块'卡脖子'问题的战略行为。"作为传统服务企业,金陵饭店集团能够成功地自主开发直销平台,主要得益于两个因素:组织支持和IT基础扎实。

1. 组织支持

金陵饭店集团数字科技中心总经理、金陵酒店管理公司副总裁冯华东一再强调:"数字转型是'一把手工程'。金陵饭店集团数字转型成功的关键在于集团领导班子一直以来的大力支持。"有了领导的支持,才能确保创新投入、组织保障和研发动力。金陵饭店集团数字转型总投入超过5000万元,其中"尊享金陵"直销平台研发投入超过1200万元,这在平均利润率常年徘徊在12%上下的酒店行业极为少见。为了"登峰计划"更好地开展,2021年9月,集团将原信息技术中心升级为数字科技中心(简称:数字中心),整合二三级企业的数字化人才,统一管理、统一绩效、统一培养。冯华东担任数字中心总经理,对集团和股份公司的数字技术人员进行垂直管理。2011年加入金陵饭店集团的冯华东说,特别感谢组织和领导的支持,给了他很大的创新试错空间,并创造了很多学习的机会。好的环境不但培养了冯华东的技术能力,还坚定了他自主开发直销平台的信念。

2. IT基础扎实

除了组织支持外,金陵饭店集团的IT基础扎实。第一,金陵饭店集团IT架构已基本搭建完成,在此基础上进行直销平台开发,难的不是技术本身,而是技术与业务的深度融合,外包反而没什么优势。第二,金陵饭店集团数字转型前期和多个酒店业头部软件供应商有过合作开发。在这个过程中,金陵饭店集团内部开发能力不断壮大,且研发负责人冯华东是技术出身,具有丰富的项目开发与管理经验。

三、业不"解"技:成员酒店推广难

2021年1月,"尊享金陵"小程序正式上线,但前9个月基本没什么交易量。后3个月集团领导班子召集成员酒店总经理开了一个动员大会——强调直销平台的战略重要性,要求总经理要大力支持。会后,直销平台开始稍见起色,到年底GMV达3714万元,对客房营收贡献比为2.46%。虽然GMV超过了2000万元的集团目标,但与冯华东的预期差距甚远。分析原因,冯华东认为主要有三个:认知不到位、组织障碍、资源与能力限制。

1. 认知不到位

"有些托管酒店老总认为'尊享金陵'只是一个渠道而已。导致总经理不愿意花精力去推广和运营直销平台,时不时出现直销平台和OTA的房价倒挂或酒店捂房的现象。"冯华东无奈地说。加之金陵饭店集团旗下托管酒店多为投资高的高星级酒店,业主往往很强势,集团直销政策很难推行。

2.组织障碍

数字中心设置在集团下的股份公司,属于二级单位,而成员酒店是由股份公司下的三级单位——酒管公司管理。数字中心如果直接指挥成员酒店数字转型,则为越级管理。另外,直销平台还需要成员酒店设置专人进行对接和运营,否则技术功能无法在业务上实现。

3.资源与能力限制

金陵饭店集团整体酒店规模数量相对较小、分布不集中、旗下主要为标准化程度低的高星级酒店、员工平均文化水平较低,这使得直销平台应用与推广速度大大降低,最终导致直销平台在用户端的网络效应大打折扣。冯华东说:"没有规模的技术是自娱自乐,没有技术的规模是一盘散沙。"

四、揭榜挂帅:技术与业务深度融合

2022年初,为了加快直销平台产值转化,金陵饭店集团采取了一系列措施。首先,2022年3月,金陵饭店集团启动"尊享金陵"成果转化项目"揭榜挂帅"机制。揭榜挂帅者的重点任务是完成2022年1亿元的GMV保底指标(力争1.2亿元)。指标达到,奖励项目组20万元。全程参与并主导了集团从2015年开始的数字化变革的冯华东主动请缨,"揭榜挂帅"。接着,2022年4月,集团任命冯华东兼任酒管公司副总裁,以便其能更好地在成员酒店推广直销平台。

"揭榜挂帅"后,冯华东推出多项促进直销的措施。第一,抓认知。通过多层次的宣贯和培训,增强内部用户对"尊享金陵"项目的理解和执行能力,纠正"技术是解决问题的唯一手段"的偏见。第二,入考核。集团将支持直销纳入对酒管公司高质量发展和集团年度"优秀总经理"评选的KPI。第三,要人手。要求酒管公司建立直销专职运营团队,以更好地将技术与业务融合。第四,做样板。以金陵饭店为试点,通过提供直销平台数据分析和酒店智能决策等的技术支持,帮助酒店进行服务改进和业绩提升。例如,冯华东带领团队为金陵饭店研发了国产"增销"软件,仅2023年1月金陵饭店增销就达到了49.6万元。又如,金陵饭店采用直销平台的智慧中台服务后,人房比大大优化,酒店改造后1000间客房比原来600间客房用工数还少,降本提效。此外,2023年第一季度,金陵饭店直销占营收比重达到15%,高于OTA的贡献比10%。

资料来源 中国管理案例共享中心案例库;彭雪蓉等《数以绩论:金陵数智销服一体化战略突围之路》(2023年11月)。

思考题:

1.金陵饭店为什么会自建"尊享金陵"直销平台?

2.金陵饭店在推广"尊享金陵"直销平台过程中遇到了哪些挑战?

3.为了应对"尊享金陵"直销平台推广过程中的挑战,金陵饭店采取了哪些举措?这些举措对其他传统服务企业实施数字转型有什么启示?

实验五　电商直播流程和操作训练

一、实验目标

掌握电商直播流程和操作技能。

二、实验内容

电商直播流程和操作训练。

三、知识准备

如今,随着智能手机日益普及和通信技术不断升级,移动互联网用户的触媒习惯将逐渐从图文转向短视频和直播,消费者将更习惯于在短视频和直播平台"发现商品"和"产生兴趣"。同时,在"商品购买"环节,愿意通过短视频、直播平台购买产品的消费者增长率显著提升,短视频、直播成为未来电商消费的重要场景与渠道。新的内容形式带来了新的消费需求,各类内容平台成为品牌数字化营销的主要阵地。

(一)兴趣电商

兴趣电商是一种基于人们对美好生活的向往、满足用户潜在购物兴趣、提高消费者生活品质的电商。兴趣电商 FACT 经营模型包括如下几种。

(1)Field(商家自播):有助于商家增强内容管控、积累人群资产,以进行稳定、长效的运营。

(2)Alliance(达人矩阵):有助于商家快速入场、扩大流量供给,以促进生意增长。

(3)Campaign(营销活动):培养消费者心智,帮助商家获得平台资源,实现销量规模化增长。

(4)TOP KOL(头部大 V):帮助商家快速打出"破圈"高声量,一举达成品销双赢。

(二)直播运营流程

(1)直播前:直播间定位、直播团队搭建、主播人设打造、选品组货、直播间打造。

(2)直播中:主播互动、粉丝留存、产品讲解、带货营销。

(3)直播后:粉丝沉淀运营、发货售后处理、场景数据复盘。

(三)直播团队的搭建

1. 直播团队组织架构和核心岗位

直播团队组织架构和核心岗位如表 5-2 所示。

表 5-2 直播团队组织架构和核心岗位

岗 位	职 责	要 点
主播	产品	产品讲解专业度
	互动	粉丝互动效果
	节奏	整体节奏把控
副播	配合	与主播的配合度
	节奏	直播节奏把控
	氛围	直播间氛围引导
中控	直播前准备	直播间设置及产品准备
	讲解点击	产品讲解点击及时度
	上下架	上下架配合及时性
	红包福袋	是否按节奏发放
场控	节奏	直播过款节奏把控
	引导	过品、互动节奏引导
	把控	直播节奏整体把控
策划	卖点话术	产品卖点是否有吸引力
	活动设计	产品活动设计是否有吸引力
运营	直播前准备	直播前准备是否充分
	直播中配合	直播中配合是否到位
	直播后复盘	直播后复盘信息是否有价值
剪辑	预热视频	预热视频是否有吸引力
	直播切片视频	直播切片视频的质量

2.直播团队搭建规模

(1)初级团队:主播1—2人,场控1—2人,电商运营1—2人。

(2)中级团队:主播1—2人,助播1人,摄像1人,场控1—2人,直播运营1—2人,支持团队多人。

(3)高级团队:主播矩阵,市场团队,运营团队,电商团队。

(四)直播间选品组货

1.选品组货目的

符合商业定位,突出直播特色,实现商品组合,提高利润率。

2.货品来源

四大货品来源如表5-3所示。

表5-3　货品来源

类型	自营品牌	平台分销	合作商	供应链
	厂家品牌商	零基础达人	腰部以上达人	头部达人
优势	自有产品、品牌，利润高、产品可控	无门槛、多平台联盟产品可选，选品自主性强	品牌货品有保障、能议价	产品可控、供应链有保障、利润高
难点	对产品、仓储、供应链要求高	佣金少、货源不可控，选品能力要求高	议价能力依据账号实力，相比自营利润更低	选品能力、资金能力、团队能力、（重运营）

3.选品组货步骤

选品组货步骤包括直播定位、货品组合、商家谈判、信息收集、货品展示。

4.选品组货原则

(1)双向定位原则。

(2)四"品"原则。

(3)应季爆款原则。

(4)高性价比原则。

(5)数据分析原则。

(6)直播组合原则。

(五)直播间打造

1.直播间硬件要素

直播间硬件要素包括环境、主播、灯光、收音、摄像、输出、网络等。

2.直播间环境

(1)背景：①大咖级——LED显示屏、可移动背景墙；②专业级——打造有Logo、有设计、有灯光的背景墙；③一般级——刷纯色墙面、绿幕。

(2)货架：关于背景货架，要求相关产品摆放整齐、搭配合理、颜色均匀；对于桌面置物，要求带货相关产品摆放均匀整齐，颜色与主播形成反差。

(3)地面：隔音毯，避免回音；室内环境不宜过空，避免形成"回音壁"。

(4)空间大小：①专业——20平方米以上，以实景布置为主；②常规——10－20平方米，考虑放置三脚架、灯光架等设备；③美妆——10平方米以内。

3.直播间灯光

直播间灯光包括环境灯、主灯、补光灯、背景灯的调试。

4.直播间收音

直播间收音包括麦克风、声卡、隔音毯、吸音棉的配置。

5.直播间摄像

直播间摄像工具包括手机、摄像头、摄像机等。

6.直播间类型

(1)主播售卖式：适合美妆、零食、书籍、百货、创意小商品等行业。

(2)场景布置式：适合服饰、健身、全品类带货直播等行业。

(3)实景体验式:适合家纺、家居、茶叶、汽车配件等行业。
(4)仓库直发式:适合绿植、家纺、服装、日用品等快消品行业。

(六)产品讲解方法及流程

产品讲解方法及流程包括话题引出、挖掘需求、突出卖点、效果展示、价格优势、引导购买等,如表 5-4 所示。

表 5-4 直播间产品讲解方法及流程

流程	话题引出	挖掘需求	突出卖点	效果展示	价格优势	引导购买
核心点	上一款产品自然引导过渡	从日常生活中引出产品的使用点和需求痛点	突出产品特质,与其他产品相比的优势	通过试用体验,展示产品效果	市场指导价与现价对比,与其他平台价格对比	限量现价,打包优惠

(七)直播数据分析的常用指标

1. 用户画像指标

用户画像指标主要包括直播间用户的性别分布、年龄分布、地域分布、活跃时间分布等。

2. 流量数据指标

流量数据指标主要包括累计观看人数、平均在线人数、直播人气峰值数、新增粉丝数等。

3. 互动数据指标

互动数据指标主要包括与弹幕相关的数据,如弹幕总数、弹幕发送人数等。

4. 转化数据指标

转化数据指标主要包括直播卖货数据等。

(八)直播后复盘四步法

1. 回顾目标

回顾目标,看是否达到预期效果。

2. 评估效果

评估效果,即根据直播结果评估投产比。

3. 分析原因

找出问题的原因,给出优化方案。

4. 总结经验

保留做得好的环节,改正不足的地方。

四、实验步骤

(一)OBS 软件下载

(1)OBS(Open Broadcaster Software)是一个免费的视频录制和视频实时交流软

件,具有多种功能并广泛使用在视频采集、直播等领域。OBS 目前可支持 Windows、Linux、MacOS 系统,其官网可下载对应的安装包,如图 5-21 所示。

图 5-21　OBS 官网首页

(2)下载安装好后打开应用软件,如图 5-22 所示。

图 5-22　OBS 应用界面

(二)添加视频来源

(1)点击"来源"一栏左下角的"＋"按钮,选择新建"视频采集设备",如图 5-23 所示。

(2)设置"视频采集设备"各项参数,如图 5-24 所示。

(3)选择新建"图像",如图 5-25 所示。

图 5-23　点击"视频采集设备"界面

图 5-24　设置"视频采集设备"界面

图 5-25　新建"图像"界面

（4）对图像进行合适的比例调节，如图 5-26 所示。

图 5-26　调节图像界面

（5）添加"媒体源"视频后，如果声音输出有问题，点击"媒体源"的设置按钮，选择"高级音频设置"里的"音频监听"功能，如图 5-27 所示。

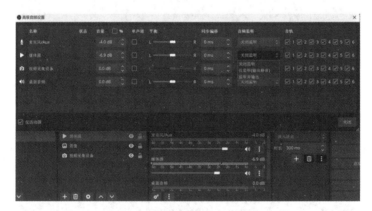

图 5-27　"媒体源"中的"音频监听"界面

（6）添加"显示器采集"，选择合适的采集方式，如图 5-28 所示。

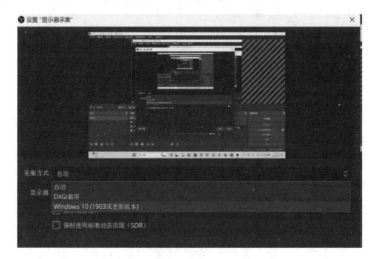

图 5-28　"显示器采集"方式选择界面

(7)继续添加"音频输入采集""音频输出采集""文本"等需要的直播来源,如图5-29所示。

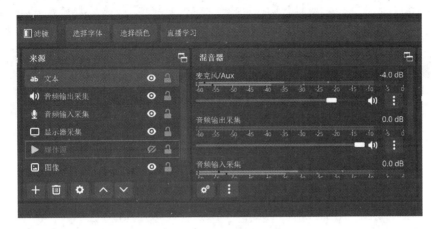

图 5-29　添加"来源"界面

(三)各项参数设置

(1)点击"设置"里的"常规"模块,勾选合适的设置,如图 5-30 所示。

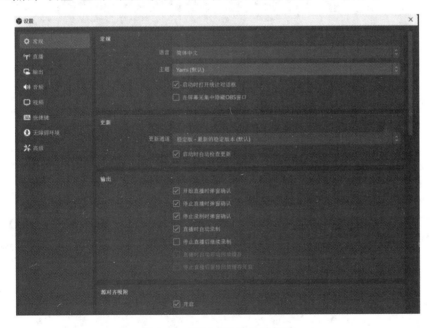

图 5-30　"常规"参数设置界面

(2)将直播设置里的服务改为"自定义",就会出现"服务器"和"推流码",分别填写"rtmp 地址"和"直播码",如图 5-31 所示。

(3)将"输出"里的各项参数进行合适的设置,如图 5-32 所示。

(4)将"视频"里的各项参数更改为合适的设置,如图 5-33 所示。

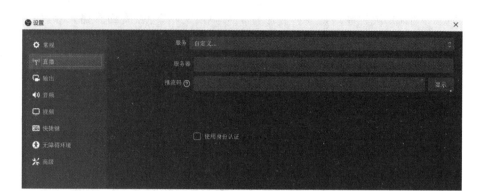

图 5-31 "直播"参数设置界面

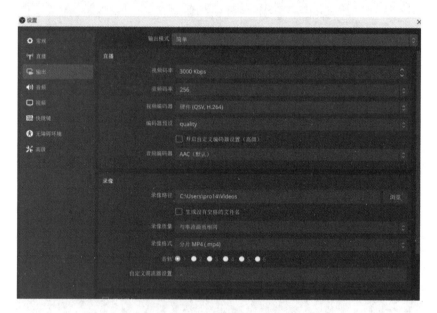

图 5-32 "输出"参数设置界面

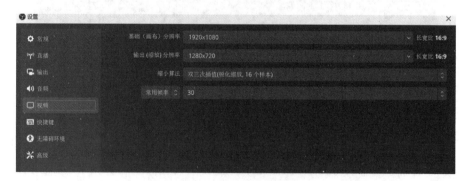

图 5-33 "视频"参数设置界面

第六章 旅游商品电子商务

学习引导

旅游商品是指旅游者在旅游活动中排除商业目的而购买的,以当地旅游资源为基础而开发的具有独特吸引力的有形商品。本书所研究的旅游商品是广义的旅游商品概念,包括旅游纪念品、工艺品、农副产品及游客购买的生活类工业品等。对于旅游商品而言,它不仅与传统商品性质相关联,还与传播旅游地文化形象相关联,这意味着要把旅游商品电子商务营销一同规划到旅游电子商务中。电子商务营销模式的出现,可以让旅游商品销售工作与信息化技术发生紧密联系,通过电子商务平台,旅游商品销售网络的覆盖范围能够迅速扩张,如何找出旅游商品在发展电子商务时存在的问题并制定高效电子商务营销策略,成为旅游从业者需要面对的重要问题。

学习目标

1. 了解旅游商品的概念、分类方式与具体分类。
2. 理解旅游商品电子商务的重要性。
3. 掌握旅游商品网络营销方法。
4. 了解旅游商品电子商务的新技术使用。

素养目标

1. 深入学习领会党的二十大报告对"全面推进乡村振兴"的论述的思想精髓与核心要义。
2. 引导学生探索、思考并提出贯彻落实党的二十大精神关于乡村产业发展实践的具体方法与路径。

思维导图

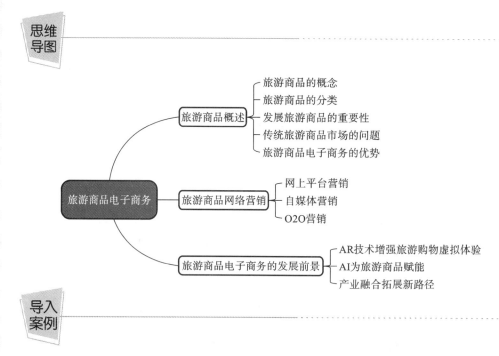

导入案例

螺霸王柳州螺蛳粉的品牌成长之路

广西螺霸王食品有限公司(简称:螺霸王)是一家以研究、开发、生产及销售柳州预包装螺蛳粉、螺蛳鸭脚煲的全面型食品企业,主要生产袋装螺蛳粉等系列产品。螺霸王食品旗下的螺霸王螺蛳粉品牌,凭借酸、爽、鲜、辣、烫的独特风味受到人们长期的喜爱。

螺霸王在营销方面采用了"海、陆、空"立体化营销,用"爽文化"的品牌文化打开市场,从多角度、多维度地进行营销圈层,拉近与消费者的距离,一同开展破圈营销动作,全面强化消费者对品牌的积极印象,促进销售转化。

"海"上倚重淘宝、天猫、京东、1号店、大统华、加拿大秒麦网、亚马逊等国内外传统各大电商平台,实现线上营销。产品主要集中于电商平台销售,依托电商平台的销售渠道,螺霸王取得一定的发展(见图6-1)。

图 6-1 螺霸王螺蛳粉电商线上宣传图片

抖音作为当今流量聚集地,螺霸王紧跟潮流,在广州创立了广州螺霸王电子商务有限公司,充分利用广州的地理区位、人才资源优势,专门负责螺霸王抖音号的运营。螺霸王通过开设"螺霸王美味实验室""万物皆可螺霸王""螺蛳粉深夜放毒"以及螺霸王各个区域负责人认证的抖音账号进行积极宣传。而网红本身发挥着意见领袖的作用,螺霸王借助网红自身拥有的知名度、专业度和粉丝群建立的稳定的关系,为螺霸王的品质进行背书,促进产品购买转化,扩大企业的品牌影响力。直播作为当今较为火爆的营销场所、人流汇集地,螺霸王紧跟时代潮流,联合直播带货头部达人,品牌内容实现了1亿多曝光度,在总裁直播·天猫粮油总榜上排名第一,带货过程中在线观看人数100万以上。

2021年4月26日,习近平总书记在柳州螺蛳粉生产集聚区视察时称赞道:"真是令人惊奇!小米粉搞出这么大规模的产业来。"螺蛳粉就是特色,抓住了大家的胃,做成了舌尖上的产业,要继续走品牌化道路,同时坚持高质量、把住高标准。

资料来源

1. 中国管理案例共享中心案例库:《螺霸王:乘东风之势,霸粉天成——螺蛳粉龙头企业"工业+旅游"创新之路》(2024年1月)。

2. 中国管理案例共享中心案例库:《螺蛳粉迎来春天:疫情背景下S公司风险管理的困惑与解惑》(2024年1月)。

3. 中国管理案例共享中心案例库:《奋楫笃行,臻于至善—螺霸王柳州螺蛳粉的品牌成长之路》(2024年1月)。

解析:

中国旅游研究院戴斌指出,好的旅游目的地,一定首先是让本地人生活开心、生活品质高,外地人才慕名而来、与之共享。旅游目的地美食品牌的打造,首先应展现出产品是本地人的一种美好生活方式,进而创造、引导旅游消费者需求。螺霸王凭借着高质量的原材料与独具特色的柳州风味的螺蛳粉打入全国市场后,好评如潮。螺霸王在营销方面采用了"海、陆、空"立体化营销,并利用喜闻乐见的短视频与直播,迅速收获了大批"粉丝",一路销量长红,成功打造了广西特色美食品牌,实现经济效益和社会效益双赢。

我国旅游商品开发与营销处于多元化发展格局,传统的旅游商品营销的局限性日益凸显。电子商务突破了旅游商品营销的时空限制。面对广阔的旅游消费市场和个性化的消费者需求,旅游商品应如何开展电子商务活动?

第一节 旅游商品概述

一、旅游商品的概念

在旅游业中,旅游商品是旅游六要素"食、住、行、游、购、娱"中"购"的重要环节。旅游商品的消费是旅游总消费中重要的一部分,旅游商品的发展也是旅游业发展的关键要素之一。由于旅游商品的消费主要为弹性消费,所以促进旅游商品消费可以成为旅游经济新的增长点,也是增加旅游地社区居民收入的重要手段。那么,何谓旅游商品呢?旅游商品的外延和内涵随着旅游业的发展在不断扩大,学术界对旅游商品的概念尚未达成共识,研究者们从不同角度、不同侧重点给出了定义。

(1)郭鲁芳、吴儒练认为,旅游商品是旅游者在旅游准备阶段、旅游过程中,以及旅游结束返程途中出于非商业和非投资目的而购买的、以旅游用品和旅游纪念品为主体的一切实物商品。

(2)苗学玲认为,旅游商品是指由旅游活动引起旅游者出于商业目的以外购买的、以旅游纪念品为核心的有形商品。它包括旅游前购买的物品和旅游中购买的商品。

(3)邹树梅认为,旅游商品即旅游购物品,是指旅游者在旅游活动过程中所购买的以物质形态存在的实物,如旅游纪念品、工艺品、土特产品、日用品等。

(4)卢凯翔、保继刚则从三个维度定义了旅游商品:在需求者维度下,旅游商品是指旅游者在旅游活动中所购买的有形商品;在供给者维度下,旅游商品是指由旅游生产系统供应的,具有"旅游"内涵的有形商品;在商品流通维度下,旅游商品是指在面向旅游者开放的市场上流通的有形商品。

世界旅游组织关于旅游购物支出的定义为:旅游购物支出是指为旅游做准备或者在旅途中购买商品(不包括服务和餐饮)的花费,其中包括购买衣服、工具、纪念品、珠宝、报刊书籍、音像资料、美容及个人物品、药品等,不包括任何一类游客出于商业目的而进行的购买,即为了转卖而进行的购买。

从上述定义中我们不难发现,旅游商品具有以下几个特征:一是非商业目的,即旅游者购买旅游商品是用于自己消费或者馈赠之用,而非其他商业目的;二是在属性上,即旅游商品具有实物形态;三是购买的异地性,即旅游商品是旅游者在旅游目的地所购买的,而非其客源地。

结合上述特征,旅游商品是指旅游者在旅游活动中排除商业目的而购买的,以当地旅游资源为基础而开发的具有独特吸引力的有形商品。这一界定之下的旅游商品有广义和狭义之分。广义的旅游商品种类多、范围广,根据其自身的性质和特点,可分为纪念品、艺术品、文物、装饰品、土特产、日用品、零星用品、旅游食品等。而狭义上的旅游商品是人们在通俗意义上所说的旅游纪念品。一般来说,旅客不会把在旅途中购买的日用品、零星的,包括地图等用品和在旅游过程中所食用的罐头、面包、零食等旅游商品作为旅游纪念品。因此,旅游纪念品可以归纳为凡是游客携带方便、富有地方特色、在旅游结束后作为纪念、欣赏或馈赠的,如杭州龙井茶、苏州双面绣、北京景泰蓝、萧山花边等工艺品及土特产一类的旅游商品。

二、旅游商品的分类

(一)按照流通形式分类

旅游商品按其流通形式,可划分为导购旅游商品和自选旅游商品。导购旅游商品往往是作为旅游行程中有意安排的购物对象;自选旅游商品是旅游者在旅游目的地市场上自己选购的旅游商品。

(二)按照用途分类

旅游商品按其用途,可划分为消耗性旅游商品、旅游用品和旅游纪念品。消耗性旅游商品是指旅游者在旅途中购买的日常生活中有实际用途,能够代替一般生活用品功能的、具有一次性消费特点的旅游产品;旅游用品是指旅游者为实现特定的旅游目的地需要所购买的旅游过程中使用的商品;旅游纪念品是指旅游者在旅游过程中购买的具有区域文化特征、富有民族特色、具有长期纪念意义和收藏价值的一切物品。

(三)按照原材料分类

旅游商品按其原材料,可划分为植物性旅游商品、动物性旅游商品和矿物质旅游商品。植物性旅游商品是以植物性原料制成的旅游商品,如根雕、盆景、竹艺品、木艺品等;动物性旅游商品是以动物原材料制成的旅游商品,如皮制品、毛织品、动物性工艺品等;矿物质旅游商品是以矿物质原材料制成的旅游商品,如陶瓷制品、金银饰品、宝石玉器等。

(四)按照标准化程度分类

旅游商品按其标准化程度,可划分为标准性旅游商品和非标准性旅游商品。标准性旅游商品标准可以制定成明确的生产质量标准,人们可以客观地评价其商品质量状况;非标准性旅游商品标准难以制定成明确的生产质量标准,其商品质量高低主要以主观评价为主。

(五)按照属性分类

旅游商品按其旅游属性,可划分为旅游纪念品、旅游工艺品、旅游用品、旅游食品和其他旅游商品。

旅游纪念品是指各种各样的标有产地地名、产地的人或事物特征作为商标的产品,或以旅游景区的文化古迹或自然风光为题材,并利用当地材料等制成的商品。

旅游工艺品是以旅游目的地的文化古迹或自然风光为题材,利用当地特有材料等制成的设计新颖、工艺独特、富有纪念意义的艺术品,如丝织品、刺绣、陶瓷、金属工艺品、漆器、工艺画等。

旅游用品是指在旅游活动中购买的具有实用性和纪念性相结合的生活用品,包括旅游服饰和旅游日用品两类。旅游服饰就是指本地制造的具有地方和民族特色的绸缎、呢绒、棉毛、皮革和皮毛等;旅游日用品是在旅游过程中必需的日用品,如毛巾、打火机等。

旅游食品是指旅游者在旅途中随身携带、食用或瓶装、匣装、袋装和其他软硬包装的食品,如土特产品、方便食品、快餐食品、风味食品等。

其他旅游商品是指除以上四种商品之外的其他旅游商品,如文物商品及其复制品等。

三、发展旅游商品的重要性

2023年12月31日,国家统计局发布公告显示,经核算,2022年全国旅游及相关产业增加值为44672亿元,占国内生产总值(GDP)比重为3.71%。在旅游业中,旅游购物增加规模最大,增加值14380亿元,占全部旅游及相关产业增加值比重为32.2%。旅游购物继续成为在全部旅游及相关产业增加值占比最大的部分。

旅游商品不仅是旅游收入的重要组成部分,还具有文化传播及情感交流功能,而且旅游商品的精美造型及文化内涵在一定程度上是展示旅游目的地的标识和具有情绪价值的旅游体验物化表征,是旅游目的地吸引力的组成部分,也是重要的旅游宣传营销载体。旅游商品的开发可直接利用城乡现有的科技工艺及劳动力,有利于扩大就业,带动相关产业发展,为旅游目的地居民带来较好的经济收益,缓解就业压力及社会矛盾;有利于游客了解当地历史文化、自然景观、工艺水平及社会经济发展,提高旅游目的地知名度和旅游形象;有利于保护和促进传统民间手工艺,唤醒民众保护传统文化的意识。

知识活页

从故宫文创产品的走红观其在旅游环节的重要性①

众所周知,"食、住、行、游、购、娱"是旅游的六要素,六要素缺其一,旅游就不够完整。随着旅游业的发展,六要素中,购物的环节扮演着越来越重要的角色。因为,从游客的角度,去某一个非惯常居住地旅游,一般希望给亲朋好友带一些特色的旅游商品;从景区以及社会的角度,一个景区特色的文创产品可以使景区摆脱单一的门票经济模式,提升游客的体验,也是无形中为自身做了营销,而景区中所蕴含的文化也能被代代传承。

景区的文创产品如何才能吸引游客的眼球呢?首先,要创意独特、品质精良。当然,还需要策划好、营销好,缩短景区文化与现代生活之间的距离,注重文化性与实用性的结合。除此之外,文创产品的趣味性、互动性也是吸引游客的重要因素。如今的旅游市场,游客逐渐成熟,对旅游商品的要求越来越高,在设计文创产品时应在注重产品文化属性的同时,强调创意性及功能性才能满足游客的需求。故宫的爆款文创产品"朝珠耳机"、"朕知道了"胶带、"故宫日历"等就是充分将文化与日常生活用品联系的成功案例,如图6-2所示。

图6-2　故宫文创产品宣传广告

---

① https://www.sohu.com/a/249760869_822716.

> 故宫博物院院长单霁翔就曾给出对文创产品开发的十点体会：
> (1) 以社会公众需求为导向；
> (2) 以藏品研究成果为基础；
> (3) 以文化创意研发为支撑；
> (4) 以文化产品质量为前提；
> (5) 以科学技术手段为引领；
> (6) 以营销环境改善为保障；
> (7) 以举办展览活动为契机；
> (8) 以开拓创新机制为依托；
> (9) 以服务广大观众为宗旨；
> (10) 以弘扬中华文化为目的。

四、传统旅游商品市场的问题

(一) 旅游商品收入占旅游总收入的比例小

旅游商品消费在属性上属于弹性消费，小可以等于零，大可以无上限，其弹性大小取决于当地旅游商品业的特色和发达程度。世界各地都把旅游商品作为旅游业发展的重点领域，一些成熟的旅游目的地，游客的旅游购物花费在游客总花费中所占的比例可以达到70%以上。在国际上，旅游商品收入在旅游业总收入中的比重已成为衡量一个国家旅游业发展程度的重要标志。

从我国旅游商品业的发展情况来看，虽然多年来旅游商品业一直呈现出持续增长的势头，游客旅游购物花费占旅游总支出的比例逐年提高。但总体来看，目前世界旅游发达国家旅游商品的收入占整个旅游业收入的40%~60%，我国还有一定差距，这严重地影响了国家和地区旅游业的整体发展。因此，发展旅游商品成为国家和地区全面发展旅游业的关键所在。

(二) 旅游商品销售渠道不足

传统旅游商品的销售，依赖游客的现场选择，主要是通过以下途径进行：一是旅游景区、景点的旅游商品零售商在景区、景点内或附近的购物区设点销售；二是在旅游集散地设有零散的旅游商品购物商店或专营柜台销售旅游商品；三是旅游商品生产企业自行设置的销售点销售。销售渠道拓客较难，旅游商品市场难以与宏观市场对接。

(三) 旅游商品市场信息不对称

在旅游商品市场交易过程中，旅游企业和旅游者交易双方所拥有的信息数量不等，跟旅游者比较，旅游商品的供给者即旅游企业往往拥有更多旅游市场的信息，从而形成了旅游商品市场的信息不对称。在旅游商品市场上,旅行企业与旅行企业之间、旅行企业与旅游者之间的信息不对称导致的博弈行为会引发一系列旅游市场乱象。旅游商品销售商为了保证客源,一方面可能存在不正当地给旅行社导游和司机回扣的行为,另一方面,又可能存在压低商品进价、抬高商品售价的现象,这必然损害旅游者的切身利益,使旅游者买到质价不符或假冒伪劣商品。旅游销售的不规范导致旅游商品市场秩序混乱,使旅游商品市场处于一种萎缩状态,这在很大程度上制约着我国旅游经济的发展。

五、旅游商品电子商务的优势

旅游商品电子商务的出现,拓宽了旅游商品的销售渠道,降低了旅游企业与旅游者之间的信息不对称程度,并借助技术实现智慧化管理,在一定程度上解决了旅游商品市场的一系列乱象。随着移动互联网、物联网技术、云计算的发展,中国网上消费的规模空前壮大。人们越来越习惯通过网络渠道购买商品,以网络技术为基础的电子商务活动以其便利性、快捷性的特点使广大游客的消费方式实现了质的改变,同时也带来了旅游商品销售模式的变革。种类多样的旅游商品因其独特性和纪念性正在被广大消费者所喜爱,相应地带动了旅游商品销售业的发展。随着网络的普及,电子商务逐步渗透人们生活中的每一个领域,网络平台已成为旅游商品销售的重要渠道。

> **知识活页**
>
> **旅游商品由传统营销向网络营销发展的可能性和必然性**[①]
>
> 1. 网络硬件设施、网络交易税收、用户安全和权益政策法规的完善
>
> 近年来,电信市场越来越开放,旅游商品网络营销不再受到过高的电信费用制约。第三方支付平台进一步完善,用户迅速增长,支付宝用户的增长速度已远远高于同期中国网民的增长速度。截至2023年6月,我国网络购物用户规模达到8.84亿人,2023年交易规模达15.4万亿元,同比增长11.0%。在用户规模增长的同时,线上购物所花费的金额也越来越多。数据显示,2023年,全国网上零售额达15.4万亿元,其中实物商品网上零售额达13.0万亿元,占社会消费品零售总额的比重为27.6%。高速增长的网购人群为旅游商品网络销售提供了广阔的发展空间。
>
> 2. 网购交易人群与旅游目标人群特征的一致性
>
> 据调查,网购人群从年龄结构层次划分,主要集中在18—35岁;从性别划分,网上购物人数女性远远大于男性;从职业划分,全职工作的占到52.3%。从消费者所选择的购物网站来看,有87%的网民选择在淘宝商城购物。由此可看出,网上购物人群多为年龄在18—35岁的高学历、高收入群体,而旅游商品消费人群多为工作稳定的高素质人群,二者目标群体的相似性使网上销售旅游商品变得可能,且网络销售能通过互联网对分散的消费人群进行集聚,降低了实体店的经营成本。

---

① 周瑞雪,杨含,王露瑶,等.E时代旅游商品网络营销探究[J].现代商贸工业,2014,26(7):160-162.

3. 网络营销交互式个性化的营销特点

学者梁学成依据旅游商品的特性对旅游商品进行界定,将旅游商品分为四类,即旅游专用品、旅游必需品、旅游纪念品、旅游奢侈品,如表 6-1 所示。

表 6-1 旅游商品分类

旅游商品类型	举例	生产方式	销售方式
旅游专用品	服装、鞋帽、箱包等	主要是中小企业采用分工协作式	厂家指定代理商
旅游必需品	食品、医药、保健品等	主要是国家特许经营的企业	厂家定点销售或委托代理商销售
旅游纪念品	挂件、土特产等	采取集聚协作等多种经营方式	由中间商采取批发、零售
旅游奢侈品	艺术品、古董等	民间作坊或国家指定企业生产	厂家直销为主

过去,由于各地旅游商品具有民族性和地域性的特点,因此,旅游商品一般仅在旅游目的地销售,游客一般无法事先了解商品信息,购买后又无法享受售后保障,所以此类商品的出售变得更为困难。目前,互联网性能、质量的非直观感觉显示程度高,可以通过展示商品图像、功能等实现旅游商品供需双方的有效沟通。另外,互联网上采用的是消费者主导的、非强迫性的营销方式,避免了实体店推销员强势推销的干扰,旅游商家可以通过信息提供与交互式沟通,与消费者建立长期良好的关系。

4. 智能手机的普及

在短短的十几年内,手机的主要功能已经由通话、短信等简单应用发展成为一个集通信、办公、学习、生活、娱乐、休闲等为一体的高智能网络终端设备。智能手机高速的网络、丰富的网络应用、触摸式大屏幕、不断完善的计算机操作系统,加上丰富的信息内容,已经有越来越多的用户选择使用智能手机。海量的手机上网用户也为旅游商品的网络营销打下了坚实的客观基础,形成非常庞大的潜在客户群体。

通过旅游商品电商模式,游客不但可以很方便地查询、订购旅游目的地的名优特产、旅游商品,还能获得安全支付、快捷的物流、完善的售后服务等保障,这样建立起来的旅游商品电子商务平台,集中解决了旅游购物中的诚信、配送、质量服务等传统旅游商品市场无法解决的难题,为游客、企业和政府之间搭建了便捷沟通的电子通道,旅游商品电商模式成为旅游购物新的发展方向。归纳起来,旅游商品电商模式具有以下几个方面的优势。

(一) 购物的便利性

以前,地域性、季节性等外在因素对旅游商品的销量影响较大。基于网络的各种新型商业模式的兴起,不受时间、地点的限制,消除了时空对商品交易的局限,为消费者购物带来了很大便利。游客只需要借助一台电脑或一部手机便可以随时随地购买商品,不必亲自到实体店进行选购。通过网络平台,旅游者可以更快速地获得准备购买的商品的详情,从而在客户端或网站上广泛地进行质量、价格等多方面的比较,择优购买。

(二) 方便快捷的信息服务

生动直观的网络信息,既可以快速更新,又可以重复使用。旅游商品的电商销售模式与传统销售模式相比,第二大优势在于其方便快捷的信息服务能力。在信息爆炸时代,网络已逐渐演变成人们获取信息的重要渠道。在日常生活中,人们对于网络的依赖程度越来越高,因此旅游商品经营者应该以此为契机,通过网络渠道和各大电商平台向广大旅游者介绍旅游商品,宣传其文化内涵,激发游客的购买欲望。

(三) 销售成本较低

由于旅游商品电商销售模式是以网络为媒介进行,所以它不受时空等其他客观因素的限制,从而可以在很大程度上节省旅游商品宣传成本、门店费用及其他各项开支。同时,旅游商品经营者借助电商平台直接与旅游者进行交易,减少了旅游商品的流通环节,降低了成本。由此可见,旅游商品采用电商销售模式在很多方面都可以降低其销售成本。旅游者还可以凭借商家对旅游商品的直播、详情展示,更为直观、充分地了解商品,最终在直播现场下单,提高了交易效率。

千年茶乡"变形计"——安溪开启"茶乡购·大师说茶"

近年来,数字乡村建设成为推动乡村振兴的重要抓手。随着数字技术不断向农村地区下沉,其在推动农村产业转型升级中扮演着日益重要的角色,尤其是电子商务和直播带货等新经济业态的出现,为农业生产走向现代化、农产品流通走向高效化提供了新的可能性。

连日来,"茶乡购·大师说茶"茶文化推广暨直播活动纷纷上演。在一场场直播活动中,安溪铁观音大师携手茶企大咖、名人名匠、直播达人等,形成直播带货矩阵,以茶园管理、茶叶制作为主线,不仅有效带动茶产业进一步做大做强、区域品牌进一步做精优,还通过让利促销的形式,全面提振茶叶消费信心,推进茶叶生产数字化,畅通茶产业市场循环。

1. 准备充分——全方位宣传和推广

"融入茶文化,有心了!""主播'服道化'茶韵十足。"2022年"茶乡购·大师说茶"直播活动一经开启,广大网友纷纷叫好。

2022年5月13日,安溪召开活动协调会,部署活动筹备工作。随后,各相关部门单位立即组建专门活动组委会,以线上线下相结合方式,通过官方微信公众号及线下广告牌等,号召符合条件的茶企、商户、主播积极报名。

经严格筛选,活动组委会挑选了市级龙头茶企、老字号及高销售电商茶企,确保商品优质丰富;同时,选拔专业且热心公益的主播,并开展培训以提升直播效果。展陈区巧妙地融入茶文化,分区展示不同类型茶企,让茶友通过直播,感受茶香与文化魅力,实现直播效果的倍增。

为提升直播人气,主办方还不遗余力地做足宣传预热。"安溪有好茶,尽在茶乡购,欲知安溪茶,请听大师说……"活动开启前一天,当地政府人员化身"代言人",携手铁观音大师录制宣传短片,一经播出,便迅速刷爆茶乡朋友圈,为活动宣传添了"一把火"。除政企联动的豪华宣传阵容外,活动组委会还多次通过《泉州晚报》《安溪报》和东南网等官方媒体,以及"茶乡购""清溪工贸"等微信公众号、抖音平台进行前期宣传与推广,极大地提升了活动知名度(见图6-3)。

图 6-3 福建安溪茶叶

相关负责人介绍说,从征选商家和主播、布置场地、广泛宣传,到活动正式启动,活动组委会精益求精地做好筹备工作,妙招频频,确保"茶乡购·大师说茶"直播活动顺利举行,也赢得了广大网友一致赞誉。

2.品质保障——线上订单纷至沓来

"安溪铁观音冲泡后茶汤金黄浓艳似琥珀,有天然馥郁的兰花香,滋味醇厚甘鲜,回甘悠久,俗称有'音韵'……"2022年6月18日,国家级非物质文化遗产乌龙茶(铁观音)制作技艺代表性传承人化身"主播",为广大爱茶人士带来一场安溪名茶知识盛宴。

直播间内,传承人通过与网友一问一答、实物演示等方式,推介安溪铁观音的"兰花香,观音韵"及其重要功效。"现在下单就能喝到正宗安溪铁观音啦!"随着主播抓准时机、恰到好处的"吆喝",一波波订单也纷至沓来。

"推介不能只停留在产品表面,更重要的是宣传文化。"传承人认为,"福建安溪铁观音茶文化系统"被列入全球重要农业文化遗产后,有必要让广大茶友进一步认识安溪名茶,直播活动更重要的是推广安溪铁观音茶文化,打响茶区域公共品牌,推动安溪县茶产业高质量发展。

品质有保证,是爱茶人士愿意"下单"又一重要原因。"从茶叶的地域、品种等做了甄选,并引导供应商从茶园、茶山做好品质管理,为确保茶叶质量安全,让消费者能够放心购。"品牌负责人告诉记者,仅开播1小时,销售额就破10万元,超乎自己的想象。

据了解,2022年7月13日前,相关安溪铁观音大师还将陆续带来茶园篇、制茶篇、品牌篇、传承篇、创新篇等"大师说茶"系列主题直播活动,分享安溪茶叶品种、茶园管理、制茶工艺、品牌价值、茶旅融合、文化传承等,带领爱茶人士全方位了解并充分领略传统安溪茶文化的魅力(见图6-4)。

图6-4　安溪茶叶制作器具展示

3. 花样促销——点燃网友消费热情

记者从县工信商务局了解到,在福建安溪铁观音茶文化系统入选全球重要农业文化遗产的历史时刻,借助直播带货风口,适时开展"茶乡购·大师说茶"直播活动,不仅实现茶产业直播时代的"文化复兴",而且推动茶叶拓展线上销售,再次唤醒茶叶消费热情,释放消费活力。

为了促进茶叶消费,各大茶企、主播在直播中可谓各显神通。在茶叶直播间,主播对茶品进行多方位介绍与展示,引得无数网友围观。记者看到,该企业除发放30元、100元大额消费券外,还按消费档次赠送茶杯、茶盘等茶具,更推出"买一送一""买二送二"系列,让网友尽享优惠。

无独有偶,开启直播当天,某茶业有限公司在直播间内以"1元5泡"的重磅福利引得网友争相抢购。"相当于消费者以1元抢到价值上百元的茶叶,而且还包邮,一上架就'秒空'。"该公司总经理介绍,当天还顺势推出"9.9元5泡"的福利茶及以"1带5"的"同芯茶",入手价格比平时的半价还低。"当天直播销售额突破50万元。"

除茶企推出的限时大额满减抵用券、限时一折秒杀、叠券折上折、赠送茶礼、茶叶组合装等各类促销优惠活动外,主播对于促进茶叶直播销售也"功不可没"。"必须建立在茶叶实际基础上,提炼卖点,比如直观告诉网友茶叶的功效、口味等。"主播对于茶友的消费意愿颇有研究,她介绍说,要在直播互动过程中了解买家所想,紧抓"黄金时刻",逐步打消买家顾虑,达到"促单"效果。不仅如此,不少参与直播的商家还纷纷拿出运费险、正品保障、晚发即赔、极速退款等多项购物服务,全面升级消费者购物体验,真正实现"无忧购",让爱茶人士放心消费。

据东方财富研报数据,2017—2022年,线上中国茶市场规模由175亿元增长至381亿元,复合增长率为16.9%,预计2027年将达到702亿元。2023年,茶叶行业在抖音电商平台的市场规模超过230亿元。

茶产业的数字化尤其是电商的发展，无疑为这个古老的产业提供了诸多新的机遇、注入了许多新的力量。首先，现代化技术带来茶叶生产组织的更新，加速了上游的茶园管理、种植、初制的专业化和标准化；其次，产业链诸环节分工的明晰化和数字基础设施的完善，降低了新一代年轻人进入茶行业的门槛，反过来年轻人利用互联网技术和新的营销思路为茶叶开辟了更大的消费市场；最后，茶叶电商的发展带来的人货分离，推动了茶叶品牌的建立，并逐步改变中国茶产业有品类无品牌、依靠单家独户分散化产销的形态。

资料来源

1. 腾讯新闻. "茶乡购·大师说茶"直播带货火爆触网. [EB/OL]. (2022-07-12) [2024-06-24]. https://new.qq.com/rain/a/20220712A086LM00.

2. 腾讯新闻. 千年茶乡"变形计"：茶农、茶商化身电商主播，从做熟客到卖给"家人们". [EB/OL]. (2024-02-17) [2024-06-24]. https://new.qq.com/rain/a/20240217A045OD00.

3. 颜燕华. 农产品电商化过程中的红利分配与技能重组——以安溪茶叶产销模式转型为例[J]. 中国农业大学学报(社会科学版), 2023, 40(6): 170-184.

【知行合一】

思考：

1. 产业是乡村振兴的基础支撑。2024年中央一号文件提出，鼓励各地因地制宜大力发展特色产业，支持打造乡土特色品牌。从一方水土中挖掘乡土资源，全国各地打造了哪些"名片"？

2. 如何打造乡土特色品牌，做强乡村特色产业，发挥好乡村"土"味优势？

思政手册

第二节 旅游商品网络营销

一、网上平台营销

旅游商品通过网络平台开展营销最大的优势在于其庞大的用户群体。国内知名的网络平台有百度、淘宝、腾讯等，这三者分别属于搜索平台、电子商务平台和社交平台。本章重点介绍以百度为例的搜索平台、以淘宝为例的电子商务平台和以腾讯为例的社交平台的常用旅游商品的网络营销方式。

（一）搜索引擎营销

百度是全球最大的中文搜索引擎网站。巨大的搜索流量给百度带来了商机，百度逐步将这些流量商业化，推出了搜索流量、网盟流量、行业流量、品牌流量等相关服务，因此百度如今已不仅仅是一个搜索引擎，其产品和服务已覆盖社区、游戏、软件、电商、营销等众多领域。搜索引擎在本书前文已有介绍,本节主要从旅游商品网络营销角度介绍百度网盟推广和百度知识营销相关内容。

1. 百度网盟推广

网盟是指网站的广告联盟,是精准投放广告的一种。网盟会根据广告主的行业,分析互联网用户cookies,判断其是不是广告主的目标客户,并把广告主的广告推送到相应的行业网站上,收费模式有CPC等模式。百度网盟推广是我国最大的网络联盟体系,目前能够覆盖我国超过95%的网民,每日有超过80亿次的展现机会,以60万家联盟网站为推广平台,通过分析网民的自然属性(地域、性别)、兴趣爱好和特定行为(搜索和浏览行为),借助百度特有的受众定向技术帮助企业主锁定目标人群,当目标受众浏览百度联盟网站时,以固定、贴片、悬浮等形式呈现企业的推广信息,如图6-5所示。

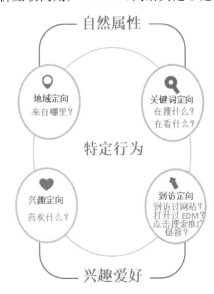

图 6-5 精确锁定目标人群

旅游商品经营者依托百度网盟推广能够以丰富多样的创意形式,将旅游商品推广信息主动地在网民的上网时间、页面空间、移动设备上实施精准、多频次的展示推广,锁定更多目标人群,从而获取访客、促成订单、挽回流失客户,有效提升旅游商品的销售额和品牌知名度。

知识活页

网盟推广与搜索推广的关系

搜索推广是将企业的推广信息展示在搜索结果页面,而网盟推广则是以文字、图片、动画等多种创意形式展现在加入广告联盟的网站上。百度网盟是百度搜索引擎营销的延伸和补充,突破了仅在网民搜索行为中实施影响的限制,在网民搜索行为后和浏览行为中全面实施影响,覆盖了网民更多的上网时间,对网民的影响更加深入持久,有效帮助企业提升销售额和品牌知名度。网盟推广和搜索推广相结合,能够形成对潜在目标客户的全程、全方位深度影响,帮助企业收获更好的营销效果。

2. 百度知识营销

知识营销是指通过有效的知识传播方法和途径,将企业所拥有的对用户有价值的知识,包括产品知识、专业研究成果、经营理念、管理思想及优秀的企业文化等,传递给潜在用户,促使其形成对企业品牌和产品的认知,且将潜在用户最终转化为用户的过程和各种营销行为。百度知识营销能很好地将客户商业推广效果与用户浏览体验相结合,是基于百度知识系流量的内容驱动、场景原生的知识营销平台。

"百度知道"作为全球最大的中文互动问答平台,流量优势明显,日均 PV(Page View,页面浏览量)4.1 亿、问题总数 4.7 亿、累计贡献知识人数 1.3 亿、活跃用户1.2亿,是目前见效较快、投资回报率较高的平台,具有原生营销、口碑营销、影响决策等营销作用。

旅游商品经营者可以通过"百度知道"回答用户问题,传播企业具体的业务范畴、旅游商品的相关介绍;通过软性广告,获得点击,深入宣传旅游商品特性,建立企业重要宣传渠道;也可以通过与百度合作,在回答专属问题页面上插入大量的旅游商品图片硬广告。旅游商品经营者凭借"百度知道"营销推广,能够覆盖百度知识系流量,锁定目标消费人群,贯穿消费者购买决策过程,抢占行业通用流量,树立品牌。

案例介绍

臻木品公司沉香产品的"百度知道"营销

在"百度知道"栏目下搜索"沉香有什么功效与作用",将会在搜索结果中出现一系列不同回答者的答案,如图 6-6 所示,其中莆田市臻木品文化传播有限公司的回答也在搜索结果页面中。点击进入结果页,如图 6-7 所示,在顶部会有企业的横幅广告,答案底部有企业的标志、名字和企业的产品,右侧是企业简介,当点击简介下方的"加微信咨询"和"电话咨询"或者企业的产品图片,就会弹出企业广告界面,如图 6-8 所示。企业还可以通过专属问题页面上大量的图片广告位增加品牌曝光率,从而锁定目标消费群体,最终促成转化。

图 6-6 "百度知道"营销的显示格式

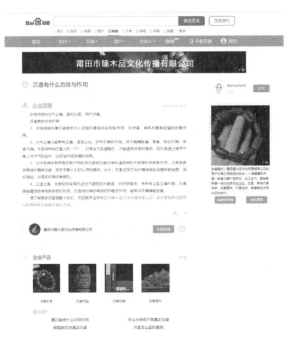

图 6-7 "百度知道"营销企业回答界面

图 6-8 "百度知道"营销的企业广告弹出界面

解析：

知识营销作为比较小众的渠道，广告预算不高，覆盖的范围广泛，通过用户和搜索引擎的相互作用，实现知识营销与搜索引擎营销的完美结合。知识营销可以将商品信息高效融入知识内容，达到内容分发和营销的效果，这并不仅仅是内容的输送，更是品牌与用户需求的长期协同效应，无形中在用户心中建立认知，值得旅游商品经营者深入开拓。

（二）电子商务平台营销

淘宝作为综合性的电商平台，为旅游商品商家创造了有效的电商推广渠道和商业机会，入驻门槛低，通过实名认证，缴纳一定的保证金就可以随时入驻，但由于淘宝竞品较多，入驻商家需要对店铺进行营销推广，经过时间和运营的积累，才会有一定的销售突破。

淘宝平台提供的营销工具有 20 余种之多，按营销时长及稳定性程度，主要可以分为长期稳定的推广工具和短期的活动推广工具。长期稳定的推广，主要是指淘宝网站一些衍生的专业营销及需要支付一定费用的推广，其方式比较稳定，变换性、间隔性也相对较稳定。主要营销工具有淘宝直通车、钻石展位、淘宝客、超级卖霸、淘代码、阿里妈妈推广等。短期的活动推广主要是指参加淘宝网站一系列有时间限制的特惠等活动，这种推广能短时期内带来较大的流量，其关键是怎样提高转化率、吸引顾客再次购买。主要方式有满就送、搭配套餐、店铺优惠券、店铺 VIP、店铺包邮卡、收藏有礼、参加淘宝各类主题活动（如中秋、国庆等）、特价秒杀、聚划算团购等。

> **知识活页**
>
> **几款好用的淘宝营销工具**
>
> 1. 淘宝直通车
>
> 直通车是淘宝为淘宝卖家量身定制的一款按点击付费的营销工具，可以实现商品的精准推广。直通车可以帮助淘宝卖家增加店铺流量、预测商品市场潜力、配合店铺打款。淘宝直通车目前的排名规则是根据关键词的质量得分和关键词的出价综合得出商品排名。如果卖家想推广某款商品，就需要为该商品设置关键词和标题；当买家输入关键词或者进行某个分类时，与此分类相关的商品就会进行排名，而排名靠前的就会出现在展示位；此时如果买家点击了卖家的推广信息，系统就会根据卖家设置的关键词出价或类目出价进行扣费。通过淘宝直通车，商家可以完善店铺流量结构，挖掘出来有上升趋势的流量，避开竞争力比较大的词汇，改善货品的结构；在通过进入店铺的流量的成交和转化数据的分析之后，商家可以确定哪一类商品比较符合目标人群的需求；丰富了消费者的人群画像；可以通过热点的趋势，去找到合适的产品，增加店铺的覆盖人群。

2. 钻石展位

这是一种专注于淘宝首页广告位和淘宝站外广告位展现广告的一种广告营销模式,适合产品和品牌曝光,获取更多人群流量。定位致力于消费者运营全链路解决方案,帮助商家实现对目标消费者的深度有效触达,提升消费者在 AIPL 模型上的流转效率。钻石展位具备非常强的拉动潜在客户人群的能力,实现非店铺人群到潜在客户人群的转化,快速帮助店铺获取更多增量流量,提升店铺在自然流量及行业流量下的表现。

3. 淘宝客

淘宝客推广属于效果类营销推广,采用按成交计费的模式。淘宝客从推广专区获取商品代码,任何买家经淘宝客推广的链接进入卖家店铺完成购买后,淘宝客就可得到由卖家支付的佣金。淘宝客是将实际的交易完成(买家确认收货后)情况作为计费依据的。淘宝客支持单个商品和店铺的推广形式,可以针对某个商品或者店铺设定推广佣金。佣金可以在一定范围内调整,较高的佣金会带来更多推广者。每个交易结束后,阿里巴巴会根据相应的佣金设置从交易额中扣除佣金并支付给淘宝客。淘宝客的优势体现在成交付费无风险,低成本投入,佣金设置灵活;可具体到流量来源,针对性强,投资回报率可控;全民推广,渗透互联网各个领域之中,卖家可获得更多流量;可以对商品的图片、标题等进行自定义,实现个性化推广。

(三)社交平台营销

腾讯平台 2023 年 8 月发布的第二季度财务报告显示,微信及 WeChat 的合并月活跃账户数 13.27 亿,腾讯 QQ 的智能终端月活跃账户 5.71 亿,收费增值服务注册账户数 2.41 亿。腾讯平台在拥有海量用户数据的同时,多元化支持搜索、娱乐、资讯、购物、出行及社交功能,用户可根据需要切换功能,满足多种应用场景需求,已然成为多功能一站式复合型平台,是旅游商品经营者开展电子商务不可忽视的重要领域。

腾讯微信营销作为一种旅游营销工具,商家通过微信公众号发布当地旅游信息,通过评论页面和聊天页面与用户进行沟通,从而实现当地旅游资源、旅游产品的营销。游客可以通过日常信息交流、朋友圈分享等方式,间接地为旅游目的地进行宣传推广,从而实现营销的目的。腾讯微信营销传播具有自发性和扩张性,形成了没有中心扩散点的"多对多"的低成本"病毒式"传播模式。因此,微信营销不论在营销成本、人群覆盖面还是在信息传播速度上,其优势都是显而易见的。微信营销支持 PC 端、移动端,多端触达,其微信功能如即时通信、公众号、朋友圈、小程序、视频号、扫一扫等都可以运用到旅游商品营销中,覆盖旅游商品企业建立知名度、内容及互动、流量转化到交易等营销环节全过程。

知识活页

"数字故宫"小程序——智能、友好、简单、开放

2020年7月,故宫博物院发布了"数字故宫"小程序。小程序上线一年间,就有近500万来自天南海北的观众通过这一渠道触达故宫、了解故宫、走近故宫。2021年12月21日,为进一步完善一站式参观体验,故宫博物院与腾讯携手打造了"数字故宫"小程序2.0版本,如图6-9所示。

图6-9 "数字故宫"小程序2.0版本主页

"数字故宫"小程序引入"智慧开放"的概念,以技术为基石,打造更舒适的"线上+线下"融合游览体验。总体上看,"数字故宫"小程序提供1742个全景点位、78处开放宫殿、720°饱览故宫全貌、65873件高清影像随心浏览、近10亿级像素,让千古名画纤毫毕现。"数字故宫"小程序的主要功能如下。

1. 推荐路线,精准规划

基于LBS(基于位置服务)精确位置服务打造官方推荐路线导览,覆盖故宫博物院的精确路线规划让"寻路"不再困难。无论观众是想"体验紫禁城的日常"还是"避暑""赏秋",都有相应的路线推荐,并搭配官方语音讲解。小程序提供AR实景导航功能,观众可以在故宫内通过AR实景实时探路,解锁瑞兽三维模型,尝试更"立体"的参观体验。

2. 轻松消费，一键直达

故宫书店和"传给故宫"影像商店入驻小程序，为观众提供更流畅的游览和购物体验，如图6-10所示。通过线上与线下的场景结合，小程序能够为观众减轻参观负担，提供更多消费选择。不论是在商店内直接购买，还是线上下单、门店提货或者希望直接邮寄到家，任一方式都可以通过小程序轻松实现。

图6-10 "数字故宫"小程序的文创产品展示界面

3. 哪里人最少？看就知道

小程序基于腾讯地图服务全新上线"参观舒适度指数"功能，观众可以随时查询重要景点附近的参观舒适程度信息，并结合查询结果灵活调整游览路线，实现自助式"错峰"游览。

4. 有什么问题？问就行了

小程序中有智能导览助手小狮子，可以提供全程讲解服务。融入了数智人解决方案的智能导览助手更加博学、灵动，不仅可以在游览过程中与观众进行实时语音问答，还可以根据内容展示不同的个性化表情、动作与情绪，为观众提供更加有趣的智能导览、讲解及闲聊服务。

5. 更智能、更友好、更简单、更开放

"数字故宫"小程序力求从视觉、交互等方面针对视障人群、老年人群进行无障碍服务。操作方面，小程序具有视障辅助读屏功能，高效指引视障用户找到要点信息。导览方面，结合故宫博物院现有无障碍设施，小程序内置无障碍路线及设施指引服务,实现从内容到功能全方位无障碍体验。

对于故宫文创产品销售而言,微信小程序丰富的功能,例如订票、导览、AR实景体验等不仅发挥了对消费者的引流作用,而且也提升了故宫文创的主题化营销策效果。"数字故宫"小程序的精美性、个性化、便利性和互动交流性,为消费者提供了舒适、流畅的购物体验。此外,小程序还可以通过强化会员服务,构建会员积分、折扣、礼品等激励机制,并融入互动游戏与社群交流,深化用户参与感与忠诚度,提升消费者的复购率与消费热情。目前,微信小程序以其丰富的功能、良好的扩展性和便利性使用体验获得了众多用户和商家的认同与接纳,成为旅游商品数字化营销渠道中的一个重要组成部分。

资料来源

1. 故宫博物院."数字故宫"小程序2.0正式发布:更智能、更友好、更简单、更开放[EB/OL].(2021-12-21)[2024-08-02].https://www.dpm.org.cn/classify_detail/257034.html.

2. 文博圈."数字故宫"小程序2.0背后,有着怎样的黑科技?[EB/OL].(2022-01-04)[2024-08-02].https://new.qq.com/rain/a/20220104A01AP600.

二、自媒体营销

(一)自媒体营销的概念

所谓自媒体,指的是一种信息传递平台。自媒体中的"自"可以分为两个维度来理解。一是自发性,信息传递的要素有信息来源、传播途径和传播终端。自媒体的信息源自普通大众。在现代社会,所有的社会公众都可以是信息的传播者和信息的发布者。现阶段,政府、企业及社会组织越来越多地开始创造自己的自媒体形式。二是自由性,自媒体的传播方式具备更强的独立性和自由性。

自媒体营销,是指以自媒体开放平台为基础展开的营销活动。通常情况下,自媒体营销所采用的工具是与网络社交有直接关联性的,用户通过自媒体平台,将视频、图片及文字等信息进行发布,并实现网络上的传播。自媒体营销中传播的内容是多样的、丰富的,不仅数量较大,同时也较为多样化,信息可以在短时间内实现大范围的传播,同时也可以实现信息的实时更新,并且体现出了较强的用户互动性。在计算机和互联网的帮助下,自媒体营销中传播的内容,可以实现实时监测、分析和总结受众情况、信息数量、信息内容及传播情况,能够结合消费者的反馈和市场需求来有针对性地调整营销活动。此外,自媒体的应用为社会公众提供了一个自我展示的平台,在很大程度上改变了网络之间信息发布者和信息受众之间的关系。

现阶段,我国自媒体用户数量非常大,所有网民都是自媒体的用户,企业发展和行业进步不能脱离自媒体平台。自媒体营销也凭借着速度快、范围广、性价比高的优势在所有新媒体平台中占有越来越重要的地位。凭借着移动互联网和传统互联网的不断渗透交织,在开发用户方面,自媒体能够实现最大的效果和程度,并且能够实现精准的营销。网络用户可以按照自己的喜好和兴趣筛选信息,企业用户可以按照自身发展条件和市场情况制定和调整相关计划来吸引特定人群。自媒体营销是一种节省成本的营销渠道,为资金成本有限的小规模企业提供了新的渠道,使实现大规模营销具有可操作性和可能性。自媒体营销方式的出现有效地满足了现代消费者的差异化需求和获取信息的习惯,从而能产生很好的营销效果。

(二)自媒体时代旅游商品营销的方式

自媒体的出现和快速发展对于旅游商品经营者而言,不仅是良好的契机,同时也是一种挑战。自媒体视域下,旅游商品营销方式除了上文提及的微信营销以外,主要还有以下几种。

1. 微博营销

微博虽然也是一种社交工具,但是与微信公众号有一定的区别,具备更强的及时性,内容也更为简短,人们接受信息较为方便。现阶段,微博营销发展旺盛要归功于"微博热搜",它常常是各个领域中特殊事件舆论的发酵地,同时,"微博故事""超话"等也成为用户关注度、使用度较高的功能,用户可以进行相关信息分享和沟通交流。微博平台发布的《2023微博用户发展报告》显示,截至2023年,微博活跃用户量达到了10亿。据统计,2023年第三季度的旅游行业相关信息近8000万条,网民对旅游行业关注度保持较高水平,部分景区、旅游类综艺节目、周边目的地、旅游热点事件等被广泛关注。微博凭借庞大的用户群体和强大的传播力,吸引了众多旅游目的地及各种旅游组织的入驻。在开展微博营销的相关工作过程中,营销主体需要与粉丝之间始终保持较为密切的交流和互动,才能有效地整合碎片化的信息,充分并全面地掌握粉丝的需求。然而,多数旅游企业微博营销仅仅实现了信息发布,对旅游商品进行发布和传播,没有深层次地考虑点赞量、评论量、转发量、粉丝量等数据的提升,不能与粉丝形成紧密的联系,互动性不足,因此难以充分发挥出微博营销的推广效果。

2. 社交短视频营销

社交短视频发展的时间较短,但已经成为社会群体生活中的重要部分。社交短视频主要有两种:一种是西瓜、快手、抖音视频等专业App平台;另一种属于各种自媒体平台中的短视频功能,如优酷的"发现"频道、腾讯新闻的短视频新闻、微博中的"微博故事"等,这些短视频都属于不同的类型。由于各个平台的发展策略和定位有一定的差距,视频风格和视频内容也会呈现出不同的特点。例如,西瓜视频的内容较为全面和丰富;快手的定位是记录每一种生活,更为倾向的是普通群体;抖音主张的是时尚潮流。多种视频平台吸引的用户群体也有所差距。

从社交短视频在旅游商品营销方面的应用现状来看,社交短视频主要来自两个方面:一是游客在游玩的过程中拍摄的短视频,上传到各种社交短视频平台上,观看者在看到游客的视频之后,如果产生较浓厚的兴趣,会通过其他方式或者渠道继续深入了解,从而实现营销的目的;二是旅游目的地及各种旅游组织拍摄相关宣传短片,投放到各个短视频平台,吸引消费者的关注,从而实现旅游营销。

3. 直播平台营销

近几年,网络直播平台实现了飞跃式的发展,逐渐成为各行各业营销推广的重要方式,直播以年轻群体为主,并且对于直播者的要求和限制比较低,受众群体广泛。因此,直播平台营销正逐渐成为旅游业发展的重要营销方式。现有旅游直播平台包括:旅游目的地及各种旅游组织主导运行的网络直播频道、官方网站直播入口、第三方平台合作、旅游网站自身直播平台、直播 App 等。这种刨除了中间媒介的沟通和营销方式,能够更直观、更真实地展现旅游产品,提高受众群体的认可度和信任度。旅游直播注重直播的品质,可以更好地吸引受众群体的关注,并且不断提升用户黏性,逐渐构成巨大的用户流量,正逐渐成为旅游营销的重要方式。

案例介绍

鲜花直播激发斗南市场活力

云南作为国内最大的鲜花产区,全国 70% 的鲜切花产品由昆明斗南发往全国各地。白天的斗南是国家 4A 级景区,然而夜幕降临,斗南的鲜花本色真正显露,在一片花海中,批发商、直播电商等游走于不同产品中间,描摹了云花产业发展的新动向。

云南的鲜花直播产业,在短短两三年间,造就了一个交易规模过亿的市场,斗南现在的从业主播人数已逾千人。这其中包括大量"单打独斗"的个人主播,也就是所谓的"走播",边播边卖,一人可卖万家货。他们通常单量不大,胜在人数众多。不过直播的主流还是公司性质的直播团队,头部团队的日订单量可达 2000—8000 单。

1. 初见云南鲜花直播

"初见花卉"是云南花卉直播电商的代表,目前旗下有"向响响的麻麻花卉"等直播品牌,日均销量在 5000 单左右,如图 6-11 所示。"初见花卉"的产品主要分为 19.9 元、29.9 元、39.9 元、49.9 元四个价位,是普通消费者都能接受的价位。公司团队认为,通过合理的定价将客户群体最大化,而不是采取"烧钱"、恶性竞争的低价策略,因为那样会严重扰乱市场秩序,导致价格无法回升。在保证品质和单量的情况下,直播确实是在赚辛苦钱,而且通常是"我们的成功模式难以简单复制"。

从产品策略上看,"初见花卉"采用组合式的销售策略,方便严格控制成本。斗南的鲜花通常是一天一个价。如果是单品销售,那么价格会随着市场波动太大,成本不稳定,而采用多品种组合的方式,可以根据市场供货和价格情况,灵活把握组合的产品品种,既不超成本采购,保证质量,也能给消费者建立价格稳定的印象。

从管理上看,最大限度地调动员工的积极性是他们的心得。"初见花卉"核心主创团队的 3 个人都是"95 后",按照销售、采购、后勤管理分工。"初见花卉"已拥有 3000 平方米的包装发货区,60 多人的团队,采购、花材处理和分包、打包、物流等,各环节分工明确。目前,除了主播大号相对管控较严,稳定形象,其他主播团队都是在价格一致的基础上,直播的形式和方法不限,让主播们探索自己的风格,而销售与奖励挂钩的机制也更能激发主播的主动性。

图 6-11 "初见花卉"直播间现场

2. 花易宝平台厚积薄发

除传统的对手交易和拍卖交易外,被称为鲜花行业第三种大宗交易模式的花易宝电商平台可谓厚积薄发。

据了解,目前花易宝在昆明宜良县、晋宁区和玉溪红塔区、通海县等各鲜切花主产区建立了 7 个集货站。云南、广东、福建、山东、辽宁、宁夏、四川等鲜花主产区入驻花易宝的花农、合作社达 3000 余户,在昆明中心站和广州、苏州、菏泽、徐州、上海、内蒙古等 8 个分站的全国注册采购商达 23 万余家。其中批发商占 60%,花材几乎涵盖国内外常用鲜花品种,有的商家年鲜花交易额突破百万元。

赵永能作为花易宝的创始人,深信在政策与市场导向的推动下,整个鲜花市场蕴含着巨大的发展潜力。对于传统花店而言,能够获取低成本、高品质的货源无疑是竞争和生存的关键。然而,传统的鲜花供应链往往经过花农、花市、花贩、销地批发商等多个环节,流程烦琐,交易不够透明,货品质量难以得到保障。花易宝通过 App 平台,结合微信公众号、小程序等多种方式,便捷地解决了花农与花商之间的沟通、交易难题。通过对供应链的整合,花易宝极大地缩短了中间环节,使花农和花商能够通过平台建立起稳定而信任的关系,确保了双方利益的互利互惠,如图 6-12 所示。

图 6-12 花易宝员工装箱打包鲜花

3.冷链物流支撑,搭建数字化物流中心

对于鲜切花这类生鲜产品,传统的航空运输的模式由于缺乏直达路线,常常因转运延长运输时间,导致鲜切花途中损耗率高。针对这一问题,斗南花卉产业联合各大物流巨头,结合物联网技术建立起全程冷链物流运输系统。数字化物流运输系统通过大数据运算分析,整合了场地、运力等资源,可以实现48小时内直达国内所有终端市场,大大降低了损耗。

在搭建起现代花卉冷链物流体系的基础上,斗南集团进一步计划建设斗南国际花卉综合物流中心项目,项目包含鲜花成品库、品控中心、数字云花研发中心、鲜花分拣和包装加工区及交易结算中心、数字云花系统、智慧物流系统等。数字化物流系统的应用,有效保障了货物流转的实时监控与追踪,实现了物流全程管理的透明化、标准化和高效化。

资料来源

1.搜狐网.鲜花直播激发斗南市场活力"花卉直播"专题[EB/OL].(2022-01-14)[2024-03-06].https://www.sohu.com/a/516501760_120075915.

2.中国管理案例共享中心:《打造七彩多变的"花花世界"——昆明斗南花卉市场数字化服务生态构建》(2024年1月)和《"数"云花天下开:斗南花市的数字化成长之路》(2023年12月)。

解析:

互联网技术的发展和"直播+电商"模式的出现,突破了电商行业的瓶颈,为电商行业赋予了新的发展动能,是电商行业与视频方式的深度融合。2023年,中国直播电商行业的规模达到预期的45657亿元,直播电商的市场规模快速增长,年均增长率超过75%。智通财经App获悉,艾瑞咨询发布研究报告称,2023年中国直播电商市场规模达到4.9万亿元,同比增速为35.2%。直播间里屡屡上演销售奇迹,单场销售额纪录不断被刷新,加上KOL带货等,这一切现象昭示着直播电商的快速崛起,已成为直播和电商平台增长的新动力,旅游商品经营者应加强对直播平台营销策略的研究。

4.论坛营销

论坛是通过网络的方式来实现多方面意见和想法的表达,也被称为"电子公告板"。用户可以根据自己的关注点和兴趣来搜索相关的帖子,可以看到别人的意见,也可以发表自己的观点,从一定意义上来说这些帖子就是"圈子",相同兴趣的人通过网络和平台聚集到一起。帖子的内容表达形式类似于社交媒体,可以是视频、图片、文字等多种形式。目前,比较热门的旅游论文网站有"百度贴吧"的"旅游论坛吧""驴友论坛"等,同时,乐途旅游网、途牛旅游网、同程旅行网等也开设了旅游论坛板块,为游客提供了交流和沟通感受的平台。而论坛营销方式,不仅仅局限于单纯的营销推广,对比微博、微信等渠道,其充分展现出了讨论性。由于人们普遍更为关注的是带有争议或者疑问的内容,因此通过这种方式来进行旅游商品营销,能够更容易激发出游客的需求。

(三)自媒体时代旅游商品营销存在的问题

1. 营销模式创新不足

目前,我国很多旅游目的地及各种旅游组织已经开始自媒体营销,并探索多种自媒体营销传播新模式,事件营销、体验营销、活动策划、精准传播等多种方式促进旅游发展,希望吸引更多的游客购买旅游商品并到旅游目的地进行旅游。然而,从实际情况来看,多数旅游目的地及各种旅游组织的自媒体营销模式较为单一,以相关活动和广告为中心,对于IP营销、借势营销、名人营销等模式的运用不充分,热门话题创造能力不强,对于各种自媒体平台的功能挖掘和创新应用不足,自媒体旅游商品营销效果差强人意。

2. 各种自媒体之间没有形成系统性运营

旅游业发展的参与主体是多样的、多层次的,构成因素较多,并且体现出较强的脆弱性和复杂性。因此,在自媒体时代,旅游目的地及各种旅游组织如何充分地融合和整合这些资源,同时有效利用各种自媒体资源来推广出去,是旅游商品营销的重要环节。从旅游目的地及各种旅游组织的内部来看,自媒体营销系统建设并不完善,多数只采用了两种或者三种自媒体营销平台;有的旅游企业只采用了社交短视频营销方式和微信公众号营销方式,自媒体营销模式使用过于局限,不够丰富;有的旅游企业信息更新速度非常缓慢,数月不进行信息更新的情况非常常见;有的账号甚至已经停止运营,现存账号基本上不能用于旅游营销。从横向地区目的地合作的情况来看,很多省份在使用自媒体平台进行旅游商品营销的过程中,各种自媒体营销方式中任何一种都不能全面覆盖这个省域所有的旅游目的地。虽然有的自媒体平台发布了具有吸引力的旅游营销内容,但却不能起到全面覆盖的作用,最终呈现的旅游商品营销效果也是有限的,各个旅游目的地及各种旅游组织的自媒体营销依然呈现孤立的状态。

3. 营销过程互动性不充分

通过分析各种自媒体营销平台的传播特点可以看出,旅游目的地及各种旅游组织通过自媒体平台进行营销,与游客的互动性尚不充分。目前,游客对旅游商品的需求逐渐向个性化方向发展。在自媒体背景下,游客会通过自媒体平台发表与旅游目的地及旅游商品相关的信息,这种情况下需要商家做出及时的反馈和回应,反馈不及时、回应不充分,潜在旅游消费者从旅游商品需求到旅游商品决策这一过程就会相应的产生阻碍。自媒体时代,旅游营销的互动性不足,不能有效掌握游客的需求变化,对于旅游目的地及各种旅游组织发展十分不利。

4. 缺少健全的管理与效果评价机制

自媒体营销缺少完善的管理机制,很多企业只是按部就班地将信息发布出去,对旅游商品的特色挖掘不足,对旅游商品与旅游目的地关联度文章做得不够,对旅游商品的文化性剖析深度不足,没有充分体现出营销的目的。很多旅游目的地及各种旅游组织自媒体营销缺少完善的管理机制,没有针对自媒体营销建立专门的职能部门或没有安排专门的工作人员负责设计和实施自媒体营销,营销缺少规划性和针对性。同时,自媒体效果评价机制尚未健全,多数旅游目的地及各种旅游组织在实施了自媒体营销模式之后,对实施效果进行调查和分析工作做得不够充分,不能有针对性地进行修正,因此不利于网络营销的优化和营销效果的提高。

三、O2O营销

(一)O2O营销的概念

O2O营销是O2O电子商务模式开展过程产生的营销方式,是一种线上和线下的融合、互动模式。根据系统理论,线上和线下两个系统只有形成一个完整的闭环时,O2O模式才是有效的模式。

O2O营销的优势在于能够完美地打通线上和线下各环节,实现线上、线下多场景互动。2010年团购网站商业模式引入中国,自此PC互联网时代开始的团购O2O在互联网线上推广,用户流量引导方面所具备的先天优势使商家在短时间内迅速集结大量用户,以低价吸引流量的商业模式,并通过短信、验证码等方式将线上客流引导到线下实体店中,O2O营销开始了其发展历程。O2O营销在移动互联网时代发展迅速,LBS提供的产品和服务的选择多样性、移动支付的便捷性都进一步推动O2O模式的创新。

案例介绍

浙江精品乡村市集:线下活动与线上直播结合、推动乡村产业兴旺

非物质文化遗产是中华民族历史文化的活化石。近年来,各地越发重视非物质文化遗产的保护和传承。其中,浙江省是我国非物质文化遗产综合试点省份,其非遗工作开展早、投入多、方法新。自2006年国务院公布第一批国家级非物质文化遗产名录以来,浙江省连续5次入选非物质文化遗产项目数量居全国第一。尤其是以非物质文化遗产为根魂的浙江省旅游文创产品,其在文旅深度融合和文创产业日益崛起的当下,不仅能作为文化符号来宣传地域文化和风俗人文,还能以文化与形式并存的方式带动地方经济发展。

乡村市集是推动乡村产业兴旺、物质丰富和精神文明的重要载体,是新时代促进消费增长的重要发力点。2023年7月,经各县(市、区)申报,各市初评,浙江省商务厅、浙江省农业农村厅组织相关领域专家复评,评选出首批精品乡村市集29个、精品乡村培育市集14个。

1. 匠心非遗·不矾造市——矾山镇明矾节共富市集

市集位于浙江省温州市苍南县矾山镇福德湾村,以"非遗""共富"为内核,涵盖"美食+非遗+文创"等元素,通过线下活动与线上直播相结合的方式,让大家体会非遗产品为现代生活带来的艺术享受。

市集设有匠心·印象非遗展、苍南共富茶园展示等主题精彩活动(见图6-13),全方位展示苍南县非物质文化遗产在保护、传承、发展和创新方面的工作成效,年服务游客超14万人次。

图 6-13　浙江矾山镇明矾节共富市集

2. 平湖经开旅游商品市集——嘉兴市平湖市经济技术开发区

平湖经开旅游商品市集自 2018 年开始举办，至 2023 年已有 5 年历史。市集邀请经开辖区范围内的企业商家主体分区定点销售，更融入了先进的电子商务模式，通过线上线下相结合的方式，大大提升了消费者的购物体验。市集借助电子商务平台，为消费者提供了更多选择和便利，同时也帮助商家扩大了销售渠道，提高了产品的曝光度，不断积聚消费人气。

在钟溪廊桥两侧，湖光里杂货铺、胡庆余堂等众多品牌带来各类文创产品；在茶花公园广场，钟埭"三油"、米酒等种类繁多的传统小吃，带给广大游客钟埭老味道；农民画、土布等非遗民俗手工艺展位，透露出浓浓的非遗魅力。

3. 路下市集——舟山市普陀区展茅街道

路下徐村，网红乡村打卡胜地，以其田园诗意风情与文艺烟火气息吸引着无数游客。路下市集，深度融合本土乡村资源和深厚文化底蕴，通过不同主题、节点的常态化文旅市集活动，为游客带来丰富多彩的体验。借助旅游电子商务平台，游客可以轻松预订乡村民宿、购买特色手工艺品，享受一站式便捷服务，进一步提升乡村旅游的便捷性和体验感。

"乡韵""共创""美好"是路下市集的关键词，这里融合了美食、文创、非遗等，通过不同维度展示路下徐村美景、美物、文化，凸显了乡土田园韵味，通过特色市集为乡村振兴注入新力量（见图 6-14）。

4. 台州市黄岩区宁溪镇"二月二灯会"——台州市黄岩区宁溪镇

"中华元宵皆三五，宁溪灯会独二二。"元宵灯会，古来有之，通常是在正月十五，而台州市黄岩区宁溪镇独在二月初二。"二月二灯会"市集，以"非遗演出＋市集"的方式，充分展示当地留存非遗文化和传统风俗，持续提升市集品牌效应。

市集活动形式独特，内容丰富，通过特色手工技艺、非遗表演等活动，充分展示地方特色传统文化与习俗。该市集不仅是集民间歌舞、杂耍、游戏等艺术活动于一体的大会展，还是一场融文化交流与商品交流于一体的盛大活动。

图6-14　浙江路下市集

5. 大陈小集农夫市集——金华市义乌市大陈镇

大陈小集农夫市集是以义乌市大陈镇公共区域品牌"大陈小集"为抓手，为小农户开设的市集平台，旨在带领小农户一起奔共富。从2019年开办至2023年，该市集惠及86家商户、32个村落。

市集以健康、安全、生态和有机为关键词，以"乡村＋文创"为定位，致力于传递自然健康、悦享田园生活的理念，提供最优质的市集产品和服务，包括农产品展销、农耕体验、手工艺品展示与制作、娱乐表演等。

非物质文化遗产是乡村旅游的风景线和体验点，能够为旅游文创产品的设计及开发提供、注入无限创意。围绕非遗文化设计的浙江省文创产品，既是传播传统文化和审美价值的有效载体，也是全面推进乡村振兴背景下的个性化存在。浙江省始终致力于宣传乡土人情和地域文化，深化其文旅产业内蕴，研究非遗旅游文创产品设计，打造独具创意并"火爆出圈"的文创产品，切实提升文旅品牌的影响力，为乡村经济发展注入新动能、新路径，他们的尝试是值得的、有价值的。

资料来源

1. 浙江公安. 29个！浙江公布首批精品乡村市集，有你逛过的吗？[EB/OL]. (2023-07-23)[2024-06-22]. https:baijiahao.baidu.com/s? id=1772222549929738225&wfr=spider&for=pc.

2. 陆丽芳. 乡村旅游文创产品设计的理论与实践——以浙江省非物质文化遗产为例[J]. 中国果树，2023(8):160-161.

(二)"景区体验＋线上购买"的营销模式

虽然旅游商品市场不能完全在线化，因为游玩和购物的氛围和感觉能激发游客的购买欲望，但是游客也可以通过网络查询和对比旅游商品的质量。线上购物的兴起促进了景区的发展，景区的线下体验能够起到与广告媒体一样的消费触达作用。"景区体验+线上购买"的线上线下依存式发展,构建了景区场景是有限的、消费却是无限的新型商业形式。

旅游目的地可以突出地方特色,建立多个体验化消费场景,如微信照片打印、地方戏曲欣赏、文化历史渊源的介绍、观看特色产品的加工流程等穿插在旅游过程中,让游客在紧张的旅程中体验地方人文文化和历史文化,同时提供与之关联的可消费产品。游客产生消费欲望后,便可以通过快捷有效的方式,如网络购物平台或手机终端完成购买操作过程,使景区能够将线下购买欲望激发与线上购买体验完美结合起来,带来景区O2O消费新模式,促进景区向"超越门票经济"的方向发展。

城乡文旅智慧共享平台:"城市游礼"和"乡村游礼"

2022年4月,中国旅游协会在全国范围内继续开展"中国服务·旅游产品创意案例"收集工作,此项活动已开展了四届,受到社会各界的广泛关注与支持。"城市游礼"智慧文旅共享平台,旨在通过创新设计平台、生产供应链平台、连锁展销平台实现文旅商品品牌、产品、终端运营一体化发展。同时,在长三角三省一市旅游协会联盟平台上推广和共建长三角文旅购物品牌,倡议共同加入发挥各自优势,谋划产业创新发展项目计划。

为发展乡村文化旅游市场,以江南原乡文化、乡情文化、农耕文化为基础,打造"一村一景、一村一品、一村一韵"的特色景观,设计开发以"乡村游礼"为乡村文化旅游品牌体系的特色产品,建立乡村文化体验展示馆,展示江南农村的美丽景色、乡村文化、农耕文化、节庆文化、民间风俗、美物美味等。打造引领乡村绿色有机消费的创意农产品品牌,对接国家精准扶贫项目,让美丽乡村走进人们日常生活。

1. 平台经营模式

平台以整体的产品规划、强大的品牌做支撑,通过统一的用户体验和线上线下、多终端互动的商业模式,在文创产品营销创新、模式创新方面进行了全新的实践和探索,旨在更好地推动文创产业消费和服务产业的转型升级。平台以市场建设为重点,以展销结合为核心,着力构建"创新设计平台、供应链平台与连锁展销平台"三大功能平台,实现文旅商品品牌、产品、终端、运营一体化发展。

2. 创新设计平台:构建以协同创新为核心的研发体系

针对旅游商品结构单一、缺乏具有本土特色、地域文化元素内涵和创新能力等问题,创新设计平台将整合全国行业协会、研发基地、设计中心、专业院校、创客空间等多方力量,集聚海内外资深设计师、行业精英、业内专家等创新设计资源,通过平台的资源集聚效应,促进产品设计研究、设计研发、产品孵化与设计创新。包括在平台的规范引领下,组织举办旅游商品创意设计大赛、组织对外考察学习与交流、开展研发设计专题培训,助力旅游商品研发主体树立整体观念和全局思路,推出具有市场洞察力和可持续发展愿景的创新设计产品,不断丰富旅游商品体系,提高自主创新能力。

3. 生产供应链平台:创建跨区域供应链服务体系

在研产销体系构建中,促进创新设计成果转化是关键环节,需要资金、设备、人才、技术、信息、货源、环境等多方面的要素支持。生产供应链平台着眼于旅游商品生产环节渠道窄、资金占用大及回笼慢、工艺技术力量薄弱等突出问题,通过与国内外生产供应商、采购商的直接接洽,建立起多方信息互通的生产供应链平台,推动上下游及国内外不同地区设计企业、供应商信息交流、项目对接,逐步提升产品技术水平,改善产品工艺水平,实现真正意义上的生产产业化、产品特色差异化,有力确保设计研发的旅游创意商品顺利进入市场"不卡壳"。

4. 连锁展销平台:构建线上线下多终端互动的连锁展销体系

连锁展销平台以"优化旅游购物环境,推动旅游商品市场销售"为宗旨,将通过"线上电商+线下连锁"的互联网与实体经济相结合的发展模式。围绕高铁站、机场、高速公路服务区、重点景区、城市旅游休闲街区、旅游咨询中心进行合理布局,打造规范标准、优质高效的旅游购物连锁平台,为旅游目的地、旅游产品生产经营企业培育品牌、扩大消费、拓展市场提供支持。线上平台则依托于第三方渠道推行网上和手机端微店建设,为消费者提供全面、丰富、人性化的产品购买服务体验,如图6-15至图6-17所示。

图6-15 "乡村游礼"品牌创新

图 6-16 "城市游礼"品牌创新

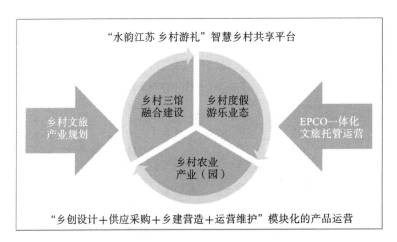

图 6-17 "乡村游礼"智慧共享平台

资料来源 扬子晚报网."城市游礼""乡村游礼"城乡文旅智慧共享平台,获选第四届"中国服务"旅游产品创意案例[EB/OL].(2022-11-03)[2024-03-07].
https://www.yangtse.com/zncontent/2545227.html.

解析:

"城市游礼"和"乡村游礼"实现了设计共享、产品共享、收益共享,推动了文旅供给侧结构性改革,加快了文化旅游业转型升级,并进一步推进一二三产业融合发展,充分发挥合作联社和"乡村游礼"智慧乡村共享平台的带动作用。平台通过"农产品生产+农产品加工+品牌化推广+文化体验+乡村旅游"等,实现"货进城、人下乡"的模式。为适应新市场新需求,平台以文旅融合为核心,以市场需求为导向,以展销结合为手段,通过统筹规划、整合力量,建设布局合理,运作规范的"城市游礼"和"乡村游礼"城乡智慧文旅平台,将连锁零售与旅游购物紧密结合,为广大旅游者提供了规范合理、优质高效、丰富贴心的购物服务。

第三节 旅游商品电子商务的发展前景

中国旅游业发展迅猛,旅游商品作为旅游业中一项重要的收益来源,存在着巨大的产业化缺口。科技的进步,使得旅游商品的内容和形式将更丰富、更全面和更人性化,并且可以为旅游消费者提供更好的体验,以及为旅游景区、旅游商品企业带来良好的经济效益与社会效益。同时,还可以发展旅游目的地旅游,提升旅游形象。

一、AR 技术增强旅游购物虚拟体验

增强现实(Augmented Reality,AR)技术,是指借助网络信息技术、计算机视觉识别技术和传感技术等,将人类真实感知到的现实场景和计算机扫描生成的文字、图形、超链接、视频、三维视图等通过叠加的方式呈现在大众面前,使用户通过便携的终端就可以观看到虚拟和现实环境组合而成的拟真体。AR 技术具有实时交互、3D 定位和虚实融合的三大特征,并且具有现场感强、娱乐性高、交互性强的优点。AR 点餐系统界面如图 6-18 所示。

图 6-18　AR 点餐系统界面

AR 技术在满足游客在旅游过程中的各种需求的同时，也可以将虚拟空间和现实空间结合在一起，将 AR 技术与景区文化相融合设计出丰富多彩的 AR 旅游商品。AR 旅游商品是将 unity3D 与安卓或苹果系统相结合，在 unity3D 中设计场景模型或导入三维立体模型以及选择相应的识别图，通过编写代码控制识别物体的出现、消失、移动等一系列操作，完成设计文创 unity 编写后则需要导出 apk 安装包。以安卓系统为例，在 android studio 中编写安卓应用程序的设计控制代码，然后将从 unity 程序中得到的 apk 安装包与安卓应用程序结合起来，使用按钮控制进入 AR 识别。此时，相机将被打开，想要的效果将呈现在手机屏幕上。

AR 旅游商品可以通过模型、视频等手段将静态的纪念品变成动态的，以增强纪念品的文化、地域属性。比如，佛山非物质文化遗产保护中心制作的 AR 明信片，创造性地将佛山剪纸、年画、陶艺、木刻和戏曲等非物质文化遗产放入明信片中，游客只需要拿出手机轻轻一扫，静态的明信片就会瞬间动起来。AR 技术实现了游客与旅游商品的实时交互，它赋予了旅游商品全新的含义，传统的旅游商品实现其单一模式到富有科技感的文创产品的华丽转变，既传承了景区文化，又在无形之中架起了文化实体传播和线上传播的桥梁，使其有着较高的纪念意义和收藏价值。全息投影购物如图 6-19 所示。

图 6-19　全息投影购物

随着 AR 技术的研发力度的加强，深入挖掘其潜在旅游功能及优势并结合旅游业不同的发展需要，有针对性地将其引入智能化旅游、旅游商品开发及旅游营销中，必定能够带动旅游业的快速发展。AR 旅游地图"穿越购买＋线下购买"如图 6-20 所示。

图 6-20　AR 旅游地图"穿越购买+线下购买"

二、AI 为旅游商品赋能

人工智能(Artificial Intelligence,AI)在满足游客碎片化需求、改善游客个性化体验、提升企业服务效率等方面不断取得进展,在辅助旅游商品和业态创新方面及人工智能的应用方面也有着巨大的发展潜力。

(一)智能设计与智慧筛选

从设计的角度出发,人工智能以旅游者为受众群体,基于大数据对传统元素、文化符号、地域特色形象进行储存和整合,并深度学习专业的美学设计知识,独立实现旅游纪念品的创新和特色设计。人工智能凭借万亿量级的数据在设计效率、外形美化方面更胜一筹。

从改进、筛选方面来看,人工智能可以通过分析游客异地购买特产、纪念品偏好的数据,定位游客的消费关键点,对现有的旅游纪念品设计进行改进和筛选。另外,人工智能的语言识别、图像识别都有利于市场关键点的把控;人工智能还可以设计定制化的纪念品,为游客打造心仪的、专属的旅程回忆。

(二)降低成本,提高质量

在生产环节,人工智能通过精准的原料分析,可以掌控产品品质,显著提高产出良品率,使旅游商品的粗制滥造问题得到改善。另外,人工智能节省了依靠人力和经验运作的精力成本及数据处理的时间成本,间接降低了生产成本,更有利于旅游商品向物美价廉的靠拢。

(三)AI 营销使信息通达,风险降低

在旅游商品的销售环节,一方面,在营销数据上,AI 营销可以让旅游者的消费信息

直接通达厂商或经销商,实时关注消费者消费需求和痛点;另一方面,AI营销可以自动反馈消费者信息,及时处理消费者在旅游消费中的投诉问题,降低旅游消费欺诈、不可靠的风险。

旅游企业可以运用AI结合大数据等技术对游客的行为特征、性格特点、消费偏好等进行细致分析,通过人工智能和机器学习来重新构建商业平台和服务体系,形成新的产品和业态、新业态流程及供应链条、新的商业模式。在中国人口红利逐步弱化的情况下,人工智能技术有望在旅游商业平台智能化、服务精准化,以及提升游客体验等方面发挥关键作用。中国大量的在线数据更为人工智能发展带来了新的机遇,人工智能在旅游商品领域的应用前景值得期待。

三、产业融合拓展新路径

中国的旅游商品在很长一段时期发展缓慢,其主要原因是人们对旅游商品的范围存在误区,即把纪念品、工艺品、农副产品理解为全部旅游商品,而人们生活所需的生活类工业品没有被纳入旅游商品中,以致各地开设的旅游商店主要是旅游纪念品店、工艺品店和农副产品店。近年来,在国内的旅游商品销售中,生活类工业品在快速增加,在旅游购物中所占的比重也在逐年上升。在一些经济发达地区旅游时,游客购买的生活类工业品在旅游购物中的比重已高达80%。为了满足游客的需求,向全品类的大旅游商品发展成为旅游商品发展的必然趋势。

旅游商品的发展涉及第一、二、三产业多个行业,旅游商品产业链条向上下游延伸发展必然刺激农业、食品工业、轻纺工业、手工业、包装工业和电子商务等商业相关产业发展,这也为我国产业结构调整与融合开辟出了一条新的路径。

本章小结

旅游商品是指旅游者在旅游活动中排除商业目的而购买的,以当地旅游资源为基础而开发的具有独特吸引力的有形商品。按照不同的标准,旅游商品分类不同,本书所研究的旅游商品是指广义的旅游商品,即全品类的大旅游商品。

旅游商品电子商务具有购物的便利性、方便快捷的信息服务、销售成本较低等优势。传统营销向网络营销发展具有可能性和必然性。

旅游商品网上平台营销主要有搜索引擎营销、电子商务平台营销和社交平台营销。

自媒体时代旅游商品营销的营销方式主要有微信营销、微博营销、社交短视频营销、直播平台营销、论坛营销。

旅游商品O2O营销主要是"景区体验+线上购买"的营销模式。

我国旅游商品电子商务的发展前景:AR技术增强旅游购物虚拟体验;AI为旅游商品赋能;产业融合拓展新路径。

讨论与思考

1. 与传统旅游商品市场相比,旅游商品电子商务的销售模式有哪些优势?
2. 自媒体时代,旅游商品如何运用营销新模式?
3. 旅游商品未来发展趋势主要有哪些?根据自己的认知,设计一款符合未来发展趋势的旅游商品。
4. 试举例说明旅游商品电子商务的实践应用。
5. 针对自己家乡的一款旅游商品,策划一个网络营销方案。

在线答题

案例分析

有一种格局叫"30 天无理由退货"

2023 年 11 月,中国国际旅游交易会(简称:旅交会)在昆明召开,本届旅交会以"你好!中国"为主题,围绕国际旅游市场出现的新变化、旅游消费新需求、旅游产品新动向,邀约国际旅游同业共聚盛会,促进旅游产品交易,共谋发展,深化与各国在文化和旅游市场、产品、信息、服务标准等领域的交流合作。

优质的旅游商品购物系统是现代旅游消费体系的重要组成部分,也是各地特色产品的重要传播渠道。2010 年以来,以次充好,高价低质,欺骗式、强迫式的云南大大小小近千家旅游商品购物店已然成为破坏云南旅游生态的病原体。重拳整治旅游商品购物市场之后,一个全新的生态正在重构。

云南有好物,游客有需求。面对规模巨大、潜力巨大的旅游购物市场,当前需要的是更好融入全域智慧旅游新时代,重构云南现代旅游商品购物的供销体系、塑造行业新生态。

"不管是谁,只要你对在云南购买的旅游产品不满意,30 天之内都可以退货,前提是货品完好无损。"大理市旅游购物退(换)货监理中心负责人说。云南旅游产品投诉率在旅游市场整治、实行"30 天无理由退货"后大幅下降。虽然在执行过程中有些机制还在完善,但充分体现了云南省委、省政府重塑云南旅游新生态的决心。

旅游购物作为旅游消费市场服务的核心内容,必须通过打造优质高效的诚信旅游商品购物体系,重塑云南服务口碑。如果把"一个景区"作为云南旅游市场发展的战略指引,那么基于"30 天无理由退货"的新型旅游购物体系重建,就是云南旅游综合服务体系建设的基石。云南提出的"30 天无理由退货",是政府的市场监管承诺,也是云南旅游市场诚信体系建设的政策保障,它的作用不仅仅体现在旅游市场,而且将惠及整个消费市场。

从时空上来说,旅游再也没有淡旺季之分,游客不再集中在国家法定节假日扎堆,而是自己选择可支配的时间。从组织方式来说,旅行社组团、导游带队、游客集中购物的形式发生了颠覆性的改变。

"这是一件好事,旅行社过去一直是不给导游发工资的,更没有'五险一金'的基本保障,所以只能完全靠游客购物的回扣存活。取消集中购物店,让旅行社、商家和导游必须重新思考盈利模式和新游戏规则。"丽江鸿雨旅行社负责人说。

数据显示,从 2019 年 5 月起,云南全面实行旅游购物"30 天无理由退货"。目前,全省累计受理游客退货 13244 件,退货金额 9387.77 万元,游客对退货满意度达到 99.6%。"云南真正是用真金白银来构建起'诚信旅游的体系'",丽江市文旅局局长感慨道。

中国旅游研究院院长戴斌认为,购物既是满足人们衣食住行日常生活所需的消费行为,也是日常休闲的重要组成部分。

专家们有这样的一个共识,从观光游走向体验游是云南旅游的必然发展趋势,而体验不仅仅停留在风景上,更多是对现代优质的旅游服务设施和服务的体验,也是对在地文化、非遗传承习俗的沉浸式感受。游客在深度体验中伴随而来的购物冲动,促使商家开发出更多个性化的属地文化产品,而不是那些千篇一律的流水线产品,这才是云南旅游购物消费的新增长极。

无论什么形式的购物,商家必须经得起市场的检验。2017 年,云南省推出以"一部手机游云南"为依托的智慧旅游大数据平台,目的是通过打造云南旅游大数据中心、旅游综合服务平台和旅游综合管理平台,实现智慧旅游"云南样板"。

平台根据游客行前、行中、行后的旅游行为分别设立体验区,通过信息化手段,目标是为游客提供全景式、全链条、全程化"一站式服务"体验。游客只需要拿着一部手机,通过 App 或者小程序,即可在区域内体验无障碍旅游和购物。通过智慧旅游,云南提升了景区运营效率,统一管理地区旅游行业,提高了区域内旅游经济,带动了全域智慧旅游发展。

旅游消费需要场景,通过"30 天无理由退货"的背书,通过更完善的特色旅游商品供给和具有体验感的购物服务,为到滇游客营造了安全、安心的高品质消费场景。云南旅游转型升级的大幕已经全面拉开。下一步,围绕"30 天无理由退货",云南将深化旅游购物生态建设,努力实现每一个环节都能让游客感受到生动活泼的"云南故事",让旅游购物行业"大大方方推荐、理直气壮赚钱"。

资料来源

1. 云南网.【2023 旅交会】云南网访谈⑤:旅游购物是一把"双刃剑"[EB/OL].(2023-11-23)[2024-03-07]. https://society.yunnan.cn/system/2023/11/23/032845209.shtml.

2. 云南网.构建云南旅游购物新生态之一:有一种格局叫"30 天无理由退货"[EB/OL].(2021-07-20)[2024-03-07]. https://yn.yunnan.cn/system/2021/07/20/031562534.shtml.

思考题:

1. 云南在旅游商品网络营销方面采用了哪些举措?

2. 试分析旅游商品的市场竞争类型。

3. 结合具体企业的旅游商品电子商务现状,试讨论旅游企业可以采取哪些改进措施。

实验六　旅游产品线上营销策划

一、实验目标

掌握旅游产品线上营销策划方法。

二、实验内容

撰写旅游产品线上营销策划方案。

三、知识准备

(一)旅游产品的概念

从交换角度来说,旅游产品是旅游者和旅游经营者之间交换的物质产品和服务的总和。旅游产品主要由旅游资源、旅游设施、旅游服务和可进入性四个方面构成。

(二)旅游产品的层次

1. 核心产品

旅游产品的最基本层次是核心产品,即旅游者购买的基本服务或利益。从根本上说,每一种产品实质上都是为解决问题而提供的服务。

2. 形式产品

形式产品是核心产品的载体,是核心产品借以实现的形式,即向市场提供的实体和服务的形象,主要包括品质、外观、特征、式样、品牌、包装、规格等。

3. 延伸产品

延伸产品又称附加产品、扩大产品,是在旅游者购买旅游产品时所获得的全部附加服务和利益的总和。

从管理学角度看,核心产品是旅游企业必须关注的焦点,是企业生存发展的基础;形式产品是向旅游目标市场提供核心产品时的载体。二者决定了旅游者能得到什么,但不能决定旅游者怎样得到。延伸产品则解决了这一问题,将旅游企业提供什么产品和如何提供联系在一起。

四、实验步骤

自主选择一种旅游产品,开展营销策略方案设计,撰写策划书。策划书内容包括产品名称和产地、产品功能、目标客户、产品价格、销售渠道、促销推广策略等。要求至少包含一种线上销售渠道。

实验结果为旅游产品营销策划方案。该策划方案应有题目、封皮、目录和每部分内容的详细描述,且图文并茂。

参考文献
References

[1] 中国网信网.第 47 次中国互联网络发展状况统计报告[EB/OL].(2021-02-03)[2021-09-05].http://cac.gov.cn/2021/02/03/c_1613923423079314.htm.

[2] 王惠敏.大数据背景下电子商务的价值创造与模式创新[J].商业经济研究,2015(7):76-77.

[3] 王松波,张中华.大数据背景下非结构化信息在电子商务领域的应用研究[J].信息与电脑(理论版),2020,32(4):3-5.

[4] 郭英."互联网＋"背景下旅游电子商务发展策略探析[J].中国市场,2019(30):182-183.

[5] 杨静.中国旅游电子商务发展现状、存在问题及升级途径[J].对外经贸实务,2016(1):84-87.

[6] 曲永栋,邢金山,朱付长.网店运营理论与实操[M].北京:中国农业出版社,2016.

[7] 章牧.旅游电子商务[M].北京:中国旅游出版社,2016.

[8] 蔡舒.大数据时代我国旅游电子商务的发展对策研究[J].海峡科技与产业,2019(4):33-35.

[9] 王新越,时高磊,朱文亮.旅游产业发展动力演化研究[J].世界地理研究,2021,30(2):378-388.

[10] 安淑芝,赵乃真,詹青龙,等.电子商务应用基础与实训[M].2版.北京:清华大学出版社,2010.

[11] 朱顺泉,赵文昕,陈一鸣.电子商务系统及其设计[M].西安:西安电子科技大学出版社,2003.

[12] 上海艾瑞市场咨询有限公司.艾瑞咨询系列研究报告:中国在线旅游度假行业研究报告[R].上海:上海艾瑞市场咨询有限公司,2019:32.

[13] 上海艾瑞市场咨询有限公司.艾瑞咨询系列研究报告:中国在线旅游度假行业研究报告[R].上海:上海艾瑞市场咨询有限公司,2018:35.

[14] 陆钧良,沈华玉,朱照君.旅游电子商务[M].2版.北京:清华大学出版社,2017.

[15] 新浪财经-自媒体综合.OTA 产业空间广阔,模式百花齐放[EB/OL].(2019-05-22)[2021-06-03].https://finance.sina.com.cn/stock/jhzx/2019-05-22/doc-ihvhiqay05

86122.shtml.
- [16] 李宏.中国在线研究旅游报告 2016[M].北京:旅游教育出版社,2017.
- [17] 李宏.中国在线研究旅游报告 2017[M].北京:旅游教育出版社,2018.
- [18] 李宏.中国在线研究旅游报告 2018[M].北京:旅游教育出版社,2019.
- [19] 李宏.中国在线研究旅游报告 2019[M].北京:旅游教育出版社,2020.
- [20] 李宏.中国在线研究旅游报告 2020[M].北京:旅游教育出版社,2021.
- [21] 李云鹏.旅游电子商务[M].重庆:重庆大学出版社,2019.
- [22] 鸥海鹰,刘永胜.旅游电子商务企业案例分析[M].2版.北京:旅游教育出版社,2018.
- [23] 顾武雄.Windows Server 2012 R2 IIS 实战高级管理[J].网络安全和信息化,2020(3):95-104.
- [24] 朱松节.旅游电子商务[M].2版.南京:南京大学出版社,2018.
- [25] 陈樱.旅游电子商务[M].厦门:厦门大学出版社,2015.
- [26] 田永.电子商务环境下的旅行社业务研究[D].武汉:中国地质大学,2011.
- [27] 张华,李凌.智慧旅游管理与实务[M].北京:北京理工大学出版社,2017.
- [28] 杜文才,常颖.旅游电子商务[M].2版.北京:清华大学出版社,2015.
- [29] 柳爱霞.C2C 电子商务市场现状及发展趋势探讨[J].福建电脑,2021,37(2):81-82.
- [30] 刘斐.我国 C2C 电子商务市场现状分析[J].科技情报开发与经济,2011(19):174-175,183.
- [31] 柴寿升,鲍华,赵娟.旅游景区电子商务典型发展模式研究[J].山东社会科学,2010(9):131-134.
- [32] 赵娟.基于电子商务的旅游景区营销模式研究[D].青岛:中国海洋大学,2010.
- [33] 张敏.旅游电子商务[M].郑州:大象出版社,2016.
- [34] 陆钧良,宋夫华.智慧旅游新业态的探索与实践[M].杭州:浙江大学出版社,2017.
- [35] 钟栎娜,邓宁.智慧旅游:理论与实践[M].上海:华东师范大学出版社,2017.
- [36] 何旭东,郑俊,赵文滟.基于旅游电子商务的智慧景区服务系统的研究[J].计算机时代,2019(5):94-96.
- [37] 梁焱.智慧景区旅游云电子商务平台体系构建研究[J].科技与企业,2016(8):98-99.
- [38] 张铁红,邵波.浅谈 HTML 语言的网页制作方法与技巧[J].通讯世界,2016(1):189.
- [39] 李新荣.网页设计与制作实践(HTML+CSS)[M].西安:西安电子科技大学出版社,2016.
- [40] 邱凡凡.新疆旅游酒店电子商务应用价值分析——以乌鲁木齐为例[D].乌鲁木齐:新疆师范大学,2012.
- [41] 李浩铭,曾国军,张家旭,等.酒店如何在制度环境变迁中构建动态能力——以东莞美思威尔顿酒店为例[J].旅游学刊,2021(2):104-116.

[42] 孙坚.站在精度和温度之上——探索中国酒店业的未来发展之路[J].旅游学刊,2018(1):9-11.

[43] 干冀春,王子建.电子商务理论与实务[M].3版.北京:北京理工大学出版社,2019.

[44] 叶秀敏.中国电子商务发展史[M].太原:山西经济出版社,2017.

[45] 陈钰婷,卢芳荷,李力,等.桂林旅游商品电子商务营销策略研究[J].河北企业,2021(4):115-116.

[46] 孟悦.电子商务背景下凉山旅游商品销售策略分析[J].四川省干部函授学院学报,2020(1):36-39.

[47] 张军全,何昭丽,孙怡君,等.江苏旅游商品网络关注度研究[J].合作经济与科技,2021(4):80-84.

[48] 石美玉.旅游者购物行为研究[J].旅游学刊,2005(5):70-75.

[49] 苗学玲.旅游商品概念性定义与旅游纪念品的地方特色[J].旅游学刊,2004(1):27-31.

[50] 李江敏,李志飞.文化旅游开发[M].北京:科学出版社,2000.

[51] 王祺.基于3D打印和AR技术开发旅游文创产品的研究[J].科技资讯,2019(12):183,185.

[52] 远方.AR技术发展对旅游产业的影响[J].电子技术与软件工程,2019(3):57,102.

[53] 张婷,袁秋岳."线下体验+线上结算":步行街消费新场景[N].经济参考报,2020-09-03(005).

[54] 张圣科.AR技术在数字旅游中的运用[J].信息与电脑(理论版),2019(19):32-33.

[55] 王兴斌.旅游产业规划指南[M].北京:中国旅游出版社,2000.

[56] 钟志平.中国旅游商品市场变动分析[J].湖南商学院学报,2004(6):53-55.

[57] 张亚晶.微信营销在旅游营销中的应用[J].旅游纵览(下半月),2018(4):32.

[58] 汪永太.中部地区旅游商品开发与中部城市发展研究[J].城市发展研究,2010(3):139-142.

[59] 周瑞雪,杨含,王露瑶,等.E时代旅游商品网络营销探究[J].现代商贸工业,2014(7):160-162.

[60] 董林峰.旅游电子商务[M].2版.天津:南开大学出版社,2009.

[61] 马丁·克里斯托弗.物流竞争:后勤与供应链管理[M].马越,马月才,译.北京:北京出版社,2001.

[62] 姚洪珊.直播电商行业现状、问题与未来发展策略探讨[J].现代营销(信息版),2020(5):63-65.

[63] 马军,杨晶宇.广播媒体"网红+扶贫直播带货"模式探析[J].中国广播,2020(10):76-78.

[64] 卢凯翔,保继刚.旅游商品的概念辨析与研究框架[J].旅游学刊,2017(5):116-126.

[65] 郭鲁芳,吴儒练.旅游商品:概念·范畴·特征[J].江苏商论,2008(10):94-96.
[66] 邹树梅.现代旅游经济学[M].青岛:青岛出版社,1997.
[67] 肯尼斯·C.劳顿,卡罗尔·圭尔乔·特拉弗.电子商务:商务·技术·社会[M].11版.袁勤俭,张一涵,李之昊,等译.北京:清华大学出版社,2018.
[68] 孙坚.站在精度和温度之上——探索中国酒店业的未来发展之路[J].旅游学刊,2018(1):9-11.

教学支持说明

为了改善教学效果,提高教材的使用效率,满足高校授课教师的教学需求,本套教材备有与纸质教材配套的教学课件(PPT 电子教案)和拓展资源(案例库、习题库、视频等)。

为保证本教学课件及相关教学资料仅为教材使用者所得,我们将向使用本套教材的高校授课教师免费赠送教学课件或者相关教学资料,烦请授课教师通过加入旅游专家俱乐部 QQ 群等方式与我们联系,获取"教学资源申请表"文档并认真准确填写后反馈给我们,我们的联系方式如下:

地址:湖北省武汉市东湖新技术开发区华工科技园华工园六路

邮编:430223

旅游专家俱乐部 QQ 群号:306110199

旅游专家俱乐部 QQ 群二维码:

群名称:旅游专家俱乐部   扫码关注
群　号:306110199   柚书公众号

教学资源申请表

填表时间：_____年___月___日

1. 以下内容请教师按实际情况填写，★为必填项。
2. 学生根据个人情况如实填写，可以酌情调整相关内容提交。

★姓名		★性别	□男 □女	出生年月		★职务	
						★职称	□教授 □副教授 □讲师 □助教

★学校		★院/系	
★教研室		★专业	
★办公电话		家庭电话		★移动电话	
★E-mail		★QQ号/微信号	
★联系地址		★邮编	

★现在主授课程情况	学生人数	教材所属出版社	教材满意度
课程一			□满意 □一般 □不满意
课程二			□满意 □一般 □不满意
课程三			□满意 □一般 □不满意
其他			□满意 □一般 □不满意

教材出版信息						
方向一		□准备写	□写作中	□已成稿	□已出版待修订	□有讲义
方向二		□准备写	□写作中	□已成稿	□已出版待修订	□有讲义
方向三		□准备写	□写作中	□已成稿	□已出版待修订	□有讲义

　　请教师认真填写下列表格内容，提供申请教材配套课件的相关信息，我社根据每位教师/学生填表信息的完整性、授课情况与申请课件的相关性，以及教材使用的情况赠送教材的配套课件及相关教学资源。

ISBN（书号）	书名	作者	申请课件简要说明	学生人数（如选作教材）
			□教学 □参考	
			□教学 □参考	

★您对与课件配套的纸质教材的意见和建议有哪些，希望我们提供哪些配套教学资源：